普通高等学校"十四五"高等职业教育规划教材

Economics of Hydraulic Engineering

水利工程经济

第2版

主　编　陈文江
副主编　宋小红　刘　磊　高士东　方　华
编写人员（以姓氏笔画为序）

　　　　　王珍珍　方　华　刘　萍　刘　磊
　　　　　孙　砚　李　文　宋小红　陈文江
　　　　　夏　艳　高士东　董春燕
主　审　程　健

中国科学技术大学出版社

内 容 简 介

本书包括课程概述、水利工程经济要素与估算方法、资金的时间价值与等值计算、经济评价方法、不确定性分析、资金来源与融资方案、综合利用水利工程费用分摊、防洪工程经济评价、治涝工程经济评价、灌溉工程经济评价、水力发电工程经济评价和城镇供水工程经济评价等内容。内容新颖，理论与案例充实，授课内容贴近生产，便于学以致用。

本书可作为水利工程相关专业学生和从业者的学习用书。

图书在版编目(CIP)数据

水利工程经济/陈文江主编. ---合肥：中国科学技术大学出版社，2024.7. -- ISBN 978-7-312-06037-3

Ⅰ.F407.937

中国国家版本馆 CIP 数据核字第 2024VE6227 号

水利工程经济

SHULI GONGCHENG JINGJI

出版	中国科学技术大学出版社 安徽省合肥市金寨路 96 号，230026 http://press.ustc.edu.cn https://zgkxjsdxcbs.tmall.com
印刷	安徽省瑞隆印务有限公司
发行	中国科学技术大学出版社
开本	787 mm×1092 mm 1/16
印张	16
字数	409 千
版次	2015 年 1 月第 1 版 2024 年 7 月第 2 版
印次	2024 年 7 月第 3 次印刷
定价	45.00 元

前　言

本书是安徽省"十四五"高等职业教育规划教材（皖教秘高〔2023〕147号）。本书编写依据的是国家发改委和原建设部于2006年颁布的《建设项目经济评价方法与参数》（第3版）以及水利部于2013年颁布的《水利建设项目经济评价规范》（SL72—2013），并且融入近几年来水利工程建设实践领域拓展的新知识、新理论。相对于市场上已有的与"水利工程经济"课程相配套的其他教材，本书内容新颖，理论与案例更充实，内容更贴近生产实际，力求学以致用。

本书主要内容包括课程概述、水利工程经济要素与估算方法、资金的时间价值与等值计算、经济评价办法、不确定性分析、资金来源与融资方案、综合利用水利工程费用分摊、防洪工程经济评价、治涝工程经济评价、灌溉工程经济评价、水力发电工程经济评价、城镇供水工程经济评价等，将有效促进学生掌握水利工程建设、运行和管理等活动中的经济关系分析和经济效果评价的相关知识及技能。

本书由安徽水利水电职业技术学院陈文江担任主编；安徽水利水电职业技术学院宋小红、刘磊，安徽省怀远县水利局高士东，安徽省绩溪县农业农村水利局方华担任副主编；安徽水利水电职业技术学院王珍珍、李文、刘萍、孙砚、夏艳、董春燕参与编写。全书由安徽水利水电职业技术学院程健教授主审。以上编写及审稿人员中大部分为教学一线承担教学任务的教师，他们不仅熟悉本书涉及的理论，而且有着丰富的教学经验，在编写过程中能把握好重点难点；参加编写的行业人员对于丰富案例教学内容发挥了一定的作用。本书在编写过程中得到了有关院校老师的指导和热情协助，很多资料引自有关院校和生产、科研、管理单位编写的教材、文章和论著,在书后的参考文献中基本上已经列出,在此表示感谢!

由于编者水平有限,书中存在缺点和不足之处,恳请读者提出批评指正意见,以便今后改进。

编 者

目 录

前言 ·· (i)

项目一　课程概述 ··· (1)
　　任务一　"水利工程经济"课程的性质与主要内容 ··················· (1)
　　任务二　水利工程项目的建设程序 ·· (3)

项目二　水利工程经济要素与估算方法 ··· (7)
　　任务一　价值与价格 ··· (7)
　　任务二　水利工程投资估算 ·· (9)
　　任务三　固定资产与折旧 ·· (13)
　　任务四　年运行费与流动资金 ··· (18)
　　任务五　产品成本费用的构成及估算 ··· (19)
　　任务六　财务收入、税金及利润 ·· (24)
　　任务七　工程效益 ··· (28)

项目三　资金的时间价值与等值计算 ··· (33)
　　任务一　资金的时间价值概念 ··· (33)
　　任务二　资金流程图与计算基准年 ·· (38)
　　任务三　资金等值计算 ·· (40)
　　任务四　经济寿命与计算期的确定 ·· (59)

项目四　经济评价方法 ··· (63)
　　任务一　经济评价概述 ·· (63)
　　任务二　国民经济评价方法 ·· (66)
　　任务三　财务评价方法 ·· (75)

项目五　不确定性分析 ··· (91)
　　任务一　敏感性分析 ··· (91)
　　任务二　概率分析 ··· (94)
　　任务三　盈亏平衡分析 ·· (96)

项目六　资金来源与融资方案 ··· (101)
　　任务一　融资主体和资金来源分析 ·· (101)
　　任务二　融资方案 ··· (105)

  任务三 融资方案分析 …………………………………………………………… (108)

项目七 综合利用水利工程费用分摊 …………………………………………………… (114)
  任务一 综合利用水利工程费用分摊概述 ……………………………………………… (114)
  任务二 投资和费用的分摊方法 ………………………………………………………… (117)

项目八 防洪工程经济评价 ……………………………………………………………… (123)
  任务一 洪水灾害的类型及防洪措施 …………………………………………………… (123)
  任务二 防洪工程经济评价的任务与内容 ………………………………………………… (125)
  任务三 防洪工程的经济效益 …………………………………………………………… (127)
  任务四 防洪工程的经济评价示例 ……………………………………………………… (132)

项目九 治涝工程经济评价 ……………………………………………………………… (137)
  任务一 涝灾特点及其治理标准 ………………………………………………………… (137)
  任务二 治涝工程的经济效益 …………………………………………………………… (140)
  任务三 治涝工程经济评价的任务与内容 ……………………………………………… (153)
  任务四 治涝工程的经济评价示例 ……………………………………………………… (156)

项目十 灌溉工程经济评价 ……………………………………………………………… (169)
  任务一 灌溉工程的类型和灌水方法 …………………………………………………… (169)
  任务二 灌溉工程的经济效益 …………………………………………………………… (172)
  任务三 灌溉工程经济评价的任务与内容 ……………………………………………… (175)
  任务四 灌溉工程的经济评价示例 ……………………………………………………… (177)

项目十一 水力发电工程经济评价 ………………………………………………………… (182)
  任务一 电站的投资与年运行费 ………………………………………………………… (182)
  任务二 水电站的经济效益 ……………………………………………………………… (186)
  任务三 国民经济评价的任务与内容 …………………………………………………… (189)
  任务四 财务评价的任务与内容 ………………………………………………………… (196)

项目十二 城镇供水工程经济评价 ………………………………………………………… (209)
  任务一 城镇供水工程经济评价概述 …………………………………………………… (209)
  任务二 供水水价问题 …………………………………………………………………… (213)
  任务三 城镇供水工程经济评价指标 …………………………………………………… (218)
  任务四 城镇供水工程经济评价示例 …………………………………………………… (220)

附录一 技能训练题答案 ……………………………………………………………………… (226)

附录二 考虑资金时间价值的折算因子表 ………………………………………………… (229)

参考文献 ………………………………………………………………………………………… (250)

项目一 课程概述

  项目描述

本项目主要叙述"水利工程经济"课程的性质,介绍课程包含的教学内容及课程知识在水利工程建设中的应用。

  项目学习目标

了解"水利工程经济"课程全貌。

  项目学习重点

"水利工程经济"课程总体结构和各个部分关系。

 项目学习难点

"水利工程经济"课程关键知识在水利工程建设中的应用。

任务一 "水利工程经济"课程的性质与主要内容

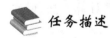 任务描述

了解课程的性质,熟悉课程的内容。

一、"水利工程经济"课程的性质

"水利工程经济"是一门技术专业课。水利工程经济应用工程经济学中的基本原理和一般计算方法,具体解决水利水电建设工程中的有关经济问题和技术管理问题。本课程是一门新设立的课程,其内容将随着国民经济的发展和科学技术水平的提高而不断补充、修改和更新。

"水利工程经济"又是一门对水利技术政策、技术措施或技术方案进行经济效果评价的专业课程。通过对经济效果的评价和论证,确定技术政策的方向、技术措施的优劣、工程方

案经济上的合理性和财务上的可行性。因此,研究水利工程经济,不但具有理论上的指导作用,而且可以用理论解决水利工程中的实际经济问题。

水利工程经济主要研究本专业领域内的经济效果理论,衡量经济效果的指标体系,以及评价经济效果的计算方法等。具体来说,水利工程经济问题就是在满足防洪、除涝、灌溉、供水或发电等要求的条件下,如何用一定的投入获得最大的产出;或者如何用最少的投入获得一定的产出。经济分析或经济评价的目的,就是设法寻找最优的经济效果,即如何用较少的资金,获得尽可能大的经济效益。水利工程方案的选择,除进行上述经济分析或经济评价外,还需从政治、社会、技术、环境等多方面进行综合分析、全面评价,最终选出最佳方案。

为了满足一定的国民经济发展要求,一般可以采用不同的技术措施进行方案比较,经过技术经济论证,从中选择经济效果比较有利的方案。在规划、可行性研究、初步设计、技术设计以及工程建成后的运营管理阶段,均有大量的技术经济分析工作需要进行。所有从事规划、设计、施工和管理的工程技术人员都应研究这门课程,以便掌握有关水利工程经济的理论和计算方法。

二、"水利工程经济"课程的主要内容

"水利工程经济"课程的主要任务是:使学生获得有关水利建设项目经济评价以及工程方案分析比较的理论知识和原理方法,培养和增强对水利建设项目经济评价或工程技术方案经济分析的操作技能和职业能力,能运用科学的、系统的方法去评析水利建设项目或工程技术方案的经济效果,保证工程技术方案顺利正常地实施和水利建设项目安全高效地运行,实现最佳工程经济效益。

学生在学完本课程后,在知识、技能和能力方面应达到以下基本要求:

(1) 了解水利建设项目经济评价中存在的问题、经济评价中投入物与产出物影子价格的计算。

(2) 明确水利建设项目经济评价的目的、水利工程项目的基本建设程序、水利产业政策的具体目标。

(3) 理解水利建设项目投资、经济效益、资金时间价值、等值、最优等效替代方案等含义,了解动态计算的基本公式、国民经济评价与财务评价的联系和区别。

(4) 领会水利建设的基本方针、建设项目的费用构成、固定资产折旧费计算方法、供水成本的构成及水价的核定。

(5) 掌握水利建设项目经济评价的评价指标和主要内容,工程方案经济比较的常用方法,综合利用水利建设项目费用分摊的常用方法,各具体水利工程项目投资费用及经济效益的计算和经济评价的方法。

本课程的主要内容主要包括三大部分:第一部分是水利工程经济评价的基础知识,包括:项目一课程概述,介绍课程性质和水利工程项目的建设程序;项目二水利工程经济要素与估算方法,介绍国民经济评价和财务评价各要素的概念及估算方法。第二部分为水利工程经济评价的基本原理,包括:项目三资金的时间价值与等值计算,介绍资金时间价值、资金流程图、计算基准年、固定资产的经济寿命等概念,重点介绍资金的等值计算公式;项目四经济评价方法,介绍国民经济评价和财务评价的动、静态评价方法原理,评价参数确定,以及方案比选的前提和方法;项目五不确定性分析,介绍经济评价确定了工程建设项目基本方案

后,如何评价工程建设项目实施过程中市场和环境造成的经济评价要素变动的影响及其主要评价方法;项目六资金来源与融资方案,介绍水利工程项目建设资金来源途径和融资方案比选方法;项目七综合利用水利工程费用分摊,介绍综合利用水利工程的投资费用构成,以及投资费用的分摊原则与分摊方法。第三部分为水利工程经济评价方法实际应用,主要介绍各种功能水利工程费用效益的确定和评价方法,包括:项目八防洪工程经济评价,项目九治涝工程经济评价,项目十灌溉工程经济评价,项目十一水力发电工程经济评价,项目十二城镇供水工程经济评价。

任务二　水利工程项目的建设程序

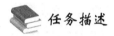任务描述

通过熟悉水利工程项目的建设程序,掌握"水利工程经济"课程知识的具体应用场合。

水利工程建设规模宏大,牵涉因素较多,且工作条件复杂、施工建造艰难,一旦失事后果严重,因此水利工程建设必须严格遵守基本建设程序和规程规范。根据国家水利工程建设程序管理规定,我国的水利工程建设全面实行项目法人责任制、建设监理制和招标投标制三项制度的改革。水利工程建设包括项目建议书、可行性研究报告、初步设计、施工准备(包括招标投标)、建设实施、生产准备、竣工验收、后评价等阶段。这些阶段大体可分为三个部分:即工程开工建设前的规划、勘测、设计为主的前期阶段;工程开工建设以后至竣工投产的施工阶段;工程的后评价阶段。

一、项目建议书阶段

根据国民经济和社会发展的长远规划、流域综合规划、区域综合规划、专业规划,按照国家产业政策和国家有关投资建设方针编制项目建议书,对拟进行建设的项目作出初步说明。根据一条河流或地区的自然和社会状况的必要资料,编制流域规划或地区水利工程的总体布局,确定合理的开发顺序以及每一项工程的任务和技术经济指标。

二、可行性研究报告阶段

对项目在技术上是否可行和经济上是否合理进行科学的分析和论证。经过批准的可行性研究报告,是项目决策和进行初步设计的依据。可行性研究报告,由项目法人(或筹备机构)组织编制。可行性研究报告,按国家现行规定的审批权限报批。申报项目可行性研究报告,必须同时提出项目法人组建方案及运行机制、资金筹措方案、资金结构及回收资金的办法,并依照有关规定附具有管辖权的水行政主管部门或流域机构签署的规划同意书、对取水许可预申请的书面审查意见。审批部门要委托有相应资格的工程咨询机构对可行性报告进行评估,并综合行业归口主管部门、投资机构(公司)、项目法人(或项目法人筹备机构)等方面的意见进行审批。可行性研究报告经批准后,不得随意修改和变更,在主要内容上有重要变动,应经原批准机关复审同意。项目可行性报告批准后,应正式确立项目法人,并按项目

法人责任制实行项目管理。

三、初步设计阶段

初步设计是根据批准的可行性研究报告和必要而准确的设计资料,对设计对象进行通盘研究,阐明拟建工程在技术上的可行性和经济上的合理性,规划项目的各项基本技术参数,编制项目的总概算。初步设计文件报批前,一般须由项目法人委托有相应资格的工程咨询机构或组织行业各方面的专家,对初步设计中的重大问题进行咨询论证。设计单位根据咨询论证意见,对初步设计文件进行补充、修改、优化。初步设计由项目法人组织审查后,按国家现行规定权限向主管部门申报审批。初步设计文件经批准后,主要内容不得随意修改、变更,并作为项目建设实施的技术文件基础。

四、施工准备阶段

项目在主体工程开工之前,必须完成各项施工准备工作,其主要内容包括:① 施工现场的征地和拆迁;② 完成施工用水、用电、通信、道路和场地平整等工程;③ 完成必需的生产、生活临时建筑工程;④ 组织招标设计、咨询,开展设备和物资采购等;⑤ 组织建设监理和主体工程招标投标,并择优选定建设监理单位和施工承包单位;⑥ 初步设计已经批准;⑦ 项目法人已经建立;⑧ 项目已列入国家或地方水利建设投资计划,筹资方案已经确定;⑨ 有关土地使用权已经批准;⑩ 已办理报建手续。施工准备工作开始前,项目法人或其代理机构,须向水行政主管部门办理报建手续,项目报建须交验工程建设项目的有关批准文件。工程项目进行项目报建登记后,方可组织施工准备工作。工程建设项目施工,一般均须实行招标投标。

五、建设实施阶段

项目法人按照批准的建设文件,组织工程建设,保证项目建设目标的实现;项目法人或其代理机构必须按审批权限,向主管部门提出主体工程开工申请报告,经批准后,主体工程方能正式开工。主体工程开工须具备以下条件:① 前期工程各阶段文件已按规定批准,施工详图设计可以满足初期主体工程施工需要;② 建设项目已列入国家或地方水利建设投资年度计划,年度建设资金已落实;③ 主体工程招标已经决标,工程承包合同已经签订,并得到主管部门同意;④ 现场施工准备和征地移民等建设外部条件能够满足主体工程开工需要;⑤ 建设管理模式已经确定,投资主体与项目主体的管理关系已经理顺;⑥ 项目建设所需全部投资来源已经明确,且投资结构合理;⑦ 项目产品的销售,已有用户承诺,并确定了定价原则。项目法人要充分发挥建设管理的主导作用,为施工创造良好的建设条件。项目法人要授权工程监理,使之能独立负责项目的建设工期、工程质量、投资的控制和现场施工的组织协调。监理单位选择必须符合《水利工程建设监理规定》(水利部令第28、49号)的要求,要按照"政府监督、项目法人负责、社会监理、企业保证"的原则,建立健全质量管理体系,重要建设项目须设立质量监督项目站,行使政府对项目建设的监督职能。

六、生产准备阶段

生产准备应根据不同类型的工程要求确定,一般应包括如下主要内容:① 生产组织准备。建立生产经营的管理机构及相应管理制度。② 招收和培训人员。按照生产运营的要求,配备生产管理人员,并通过多种形式的培训,提高人员素质,使之能满足运营要求。生产管理人员要尽早介入工程的施工建设,参加设备的安装调试,熟悉情况,掌握好生产技术和工艺流程,为顺利衔接基本建设和生产经营阶段做好准备。③ 生产技术准备。主要包括技术资料的汇总、运行技术方案的制定、岗位操作规程制定和新技术准备。④ 生产的物资准备。主要是落实投产运营所需要的原材料、协作产品、工器具、备品备件和其他协作配合条件的准备。⑤ 正常的生活福利设施准备。及时具体落实产品销售合同协议的签订,提高生产经营效益,为偿还债务和资产的保值增值创造条件。

七、竣工验收阶段

当建设项目的建设内容全部完成,并经过单位工程验收(包括工程档案资料的验收),符合设计要求并按《水利工程建设项目档案管理规定》(水办〔2021〕200号)的要求完成了档案资料的整理工作,完成竣工报告、竣工决算等必需文件的编制后,项目法人按《水利工程建设项目验收管理规定》(水利部令第30号)规定,向验收主管部门提出申请,验收主管部门根据国家和部颁验收规程组织验收。竣工决算编制完成后,须由审计机关组织竣工审计,其审计报告作为竣工验收的基本资料。工程规模较大、技术较复杂的建设项目可先进行初步验收;不合格的工程不予验收;有遗留问题的项目,对遗留问题必须有具体处理意见,且有限期处理的明确要求,并落实责任人。

八、后评价阶段

建设项目竣工投产后,一般经过1~2年生产运营,然后要进行一次系统的项目后评价,主要内容包括:影响评价——项目投产后对各方面的影响进行评价;经济效益评价——对项目投资、国民经济效益、财务效益、技术进步和规模效益、可行性研究深度等进行评价;过程评价——对项目的立项、设计施工、建设管理、竣工投产、生产运营等全过程进行评价。项目后评价一般按三个层次组织实施,即项目法人的自我评价、项目行业的评价、计划部门(或主要投资方)的评价。建设项目后评价工作必须遵循客观、公正、科学的原则,做到分析合理、评价公正。通过建设项目的后评价达到肯定成绩、总结经验、研究问题、吸取教训、提出建议、改进工作、不断提高项目决策水平和投资效果的目的。

项目一技能训练题

一、单选题

1. "水利工程经济"课程教学内容不包括( )。
A. 水利工程经济评价的基础知识
B. 水利工程经济评价的基本原理
C. 水利工程经济评价方法实际应用
D. 水利工程经济的推广应用

2. 在国家有关部门规定的建设程序中,各个步骤( )。
A. 次序可以颠倒,但不能交叉
B. 次序不能颠倒,但可以进行合理交叉

C. 次序不能颠倒,也不能进行交叉
D. 次序可以颠倒,同时也可以进行交叉
3. 水利建设程序大体可分为三个阶段,其中不包括(　　)。
A. 工程开工建设前的规划、勘测、设计为主的前期阶段
B. 工程的筹建阶段
C. 工程开工建设以后至竣工投产的施工阶段
D. 工程的后评价阶段
4. 水利工程建设项目后评价不包括(　　)。
A. 影响评价　　　　　　　　B. 过程评价
C. 水土保持评价　　　　　　D. 经济效益评价
5. 水利建设程序(　　)不开展技术经济论证。
A. 项目建议书阶段　　　　　B. 可行性研究报告阶段
C. 初步设计阶段　　　　　　D. 施工准备阶段

二、判断题

1. 水利工程经济应用工程经济学中的基本原理和一般计算方法,具体解决水利水电建设工程中的有关经济问题和技术管理问题。(　　)

2. 水利工程方案的选择,就是设法寻找最优的经济效果,即如何用较少的资金,获得尽可能大的经济效益。(　　)

3. 在规划、可行性研究、初步设计、技术设计以及工程建成后的运营管理阶段,均有大量的技术经济分析工作。(　　)

4. 经过批准的可行性研究报告是项目决策和进行初步设计的依据。可行性研究报告由水利水电勘测设计单位组织编制。(　　)

5. 施工准备工作开始前,施工单位须向水行政主管部门办理报建手续,项目报建须交验工程建设项目的有关批准文件。(　　)

项目二　水利工程经济要素与估算方法

 **项目描述**

本项目主要介绍水利工程经济涉及的要素的概念,以及这些要素的估算方法。

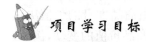 **项目学习目标**

通过对本项目的学习,准确把握经济评价涉及的要素的内涵和外延。

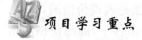 **项目学习重点**

水利工程的固定资产和财务收入。

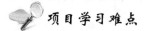 **项目学习难点**

对影子价格的理解及对其测算方法的了解。

任务一　价值与价格

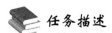 **任务描述**

理解价值和价格的概念,掌握两者之间的关系。

一、价值

商品的价值是由生产该商品的社会必要劳动时间所决定的。根据对价值规律的分析,产品价值 S 等于生产过程中被消耗的生产资料的价值 C、必要劳动价值 V 和剩余劳动价值 M 三者之和,即

$$S = C + V + M \tag{2.1}$$

式中,C 表示转移到产品中的物化劳动的价值,其中包括厂房、机器设备等固定资产的损耗值和原料、燃料、材料等流动资产的消耗值(在财务核算中为生产运行费用的一部分);V 表示支付给劳动者的工资;M 表示在社会主义全民所有制情况下为全社会所创造的价值,也就

是企业上交给国家的税金和利润以及企业留成利润中用于扩大再生产的那部分资金。

C 与 V 之和就是产品的成本 F，V 与 M 之和就是新创造的产品价值。在一定时期内，全部产品价值中扣除已消耗掉的生产资料价值，余下来的部分就是净产值或国民收入 N。即：产品成本

$$F = C + V \tag{2.2}$$

国民收入或净产值

$$N = V + M \tag{2.3}$$

二、价格

在现代社会的日常应用之中，价格一般指进行交易时，买方需要付出的代价或价款。

价格是一种从属于价值并由价值决定的货币价值形式。价值的变动是价格变动的内在的、支配性的因素，是价格形成的基础。但是，由于商品的价格既是由商品本身的价值决定的，也是由货币本身的价值决定的，因而商品价格的变动不一定反映商品价值的变动，例如，在商品价值不变时，货币价值的变动会引起商品价格的变动；同样，商品价值的变动也并不一定就会引起商品价格的变动，例如，在商品价值和货币价值按同一方向发生相同比例变动时，商品价值的变动并不引起商品价格的变动。因此，商品的价格虽然是表现价值的，但是，仍然存在着商品价格和商品价值不相一致的情况。在简单商品经济条件下，商品价格随市场供求关系的变动，直接围绕它的价值上下波动；在商品经济条件下，由于部门之间的竞争和利润的平均化，商品价值转化为生产价格，商品价格随市场供求关系的变动，围绕生产价格上下波动。

三、影子价格

影子价格是建设项目经济评价的重要参数，它是指社会处于某种最优状态下，能够反映社会劳动消耗、资源稀缺程度和最终产品需求状况的价格。影子价格是社会对货物真实价值的度量，只有在完善的市场条件下才会出现。然而这种完善的市场条件是不存在的，因此现成的影子价格也是不存在的，只有通过对现行价格的调整，才能求得它的近似值。

影子价格通常是指一种资源的影子价格，因此影子价格可以定义为：某种资源处于最佳分配状态时，其边际产出价值就是这种资源的影子价格。

广义的影子价格除了货物的影子价格外，还包括资金的影子价格（社会折现率）、外汇的影子价格（影子汇率）、土地的影子价格、工资的影子价格等。

国民经济评价虽然不能简单地采用交换价格，但是现实经济中的交换价格毕竟是对资源价值的一种估价，而且这种价格信息又是大量存在于现实经济之中的，所以获得影子价格的基本途径是以交换价格为起点，将交换价格调整为影子价格。在确定某种货物的影子价格之前，应先区分该货物的类型。根据项目投入和产出类型，可将货物分为外贸货物、非外贸货物和特殊投入物（资金、外汇等）。一种货物的投入或产出，如果主要影响国家进出口水平，应划为外贸货物；如果主要影响国内供求关系，则应划分为非外贸货物。

根据我国的具体情况，区分外贸货物和非外贸货物，宜采取以下原则。

其生产和使用将直接影响国家出口、进口的货物，按外贸货物处理。一般包括：项目产出物中直接出口的货物、间接出口的货物、替代进口的货物；项目投入物中直接进口的货物、间接进口的货物、占用原可用于出口的货物。非外贸货物是指其生产或使用不影响国家进

出口的货物。符合下列情况的货物应视为非外贸货物：天然非外贸货物，指货物使用和服务天然地限于国内，如国内施工和商业以及国内运输和其他国内服务；由于国家政策和法令限制不能外贸的货物；国内生产成本加上到岸的运费和贸易费用后，其总成本高于离岸价格，致使出口得不偿失而不能出口，反之则不能进口；特殊投入物，一般指劳动力、自然资源和土地的投入；资金和外汇。

影子价格有三种理论：一是资源最优配置理论，二是机会成本和福利经济学理论，三是全部效益和全部费用理论。影子价格的计算方法有两种：一是整体算法，二是分解算法。全部效益和全部费用理论以及分解算法是中国技术经济学会提出的。根据这个理论和方法，影子价格（指国内影子价格）由生产价格和经济效果系数两部分组成。生产价格反映直接成本，经济效果系数反映与供求效应有关的间接成本。比如，一吨煤炭的生产价格为100元，利用1吨煤炭所产生的经济效益即经济效果系数为200元，那么煤炭的影子价格等于300元。影子价格有国际影子价格和国内影子价格两种，国际影子价格等于国际市场价格乘以合理汇率。在社会主义市场经济条件下，价格放开不等于价格完全自由，最高价格不能超过生产价格和影子价格水平，否则就是暴利行为。

任务二 水利工程投资估算

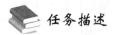任务描述

理解水利工程投资估算的概念，掌握水利工程投资估算的方法。

一、水利工程建设项目投资估算的概念

根据《建设项目经济评价方法与参数》（第3版）相关规定，经济评价中，工程建设项目投资可根据概算法或形成资产法估算。

水利工程建设项目投资应包括主体工程投资和配套工程投资。主体工程投资由工程部分、水库移民征地补偿、水土保持工程、环境保护工程等四部分组成。工程部分概（估）算项目划分为五部分，包括建筑工程、机电设备及安装工程、金属结构设备及安装工程、施工临时工程、独立费用。配套工程投资可根据具体工程性质划分确定。

根据《水利工程设计概（估）算编制规定》（水总〔2014〕429号），水利工程建设项目投资构成如图2.1所示。

因此，水利工程建设项目投资估算是指根据初步确定的项目建设规模、技术方案、设备方案、工程方案以及项目进度计划，对项目投入总资金进行估算，并分年估算建设期内资金需要量的过程。其中工程部分估算内容主要包括：① 建筑工程费；② 安装工程费；③ 设备及工器具购置费；④ 独立费用；⑤ 基本预备费；⑥ 涨价预备费；⑦ 建设期利息。其余部分则根据国家相关规定进行估算。

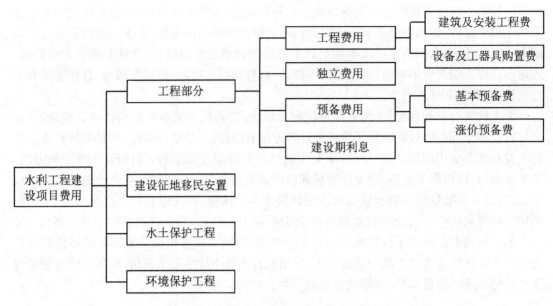

图 2.1 水利工程建设项目投资构成

二、工程建设项目投资估算的作用

投资估算的作用有：

(1) 项目建议书阶段的投资估算,是多方案比选、优化设计、合理确定项目投资的基础,是项目主管部门审批项目建议书的依据之一,并对项目的规划、规模起参考作用,从经济上判断项目是否应列入投资计划。

(2) 项目可行性研究阶段的投资估算,是项目投资决策的重要依据,是正确评价建设项目投资合理性,分析投资效益,为项目决策提供依据的基础。当可行性研究报告被批准之后,其投资估算额就作为建设项目投资的最高限额,不得随意突破。

(3) 项目投资估算对工程设计概算起控制作用,它为设计提供了经济依据和投资限额,设计概算不得突破批准的投资估算额。投资估算一经确定,即成为限额设计的依据,用以对各设计专业实行投资切块分配,作为控制和指导设计的尺度或标准。

(4) 项目投资估算是进行工程设计招标、优选设计方案的依据。

(5) 项目投资估算可作为项目资金筹措及制定建设贷款计划的依据,建设单位可根据批准的投资估算额进行资金筹措,向银行申请贷款。

三、工程建设项目投资估算阶段

投资估算贯穿于整个建设项目投资决策过程之中,投资决策过程可划分为项目建议书阶段、初步可行性研究阶段及详细可行性研究阶段,因此投资估算工作也分为相应三个阶段。不同阶段所具备的条件和掌握的资料不同,对投资估算的要求也各不相同,因而投资估算的准确程度在不同阶段也不同,进而每个阶段投资估算所起的作用也不同。

(一) 项目建议书阶段

这一阶段主要是选择有利的投资机会,明确投资方向,提出概略的项目投资建议,并编制项目建议书。该阶段工作比较粗略,投资额的估计一般是通过与已建类似项目的对比得来的,因而投资估算的误差率可在30%左右。这一阶段的投资估算可作为相关管理部门审批项目建议书、初步选择投资项目的主要依据之一,对初步可行性研究及投资估算起指导作用,决定一个项目是否真正可行。

(二) 初步可行性研究阶段

这一阶段主要是在投资机会研究结论的基础上,弄清项目的投资规模、原材料来源、工艺技术、厂址、组织机构和建设进度等情况,进行经济效益评价,判断项目的可行性,作出初步投资评价。该阶段是介于项目建议书和详细可行性研究之间的中间阶段,误差率一般要求控制在20%左右。这一阶段是决定是否进行详细可行性研究的依据之一,同时也是确定某些关键问题是否需要进行辅助性专题研究的依据之一,这个阶段可对项目是否真正可行作出初步的决定。

(三) 详细可行性研究阶段

详细可行性研究阶段也称为最终可行性研究阶段,主要是进行全面、详细、深入的技术经济分析论证,要评价选择拟建项目的最佳投资方案,对项目的可行性提出结论性意见。该阶段研究内容详尽,投资估算的误差率应控制在10%以内。这一阶段的投资估算是进行详尽经济评价、决定项目可行性、选择最佳投资方案的主要依据,也是编制设计文件、控制初步设计及概算的主要依据。

四、工程项目建设投资估算的依据、精度要求与步骤

(一) 工程项目建设估算依据

投资估算应做到方法科学、依据充分。主要依据有:
(1) 专门机构发布的建设工程造价费用构成、估算指标、计算方法以及其他有关计算工程造价的文件。
(2) 专门机构发布的工程建设其他费用计算办法和费用标准以及政府部门发布的物价指数。
(3) 部门或行业制定的投资估算办法和估算指标。
(4) 拟建项目所需设备、材料的市场价格。
(5) 拟建项目各单项工程的建设内容及工程量。

(二) 工程项目建设投资估算精度要求

(1) 工程内容和费用构成齐全,计算合理,不重复计算,不提高或者降低估算标准,不漏项,不少算。
(2) 选用的指标与具体工程之间存在标准或者条件差异时应及时调整。
(3) 投资估算精度应能满足控制初步设计概算的要求。

(三) 建设投资估算步骤

工程项目建设是由许多单项工程构成的,从投资的顺序上看,一般是从建筑工程开始

的,然后进行设备的购置、安装,因此,建设投资估算的步骤与此基本上是一致的,可以分为:

(1) 分别估算各单项工程费用所需的建筑工程费、设备及工器具购置费、安装工程费。

(2) 在汇总各单项工程费用基础上,估算独立费用和基本预备费。

(3) 估算涨价预备费和建设期利息。

(4) 计算建设投资总额。

五、可行性研究投资估算

投资估算是可行性研究报告的重要组成部分,是国家为选定近期开发项目作出科学决策和批准进行初步设计的重要依据。

(一) 综述

水利工程可行性研究投资估算与初步设计概算在组成内容、项目划分和费用构成上基本相同,但两者设计深度不同。投资估算可根据《水利水电工程可行性研究报告编制规程》的有关规定,对初步设计概算编制规定中部分内容进行适当简化、合并或调整。设计阶段和设计深度决定了两者编制方法及计算标准有所不同。

(二) 编制方法及计算标准

1. 基础单价

基础单价编制与初步设计概算相同。

2. 建筑、安装工程单价

投资估算主要建筑、安装工程单价编制与初步设计概算单价编制相同,一般均采用概算定额,但考虑投资估算工作深度和精度,应乘以10%的比例扩大系数。

3. 分部工程估算编制

(1) 建筑工程。主体建筑工程、交通工程、房屋建筑工程基本与初步设计概算相同。其他建筑工程可视工程具体情况和规模按主体建筑工程投资的3%~5%计算。

(2) 机电设备及安装工程。主要机电设备及安装工程基本与初步设计概算相同。其他机电设备及安装工程可根据装机规模按占主要机电设备费的百分率或单位kW指标计算。

(3) 金属结构设备及安装工程。编制方法基本与初步设计概算相同。

(4) 施工临时工程。编制方法及计算标准基本与初步设计概算相同。

(5) 独立费用。编制方法及计算标准与初步设计概算相同。

(三) 分年度投资及资金流量

投资估算由于工作深度仅计算分年度投资而不计算资金流量。

(四) 预备费、建设期融资利息、静态总投资、总投资

可行性研究投资估算基本预备费率取10%~12%;项目建议书阶段基本预备费率取15%~18%。价差预备费率同初步设计概算。

(五) 估算表格

基本与概算相同。

任务三　固定资产与折旧

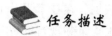**任务描述**

理解固定资产与折旧的概念，熟悉水利工程固定资产与折旧的形成或计算方法，了解水利工程固定资产分类折旧年限的规定。

一、固定资产

(一) 固定资产的概念及价值的运动规律

1. 固定资产的概念

固定资产主要指企业拥有的能多次使用而不改变其形态，仅将其价值逐渐转移到所生产的产品中去的各种劳动手段。例如在生产过程中所使用的机器设备、厂房以及水利工程中的各种水工建筑物等。凡是固定资产一般须同时具备两个条件：① 使用年限在一年以上；② 单项价值在规定限额以上。有些劳动手段虽然多次使用但不具备上述两个条件之一者，称为低值易耗品，例如某些生产工具等。对于非企业单位，凡能供长期使用并保持原有实物形态的资产，习惯上也称为固定资产，例如机关或学校等事业单位的房屋、建筑物和各项设备等。

2. 固定资产价值的运动规律

在生产过程中，固定资产虽仍能保持原来的实物形态，但其价值逐年递减，随磨损程度以折旧形式逐渐地转移到产品(水利水电工程的产品是水和电)的成本中去，并随着产品的销售而逐渐地获得补偿。因此，固定资产在使用过程中，一方面其实物形态上的价值是逐年递减的，另一方面以折旧基金形式所积存的价值则逐年递增，直到固定资产到达经济寿命，此时所积存的全部折旧基金便可用来更新固定资产，如此往复循环周转使用，其周转期较长，与经济寿命相同。

(二) 固定资产的形成

1. 固定资产投资

固定资产通过投资形成。固定资产的投资也称基本建设投资，包括自前期工作开始至工程建成投产达到设计效益时所需投入的全部基本建设资金。水利工程投资内容一般包括下列各项：

(1) 永久性工程的投资。包括主体工程建筑物、附属工程建筑物和配套工程的投资以及设备购置和安装费用。

(2) 临时性工程的投资。包括导流工程、临时道路和桥梁、临时房屋和通信设备线路等费用。

(3) 其他投资。包括移民的迁移安置和生产开发的费用；勘测、规划、设计和科学试验等前期费用;建设和施工单位人员工资及管理费用;预备费和不可预见费等。有时还包括一部分相关投资,例如,提供给有关部门用以扩大动力和燃料供应、改善交通运输条件或生态环境所需的投资。

我国水利工程投资,是根据不同设计阶段进行计算的。在可行性研究阶段,一般参考类似工程和其他资料进行估算,供论证工程的经济合理性与财务可行性之用。在初步设计阶段,根据初步设计图纸和概算定额编制总概算,作为国家批准设计文件的依据。在技术设计阶段,根据实际情况的变化编制修正总概算。在施工详图设计阶段,根据工程量和现行的定额、价格等资料编制施工图预算,因其比较精确,可以作为向银行贷款的依据。工程竣工后,则须编制工程决算,反映工程的实际投资。

2. 固定资产造价

固定资产的造价是在水利工程投资中扣除净回收余额后的部分,称为造价,也可以称为净投资。

(1) 净回收余额。施工期末可回收的残值扣除清理处置费后的残余值。水利工程可回收的残值分为两部分:一为临时性工程残值,包括临时性房屋、铁路、通信线路、金属结构物以及其他可以回收设施的残值等;二为施工机械和设备的残值。

(2) 应该核销的投资。指职工培训费、施工单位转移费、子弟学校经费、劳保支出、停缓建工程的维修费等。

(3) 转移投资。水利工程完工后移交给其他部门或地方使用的工程设施的投资,例如铁路专用线、永久性桥梁、码头及专用的电缆、电线等投资。

工程净投资(造价)与固定资产投资的比值,称为固定资产形成率,一般水利水电工程的固定资产形成率为 0.80~0.90。

(三) 固定资产的原值、净值和重置价值

1. 固定资产原值

固定资产原值是指固定资产净投资与建设期内贷款利息之和,可表示为

$$\text{固定资产原值} = \text{固定资产投资} \times \text{固定资产形成率} + \text{建设期贷款利息} \tag{2.4}$$

2. 固定资产净值

固定资产净值是指固定资产原值减去历年已提取的折旧累计值之后的差值,亦称固定资产的账面价值。

3. 固定资产重置价值的评估

为了加强对水利工程的经营管理,充分发挥水利工程的经济效益,当前应对现有工程的固定资产进行重置价值的评估,在评估时应同时考虑由于通货膨胀、价格上涨使固定资产的账面值提高,也应考虑由于技术进步、劳动生产率提高有可能使部分固定资产价值降低。国务院颁布了《国有资产评估管理办法》,其中提到国有资产重估价值,应根据资产原值、净值、新旧程度、重置成本、获利能力等因素进行评估,一般有下列几种评估方法。

(1) 效益现值法。根据被评估资产合理的预期获利能力和适当的折现率,计算资产的现在价值,以此评定重估价值。

(2) 重置成本法。根据本项资产在全新情况下的重置成本,减去按重置成本计算的已使用年限的累积折旧额,考虑资产功能变化等因素,评定重估价值。

(3) 现行市价法。可参照相同或者类似资产的市场价格,评定重估价值。

(4) 清算价格法。应当根据企业清算时其资产可变现的价值,评定重估价值。

二、固定资产折旧

(一) 固定资产折旧的目的

固定资产折旧是指在固定资产使用寿命(折旧年限)内,按照确定的方法对应计折旧额进行系统分摊。使用寿命是指固定资产的预计寿命,或者该固定资产所能生产产品或提供劳务的数量。应计折旧额是指应计提折旧的固定资产的原价扣除其预计净残值后的金额。已计提减值准备的固定资产,还应扣除已计提的固定资产减值准备累计金额。

固定资产在使用过程中要经受两种磨损,即有形磨损和无形磨损。有形磨损是指由于生产因素或自然因素(外界因素和意外灾害等)引起的磨损。无形磨损是由于技术进步而使修建同等工程或生产同种设备的成本降低,从而使原工程的固定资产价值降低;或者由于出现新技术、新设备从而引起原来效率低的、技术落后的旧设备贬值甚至报废等。为保证生产的连续性,社会生产必须保证固定资产更新资金的来源,可在使用寿命(折旧年限)内通过提取折旧费的方式予以补偿由于固定资产的磨损所引起的价值损失。

(二) 经济寿命和折旧年限

1. 经济寿命

工程或设备在其寿命期内,随着工程和设备使用年限的增加,每年分摊的折旧费减少,但年运行维修费用却随着工程和设备的老化而逐年增加,当工程和设备使用到一定年限时,其年运行费和折旧费之和最小,相应此年限常称为经济寿命,见图2.2。

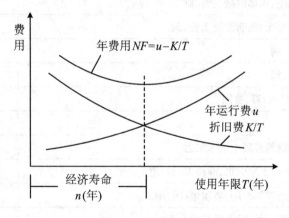

图 2.2 经济寿命

2. 折旧年限

一般情况下,常以经济寿命当作折旧年限,根据折旧年限计算每年应提取的折旧费。

3. 折旧费的计算

目前最常用的计算方法是直线折旧法,或称均匀折旧法,即假设固定资产净值随使用年限的增加而按比例直线下降,因而每年的折旧费相同,固定资产的年折旧费计算公式为

$$\text{年折旧费} = (\text{固定资产原值} - \text{净残值}) / \text{折旧年限}$$
$$= \text{固定资产原值} \times \text{年基本折旧率} \tag{2.5}$$

公式中固定资产的净残值,为回收的残值减去清理费用后的余额,一般为固定资产原值的 3%~5%。

水利工程固定资产分类折旧年限的规定如表 2.1 所示。

表 2.1　水利工程固定资产分类折旧年限的规定

固 定 资 产 分 类	折旧年限(年)
一、堤、坝、闸建筑物	
1. 大型混凝土、钢筋混凝土的堤、坝、闸	50
2. 中小型混凝土、钢筋混凝土的堤、坝、闸	50
3. 土、土石混合等当地材料堤、坝	50
4. 混凝土、沥青等防渗的土、土石、堆石、砌石等当地材料堤、坝	50
5. 中小型涵闸	40
6. 木结构、尼龙等半永久闸、坝	10
二、溢洪设施	
1. 大型混凝土、钢筋混凝土溢洪道	50
2. 中小型混凝土、钢筋混凝土溢洪道	40
3. 混凝土、钢筋混凝土护砌溢洪道	30
4. 浆砌块石溢洪设施	20
三、泄洪、放水管、洞建筑物	
1. 大型混凝土、钢筋混凝土管、洞	50
2. 中小型混凝土、钢筋混凝土管、洞	40
3. 无衬砌管、洞	40
4. 浆砌石管、洞	30
四、引水、灌排渠(河)道、管网	
(一) 大型	
1. 混凝土、钢筋混凝土引水渠道	50
2. 一般砌护的土质引水、灌排渠(河)道	50
3. 混凝土、沥青等护砌、防渗渠(河)道	40
4. 跌水、渡槽、倒虹吸等建筑物	50
(二) 中小型	
1. 一般砌护的土质引水、灌排渠道	40
2. 混凝土、沥青等护砌、防渗渠道	30
3. 塑料等非永久性防渗渠道	25
4. 跌水、渡槽、倒虹吸、节制闸、分水闸等渠系建筑物	30

续表

固 定 资 产 分 类	折旧年限(年)
(三) 输、排水管网	
1. 陶管、混凝土、石棉水泥管网	40
2. 钢管、铸铁管网	30
3. 塑料管、PVC 管	20
五、水井	
1. 深井	20
2. 浅井	15
六、河道整治控导工程	
1. 抛石、砌石护岸	25
2. 丁坝、顺坝等控导工程	29
七、房屋建筑	
1. 金属和钢筋混凝土结构	50
2. 钢筋混凝土、砖石混合结构	40
3. 永久性砖木结构	30
4. 简易砖木结构	15
5. 临时性土木建筑	5
八、金属结构	
1. 压力钢管	50
2. 大型闸阀、启闭设备	30
3. 中小型闸阀、启闭设备	20
九、机电设备	
1. 大型水轮机组	25
2. 中小型水轮机组	20
3. 大型电力排灌设备	25
4. 中小型电力排灌设备	20
5. 中小型机排、机灌设备	10
十、输配电设备	
1. 铁塔、水泥杆	40
2. 电缆、木杆线路	30
3. 变电设备	25
4. 配电设备	20

续表

固 定 资 产 分 类	折旧年限(年)
十一、水泵和喷灌设备	
1. 离心泵	12
2. 深井泵	8
3. 潜水泵	10
4. 喷灌设备	6
十二、工具、设备	
1. 生产工具、用具、勘测、实验、观测、研究等仪器设备	10
2. 铁路运输设备、钢质水上运输设备	25
3. 汽车等机动设备	15
4. 木质水上运输设备	10

任务四　年运行费与流动资金

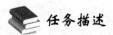 任务描述

理解年运行费、年费用和流动资金的概念,熟悉它们之间的关系。

一、年运行费

(一) 年运行费的概念

年运行费指维持水利建设项目正常运行每年所需支付的各项费用,包括材料费、燃料及动力费、修理费、职工薪酬、管理费等。

(二) 年运行费的计算

水利建设项目的年运行费采用项目总成本费用调整计算,即:应剔除项目总成本费用中的折旧费、摊销费、利息净支出及水资源费、固定资产保险费等,并采用影子价格代替财务价格。

二、年费用

在静态经济分析中,年费用包括年基本折旧费和年运行费两大部分,即

$$年费用 = 年基本折旧费 + 年运行费 \tag{2.6}$$

在动态经济分析中,年费用包括资金(投资)年回收值和年运行费两大部分,即

$$年费用 = 资金年回收值 + 年运行费$$
$$= (固定资金 + 流动资金) \times 资金年回收因子 + 年运行费 \quad (2.7)$$

式中,资金年回收因子又称本利年摊还因子,资金年回收值又称本利年摊还值。

如果有若干个工程方案进行经济比较,当各个方案的效益基本上相同时,则年费用最小的方案就是经济上最有利的方案。

三、流动资金

流动资金是指运营期内长期占用并周转使用的运营资金,不包括运用中临时需要的运营资金。水利建设项目的流动资金应包括维持项目正常运行所需购买燃料、材料、备品、备件和支付职工工资等的周转资金。水利建设项目流动资金可采用扩大指标估算法计算流动资金。扩大指标估算法可参照同类已建工程流动资金占销售收入、经营成本的比例,或单位产量占用流动资金的数额估算。流动资金应从项目运行的第一年开始,根据其投产规模分析确定。

缺乏资料时,供水、灌溉工程可按月运行费 1.5 倍考虑,或按年运行费的 8%～10% 计算;水电站工程根据工程规模的大小,采用 10～15 元/kW 计算。鉴于水利工程流动资金使用占总投资比重较小,工程设计阶段流动资金可暂按全额资本金考虑。水利工程资本金比例,应按国家有关规定执行。没有规定时,供水工程不低于固定资产投资的 35%,水电站工程不低于固定资产投资的 20%。

任务五 产品成本费用的构成及估算

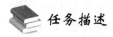任务描述

理解总成本费用、经营成本的概念,掌握水利工程成本费用的估算方法。

一、总成本费用

水利建设项目总成本费用是指项目在一定时期内为生产、运行以及销售产品和提供服务所花费的全部成本和费用。

水利建设项目总成本费用按生产要素分类应包括材料费、燃料及动力费、工资及福利费、修理费、水资源费、库区基金、管理费、其他费用、固定资产保险费、折旧费、摊销费、财务费用等。

总成本费用可分解为固定成本和可变成本。

固定成本一般包括折旧费、修理费、工资及福利费、固定资产保险费、摊销费、财务费用等项。

可变成本主要包括材料费、燃料及动力费、管理费、库区基金、水资源费和其他费用等项。

二、经营成本

水利建设项目总成本费用中扣除折旧费、摊销费、利息净支出即为经营成本。

三、成本费用估算

1. 材料费

材料费系指水利工程运行维护过程中自身需要消耗的原材料、原水、辅助材料、备品备件的费用。可根据邻近地区近三年同类水利建设项目统计资料分析计算。电站项目缺乏资料时可按 2~5 元/kW 计算。

2. 燃料及动力费

燃料及动力费主要为水利工程运行过程中的抽水电费、北方地区冬季取暖费及其他所需的燃料费用等。抽水电费应根据泵站特性、抽水水量和电价等计算确定;取暖费和其他费用可根据邻近地区近三年同类水利建设项目统计资料分析计算。

3. 修理费

修理费主要包括工程日常维护修理费用和每年需计提的大修费基金等。工程修理费按照不同工程类别,按固定资产价值的一定比例计取。

4. 职工薪酬

职工薪酬是指为获得职工提供的服务而给予各种形式的报酬以及其他相关支出,包括:职工工资(指工资、奖金、津贴、补贴等各种货币报酬);职工福利费;工会经费、职工教育经费;住房公积金;医疗保险费、养老保险费、失业保险费、工伤保险费、生育保险费等社会基本保险费;非货币性福利;因解除与职工的劳动关系而给予的补偿;其他与获得职工提供的服务相关的支出。

(1) 工程管理的人员数量应符合国家规定的定员标准。人员工资(含奖金、津贴和补贴)按当地统计部门公布的独立核算工业企业(国有经济)平均工资水平的 1~1.2 倍测算,或参照邻近地区同类工程运行管理人员工资水平确定。

(2) 职工福利费、工会经费、职工教育经费、住房公积金以及社会基本保险费的计提基数按照核定的相应工资标准确定。职工福利费、工会经费、职工教育经费的计提比例按照国家统一规定的 14%、2% 和 2.5% 的比例计提;社会基本保险费和住房公积金等的计提比例按当地政府规定的比例确定。

(3) 缺乏资料时,可按表 2.2 参考指标计算。

表 2.2 工资及福利费计算表

单位:万元

序号	项目	费率	计算基数	备注
1	职工工资			职工人数(人)×人员工资(万元/(人·年))
2	职工福利费	14%	工资总额	
3	工会经费	2%	工资总额	
4	职工教育经费	2.5%	工资总额	
5	养老保险费	20%	工资总额	
6	医疗保险费	9%	工资总额	
7	工伤保险费	1.5%	工资总额	
8	生育保险	1%	工资总额	

续表

序号	项目	费率	计算基数	备注
9	职工失业保险基金	2%	工资总额	
10	住房公积金	10%	工资总额	
合计		62%		

5. 工程管理费

工程管理费主要包括水利工程管理机构的差旅费、办公费、咨询费、审计费、诉讼费、排污费、绿化费、业务招待费、坏账损失等。可根据近三年邻近地区同类水利建设项目统计资料分析计算。缺乏资料时，可按表 2.3 参考指标计算。

表 2.3 水库工程成本测算费率表

序号	成本项目	费率	计算基数			备注
			发电	防洪	供水（含灌溉）	
1	材料费	发电 2～5 元/kW；防洪供水 0.1%	装机容量	固定资产原值		固定资产原值中不包括占地淹没补偿费用
2	燃料及动力费	0.1%	固定资产原值	固定资产原值		
3	修理费	1%	固定资产原值	固定资产原值		
4	职工薪酬	162%	工资总额	工资总额		
5	管理费	1～2 倍	职工薪酬	职工薪酬		
6	库区基金	0.001～0.008 元/(kW·h)	上网电量			
7	水资源费	根据各省区有关规定执行	年发电量		年引水量	
8	其他费用	发电 8～24 元/kW，防洪供水 10%	装机容量	第 1～4 项之和		水电站装机＜30 万 kW 采用 24 元/kW，≥30 万 kW 采用 8 元/kW
9	固定资产保险费	0.05%～0.25%	固定资产原值			与保险公司有协议时按协议执行。固定资产原值中不包括占地淹没补偿费用
10	折旧费（摊销费）	根据折旧年限（摊销年限）拟定	固定资产原值，递延资产			

注：1. 综合利用水库的各项功能需分别测算成本时，以分摊到各功能的固定资产原值作为测算基础。
2. 水电站上网电量＝年有效发电量×(1－厂用电率)×(1－输变电损失率)。
3. 北方地区水库的燃料及动力费中的取暖费用也可按取暖建筑面积和当地取暖费率计算。

6. 库区基金

库区基金是指水库蓄水后，为支持实施库区及移民安置区基础设施建设和经济发展规划、支持库区防护工程和移民生产生活设施维护、解决水库移民的其他遗留问题等需花费的费用。根据国家现行规定，装机容量在 2.5 万 kW 及以上有发电收入的水库和水电站，根据水库实际上网电量，按不高于 0.008 元/(kW·h) 的标准征收。

7. 水资源费

水资源费根据取水口所在地县级以上水行政主管部门确定的水资源费征收标准和多年平均取水量确定。

8. 其他费用

其他费用指水利工程运行维护过程中发生的除职工薪酬、材料费以外的与生产活动直接相关的支出，包括工程观测费、水质监测费、临时设施费等。该项费用可参照类似项目近期调查资料分析计算；缺乏资料时，可按表 2.3、表 2.4 和表 2.5 取值。

表 2.4 堤防工程年运行费计算费率表

方法	成本项目	费率单位	费率 一级堤防	费率 二级堤防	费率 三级及以下堤防	计算基数
1	工程维护费	万元/km	6~8	4~6	3~4	堤防(或河道)长度
1	管理费	万元/km	8	6	5	堤防(或河道)长度
2	工程维护费		1.0%	1.2%	1.4%	固定资产原值或重估值
2	管理费		0.5%	0.4%	0.3%	固定资产原值或重估值

注：1. 工程维护费中包括修理费、材料费、燃料及动力费等与工程修理养护有关的成本费用；管理费中包括职工薪酬、管理费、其他费用等与工程管理有关的费用。

2. 以固定资产作为计算年运行费的基数时，新建堤防工程采用固定资产原值，已有工程采用固定资产重估值。

3. 堤防工程沿线规模较小的涵闸等建筑物，可与堤防工程视为一个整体，按堤防工程的相关费率测算成本。

9. 固定资产保险费

为非强制性险种，有经营性收入的水利工程在有条件的情况下可予以考虑，保费按与保险公司的协议确定。在未明确保险公司或保险公司没有明确规定时，可按固定资产价值的 0.05%~0.25% 计算。

10. 固定资产折旧费

固定资产折旧费可按各类固定资产原值、折旧年限分类核算，一般采用平均年限法分类计提；也可采用综合折旧率按年平均提取。水利工程固定资产分类折旧年限计算见表 2.1。

11. 水利工程摊销费

水利工程摊销费是生产经营者需计提的管理费组成部分，主要包括土地资产摊销、无形资产摊销、开办费摊销等。鉴于该项费用提取要求尚无明确规定，可将土地资产、无形资产、开办费等计入固定资产原值，按固定资产折旧办法进行摊销。

12. 财务费用

财务费用是指生产经营者为筹集资金而发生的费用，包括在生产经营期间发生的利息支出(减利息收入)、汇兑净损失、金融机构手续费以及筹资发生的其他财务费用。该项费用与国家金融政策密切相关,要及时根据国家政策变化情况进行调整。

13. 固定资产原值

为建设该项目所实际发生的全部支出。以固定资产原值作为成本测算的基数时,材料费、燃料及动力费、修理费、保险费等与工程运行有关的成本项应采用扣除占地淹没补偿费用后的固定资产原值。

14. 新增固定资产原值

对于改扩建项目,以新增固定资产原值作为测算新增成本费用的基数。如需测算项目整体成本费用,应以原有固定资产重估值与新增固定资产原值之和作为成本测算的基数。

表 2.5 供水、灌溉工程成本测算费率表

序号	成本项目	费率 输水工程 管道	费率 输水工程 渠道	费率 输水工程 隧洞	泵站工程	计算基数	备注
1	工程维护费	1.0%~2.5%	1.0%~1.5%	1.0%	1.5%~2.0%	固定资产原值	固定资产原值中不包括占地淹没补偿费用
2	管理费	1.0%	0.5%	0.3%	1.0%	固定资产原值	
3	抽水电费				电价	抽水水量、扬程	
4	水资源费	水资源费价格 元/m³				多年平均年引水量	
5	原水水费	原水价格 元/m³				购买原水水量	
6	固定资产保险费	0.05%~0.25%				固定资产原值	固定资产原值中不包括占地淹没补偿费用
7	折旧费	折旧年限 3%~4%	折旧年限 2%~2.5%	折旧年限 2%	折旧年限 3%~3.5%	固定资产原值	

注:1. 工程维护费包括修理费、材料费、燃料及动力费等与工程修理维护有关的成本费用。管理费包括职工薪酬、其他费用等与工程管理有关的费用,按固定资产的比例计算。

2. 输水干线沿线建筑物和规模较小的泵站,可与输水工程视为一个整体,按输水工程的相关费率测算成本。

3. 水资源费应按供水或灌溉工程的引水渠首断面水量进行计算,其他中间环节不再重复计算,水资源费价格按各省市水行政主管部门有关规定执行。

4. 折旧费可按固定资产原值除以折旧年限,也可按综合年折旧率乘固定资产原值计算。

15. 成本测算费率

不同水利建设项目成本测算费率应按以下方法计算:

(1) 无资料时,水库工程成本测算费率,可根据工程实际情况按表 2.3 选择使用。

(2) 堤防工程的年运行费可根据有关部门相关规定或参照邻近地区同类已建堤防工程的费率分析计算。缺乏资料时,可按表 2.4 的方法 1 以堤防或河道长度为基数测算,也可按方法 2 以

工程固定资产原值为基数测算。有条件时,堤防工程可参照表2.3,选择有关成本类别分项计算。

(3) 供水(含调水)、灌溉等水利建设项目一般由水库、输水干线、泵站等工程组成,其中水库工程可按表2.3所列成本分项和费率测算成本;输水和泵站工程可按表2.5选择综合费率计算成本,有条件时也可参照表2.3分项测算成本。

任务六　财务收入、税金及利润

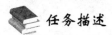

理解财务收入、税金及利润的概念,掌握财务收入、销售税金、总成本费用和利润总额的关系。

一、财务收入

水利建设项目的财务收入应包括出售水利产品的销售收入、提供服务所获得的收入以及可能获得的各种补贴或补助收入。

销售收入是指项目投产后在一定时间内(通常1年)销售产品所取得的收入。销售收入取决于销量和产品销售单价两个因素,计算方法为

$$销售收入 = 产品年销量 \times 产品销售单价 \qquad (2.8)$$

水利建设项目的水、电产品销售收入按供水、供电量和拟定的水价、电价计算确定。出售水利产品的水利建设项目有水力发电、供水等;提供服务的水利建设项目有防洪、治涝等。补贴收入包括依据国家规定的补助定额计算的定额补助和属于国家财政扶持领域的其他形式补助,如各种政府补贴收入、亏损补贴、减免增值税转入等。

财务收入、总成本费用、税金和利润的关系如图2.3所示。

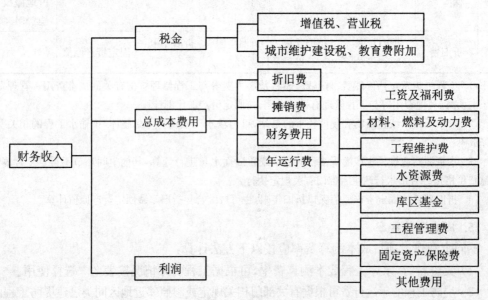

图2.3　财务收入、总成本费用、税金和利润的关系

二、税金

税收作为国家取得财政收入的手段,具有强制性、无偿性、固定性。根据我国税制改革实施方案,增值税、消费税、城市维护建设税、资源税、教育费附加等从销售收入中扣除,所得税从利润中征收。

各种税金及附加按现行税法规定的税目、税率、计税依据进行计算。

(一) 增值税

增值税是以商品生产、流通和劳务各个环节的增值额为征税对象的一种流转税,是一种价外税。而增值额就是纳税人在一定时期内销售货物、提供加工和修理修配等业务取得的收入大于其购进货物或取得劳务时所支付金额的差额。按增值额的一定百分率交纳增值税,有利于公平税负,避免对同一产品在不同产销环节的流转额重复征税。

增值税的征税范围主要包括销售有形货物(除房地产等不动产外),提供加工、修理修配业务和进口货物(必须是应纳增值税且属于报关进口的货物)。

增值税的税率有以下三种:

一是适用于出口货物的零税率,国务院另有规定的除外。

二是适用于特定货物(国务院有规定)的低税率9%。

三是适用于一般货物和应税劳务的基本税率13%。

增值税的纳税人分为一般纳税人和小规模纳税人两种。

(1) 一般纳税人增值税的计算公式为

$$应纳增值税额 = 当期销项税额 - 当期进项税额 \tag{2.9}$$

(2) 小规模纳税人增值税的计算。小规模纳税人是指应税销售额在规定标准以下的纳税人,其增值税的计算公式为

$$应纳增值税额 = 销售额 \times 征收率(3\%) \tag{2.10}$$

(二) 城市建设维护税

城市建设维护税,是国家对缴纳增值税、消费税的单位和个人就其实际缴纳的"两税"税额为计税依据而征收的一种税。它属于特定目的税,是国家为加强城市的维护建设、扩大和稳定城市维护建设资金的来源而采取的一项税收措施。它有两个显著特点:

(1) 它是一种附加税。它以纳税人实际缴纳的增值税、消费税税额为计税依据,附加于"两税"税额,本身并没有特定的、独立的征税对象。

(2) 具有特定目的。城建税税款专门用于城市的公用事业和公共设施的维护建设。其计算公式为

$$应纳税额 = 纳税人实际缴纳的增值税、消费税税额之和 \times 适用税率 \tag{2.11}$$

适用税率为差别比例税率,分别为7%、5%、1%。

(三) 教育费附加

教育费附加是为了加快地方教育事业的发展,扩大地方教育经费的资金来源而开征的。教育费附加收入纳入预算管理,作为教育专项基金,主要用于各地改善教学设施和办学条件。其计算公式为

$$\text{应纳教育费附加额} = \text{纳税人实际缴纳的增值税、消费税税额之和} \times 3\% \quad (2.12)$$

(四) 资源税

资源税,是对在我国境内开采应税资源产品的单位和个人取得的级差收入所课征的一种税。

由于资源税是对因自然资源贫富和开采条件优劣而形成的级差收入课税,因此,我国的资源税属于级差资源税,其目的是体现国家的权益,促进合理开发利用资源,调节矿产资源的级差收入,为企业创造公平竞争的环境。

资源税额采取从量定额的办法征收,实施"普遍征收,级差调节"的原则。其应纳税额,可根据应税产品的课税数量和规定的单位税额计算求得,具体计算公式为

$$\text{应纳税额} = \text{课税数量} \times \text{单位税额} \quad (2.13)$$

水利工程的增值税为价外税,一般不计入产品价格,对于地方和部门有另外规定的可计入产品价格。

水利工程还需缴纳城市建设维护税和教育费附加,以增值税为依据计提。城市建设维护税按照纳税人(工程)所在地实行差别税率,市区为7%,县城、建制镇为5%,其他地区为1%。教育费附加的计税依据是纳税人缴纳增值税的税额,附加率为3%。

三、利润

(一) 利润总额估算

利润总额是企业在一段时期内生产经营活动的最终财务成果。它集中反映了企业生产经营各方面的效益。利润总额估算公式为

$$\text{利润总额} = \text{产品销售收入} - \text{销售税金及附加} - \text{总成本费用} \quad (2.14)$$

(二) 所得税

所得税分企业所得税、外商投资企业和外国企业所得税、个人所得税。这里介绍企业所得税。

1. 企业所得税的概念

根据税法的规定,企业取得利润后,均应依法向国家缴纳企业所得税。根据2007年全国人民代表大会通过的《中华人民共和国企业所得税法》,水利水电工程企业所得税税率为25%。对于国家或地方政府有另外规定减征或者免征的按规定执行。

企业所得税的纳税年度是从公历1月1日起至12月31日止。纳税人在一个纳税年度中间开业,或者由于合并、关闭等原因,使该纳税年度的实际经营期不足12个月的,应当以其实际经营期为一个纳税年度;纳税人清算时,应当以清算期间为一个纳税年度。

2. 企业所得税计算

按照现行企业财务制度的规定,企业实现的利润总额,应先按国家规定作相应的调整,然后依法交纳所得税。这里所说的调整,主要是指弥补以前年度的亏损。因为企业发生的年度亏损,可以用下一年度的税前利润(所得税前的利润)弥补。下一年度利润总额不足弥补的,可以在5年内延续弥补。5年内不足弥补的,才用税后利润等弥补。所以企业实现的

利润总额,要先弥补以前5年内发生的亏损,然后据以计算应缴所得税。

所得税计算公式可表示为

$$企业所得税 = 应纳税所得额 \times 所得税率 \tag{2.15}$$

$$应纳税所得额 = 利润总额 \pm 税收调整项目金额 \tag{2.16}$$

【例 2.1】 某企业某年销售收入 8100 万元,该年总成本费用 5520 万元(其中利息支出 120 万元),该年销售税金及附加 80 万元,所得税税率 25%。问企业该年的利润总额多少?企业该年的息税前利润是多少?该年的企业所得税是多少?该年的企业净利润是多少?若企业前一年度亏损 500 万元(即利润总额为 −500 万元),试计算该年的企业所得税。

解

$$该年的利润总额 = 8100 - 5520 - 80 = 2500(万元)$$
$$该年的息税前利润 = 2500 + 120 = 2620(万元)$$
$$该年的所得税 = 2500 \times 25\% = 625(万元)$$
$$该年的税后利润(净利润) = 2500 - 625 = 1875(万元)$$

若企业前一年度亏损 500 万元,该年的利润总额首先弥补前一年度亏损的 500 万元,则该年应纳税所得额为 2000(=2500−500)万元,该年的企业所得税为 500(=2000×25%)万元。

3. 税后利润分配估算

税后利润是指利润总额缴纳所得税后的余额,税后利润分配是指对公司净利润的分割。对净利润如何进行分配除了受法定程序的影响外,在一定程度上还受经营、理财活动的制约。利润分配的法定程序和结构是指国家法律规定的各个利润分配的主体参与利润分配的先后顺序及其所占份额。法定分配程序如下:

(1) 弥补在亏损年度 5 年后尚未弥补的亏损。当一个持续经营的公司发生了亏损,资本就受到了侵蚀,如果尚未弥补亏损就分割利润,就等于把资本当利润分掉,损害了投资者的利益,所以利润总额首先要弥补以前年度亏损。为了确保国家税收的稳定和促使公司尽快扭亏增盈,国家规定了 5 年内延续弥补亏损的期限。延续 5 年未弥补的亏损,用税后净利润弥补。

(2) 提取法定盈余公积金。法定盈余公积金是国家统一规定必须提取的公积金,其目的有两方面:一是保证公司未来的补亏能力和资本保全;二是为了公司的持续稳定发展,必须在个人和集体消费性分配之前,留足公司生产发展所需的财力。法定盈余公积金按照税后净利润扣减前项弥补亏损后的 10% 提取,当累积额达到项目法定注册资本金的 50% 时可不再提取,超出部分可转增为资本金。法定盈余公积金的计算公式为

$$法定盈余公积金 = (税后净利润 - 弥补亏损) \times 10\% \tag{2.17}$$

(3) 提取法定公益金。公益金主要用于企业职工集体福利设施支出,这是我国为了保证企业职工集体福利的不断提高,在投资者个人分配之前硬性分配的部分。公益金按当年税后净利润扣减前项弥补亏损后的 5%~10% 提取。法定公益金的计算公式为

$$法定公益金 = (税后净利润 - 弥补亏损) \times (5\% \sim 10\%) \tag{2.18}$$

(4) 应付利润。即向投资者分配利润。企业以前年度未分配利润,可以并入本年度向投资者分配,企业当年无利润,不得向投资者分配利润。分配方式可按投资协议、合同、法律法规规定进行分配。

（5）未分配利润。可供分配利润减去盈余公积金和应付利润后的余额，即为未分配利润。

综上所述，生产年份的销售收入、成本费用、税金、利润之间关系如图 2.4 所示。

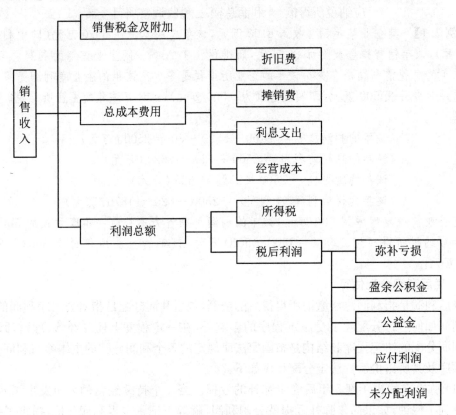

图 2.4　销售收入、成本费用、税金、利润之间关系图

任务七　工 程 效 益

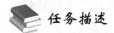

理解工程效益的概念，熟悉效益表现形式，掌握效益估算途径。

水利工程的效益可以从不同的角度进行分析，例如国民经济宏观社会效益与工程的微观财务效益、直接效益与间接效益、有形效益与无形效益、正效益与负效益等。

一、指标分类

表述水利工程效益的指标，一般以有工程和无工程对社会、经济和环境等方面作用的差别加以确定。通常有以下三种表示方法：

(一)效能指标

效能指标指水利工程除害兴利能力的指标,如可削减的洪峰流量和拦蓄的洪水量、提高的防洪和除涝标准、增加的灌溉面积、改善的航道里程等。

(二)实物指标

实物指标指水利工程设施可给社会增加的实物量,如可增产的粮食和经济作物,可增加的水量和电量,可增加的水产品量和客货运量等。

(三)货币指标

货币指标指用货币表示的上述效益指标。如每年减少的洪、涝灾害经济损失数值,灌溉增产的货币价值等。

以上三种表示方法,从不同的方面反映水利工程设施的效益。其中货币效益指标便于相互比较,是评价该工程项目经济和财务可行性的重要指标。

二、效益分类

(一)经济效益

经济效益指有工程和无工程相比较所增加的财富或减少的损失,如提供生产用水使工农业增产所获得的收益,兴建防洪除涝工程所减少的洪涝灾害损失等。从国家或国民经济总体的角度进行经济分析时,所有社会各方面能够获得的收益均作为经济效益;从工程所有者或管理者的角度进行财务分析时,只有那些实际能够征收回来的水费、电费等,才算作财务效益。经济效益和财务效益是经济评价的重要指标,是着重进行分析估算的内容。

(二)社会效益

社会效益指修建工程比无工程情况下,在保障社会安定、促进社会发展和提高人民福利方面的作用。如修建水电站可创造更多的就业机会,修建自来水厂可以改善卫生和生活条件,修建防洪工程可以保障人民生命财产安全等。

(三)环境效益

环境效益指修建水利工程比无工程情况下,对改善水环境、气候及生活环境所获得的利益。如修建污水处理工程对改善水质的作用,修建水库对改善气候及美化环境的作用等。

三、效益表现形式

(一)工程的国民经济效益与财务效益

国民经济社会效益是指工程建成后对整个国民经济产生的社会影响,为全社会提供的宏观效益,可以简称为国民经济效益。

工程的财务效益是指工程本身通过经营管理销售水利产品所获得的收入,可以称为工程的微观财务效益。

例如,防洪工程在遇到设计洪水时,可以保护广大农村和城市居民生命、财产的安全,保障重要工厂企业的安全生产和铁路等部门的安全运输,从而保证国民经济各部门的顺利发展,其社会效益是十分明显的。由于防洪工程的主要任务是除害,减免洪水灾害,工程本身一般得不到财务收入,即工程的微观财务效益几乎等于零。

供水工程和发电工程可以向城市和工矿企业提供水和电力,水和电对保证广大居民生活和发展生产极为重要。供水与发电工程不但国民经济效益巨大,工程本身的财务效益也是显著的。

灌溉工程的国民经济效益,其宏观社会效益是尽人皆知的。由于工农业产品价格之间尚存在着剪刀差,因而所制定的灌溉水价较低,灌溉工程本身的财务效益并不大。

综上所述,有些水利工程(例如防洪)国民经济宏观社会效益很大,但工程本身的财务效益几乎没有;有些水利工程(例如水力发电)国民经济效益很大,工程本身的财务效益也较大;有些水利工程(例如灌溉)国民经济效益巨大,但工程本身的财务效益可能不大,甚至亏损(负效益)。

(二) 直接效益与间接效益

直接效益一般指工程本身的财务效益,例如水费收入、电费收入以及其他经营收入;间接效益一般指对国民经济其他部门产生的社会效益或国民经济效益,例如由于水利水电工程向城市及工矿企业供水、供电,大大促进了国民经济各部门的发展以及人民物质、文化生活的提高等。在处理直接效益和间接效益时,应两者并重。

(三) 有形效益与无形效益

有形效益是指可以用实物指标或货币指标表示的效益,而无形效益则比较难以用具体指标表示。例如,修建水库利用水力发电,每年发电量可达数亿或数十亿 kW·h,每年可收入电费数千万元或数亿元人民币,这都算是有形效益。由于修建水库,美化了周围环境,改善了小气候,有益于居民的身心健康,这是无形效益。在对水利工程进行效益分析时,无论有形效益还是无形效益,都应全面加以论证分析。对于不能用具体指标表达的无形效益,可以用文字加以详细明确的描述,以便对水利工程的效益进行全面、正确的评估。

(四) 正效益与负效益

修建水利工程,改造大自然,一般具有防洪、除涝、灌溉、供水、发电、航运等正效益,这是主要方面;但改造大自然,会影响周围环境,也可能破坏生态平衡,如处理不当,可能产生不利影响,即所谓负效益。例如,某水库建成蓄水后,由于水体的巨大压力,可能引起诱发地震;有些水库蓄水后产生大面积浅水区,导致疟蚊滋生繁殖,或者钉螺面积扩大,形成血吸虫病的流行区。修建水库,总要淹没农田、城镇、矿藏、交通干线或文化古迹等,造成资源的损失;发展灌溉工程,可能需要大量引水,如无相应的配套排水措施,可能引起灌区地下水位上升,导致土壤盐碱化和沼泽化等负效益。在水利工程效益分析中,不仅要计算正效益,也要考虑负效益,以便对水利工程进行全面、正确的评估。

四、效益特性

(一) 随机性

由于各年水文情况不同,水利工程的效益也具有随机的特性。如某些年份,防洪、除涝工程可充分发挥作用,效益就大;如遇较小洪涝年份,作用就小甚至没有作用。又如遇干旱年,灌溉工程的作用就大,效益显著;而遇多雨年,效益就小等。

(二) 综合性

特别是大中型水利工程,往往是多目标开发、综合利用的工程,具有防洪、除涝、灌溉、供水、发电、航运、水产养殖、旅游等多方面的综合效益。

(三) 发展性

由于工程和社会经济的情况随着时间的推移而有所变化,水利工程的效益也是发展的。如由于泥沙淤积,水库调节性能逐渐降低,效益相应不断减少。又如防洪工程建成初期,保护区的社会经济发展水平较低,受灾的损失小,相应防洪效益也较小;随着社会经济的发展,洪灾损失增大,防洪工程的效益也随着增大等。

(四) 复杂性

水利工程设施的效益往往比较复杂,需全面分析研究。如在河流上修建水库,由于它的控制调节作用,下游可获得效益,而上游由于水库淹没会受到一定的损失。又如在河流左岸修建防护整治工程,可减免崩塌获得效益,但有时对右岸往往会造成一定影响,引起一定的损失等。综合利用水利工程各部门间的要求有时是相矛盾的,如水库预留的防洪库容大,防洪效益相应较大,而兴利效益则相应减少。

五、效益估算途径

(一) 减免的损失

从可减免洪、涝、旱等自然灾害造成的损失估算效益。如防洪可减少洪灾损失,提供工业用水可减免因缺水而减产、停产的损失等。

(二) 增加的收益

从可给社会带来的收益估算。如由于发展航运和提供电力,促进社会经济发展的收益;由于灌溉而增加农业产量等。

(三) 节省的费用

从可减免替代措施节省的费用估算。如建设水电站,可节省火电、核电站的费用;发展灌溉,可节省进口农产品的费用等。

项目二技能训练题

一、单选题

1. 根据历史资料统计,水利水电工程的主要建筑物例如大坝、溢洪道等土建工程的实际使用寿命,一般(　　)。
   A. 40~50 年　　　　　　　　　　B. 70~80 年
   C. 80~100 年　　　　　　　　　D. 超过 100 年
2. 商品具有的二重性是指(　　)。
   A. 使用价值和价值　　　　　　　B. 实用价值和价值
   C. 交易价值和价值　　　　　　　D. 交易价值和使用价值
3. 水利工程在国民经济评价中,采取(　　)。
   A. 现行价格　　B. 市场价格　　C. 基价　　D. 影子价格
4. 在静态经济分析中,年费用包括年基本折旧费和(　　)两大部分。
   A. 利润　　　B. 税金　　　C. 年运行费　　D. 摊销费
5. 总成本费用包括(　　)、经营成本、折旧、摊销。
   A. 销售税金　　B. 弥补亏损　　C. 盈余公积金　　D. 财务费用

二、判断题

1. 价格是价值的货币表现,产品价值则是其价格的基础。(　　)
2. 水利工程的国民经济效益与财务效益都属于工程的宏观效益。(　　)
3. 固定资产是固定资金的实物形态,固定资金则是固定资产的货币形态。(　　)
4. 水利工程一般都具有防洪、灌溉、供水、发电等正效益,但改造大自然,也可能影响周围环境,破坏生态平衡,如处理不当,可能产生负效益。(　　)
5. 在生产过程中,企业拥有的固定资产能多次使用而不改变其形态,仅将其价值逐渐转移到所生产的产品中。(　　)

项目三　资金的时间价值与等值计算

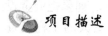

本项目介绍了资金的时间价值概念、资金流程图的绘制规定和计算基准年的选定以及资金等值计算的四大类公式。

通过对本项目的学习,能够正确选用常用公式进行资金等值计算。

资金等值计算。

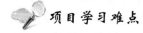

等比级数系列公式。

任务一　资金的时间价值概念

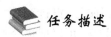

理解资金的时间价值概念,掌握单利和复利计算方法的区别。

一、资金的时间价值

所谓资金的时间价值,是指一定数量的资金在生产过程中通过劳动可以不断地创造出新的价值,即资金的价值将随时间而变化。换句话说,资金的时间价值就是资金通过一系列的经济活动,其价值随着时间的推移不断地产生数量变化。即在一定时间内,资金通过一系列的经济活动所具有的增值的能力。如将资金投入某一生产企业,用这部分资金修建厂房和购置机器设备、原材料、燃料等后,通过劳动生产出市场需要的各种产品,产品销售后所得收入,扣除各种成本和上缴税金后便是利润。

如按年利率5%计算,今天100元存入银行,1年后将是105元,2年以后将是110.2元。这就说明时间起了作用,使这笔存款因获得利息而增值。同样的道理,如果把一笔资金成功地投入到生产活动中去,它也可以因获得效益而增值。当然,这种投资是有一定风险的,它与把钱存入银行不同。反之,如果将100元钱放在家中而不加利用,到明年它将仍是100元,不会有任何的增值。这就是我们一般所说的"资金的时间价值"的概念。按照这个观点,我们利用货币资金进行投资活动时,一方面,要考虑采用何种经济活动方式使资金得到最有效的利用,使其随时间的增长而获得更大的增值;同时要充分认识"时间就是金钱""资金只有运动才能增值"的规律,不随便积压资金,充分利用资金,加速资金的周转。如果把资金投入到水利水电工程建设中去,则要使工程早日建成、早日投产,必将获得更大的工程投资收益。

计划经济时代,我国基本建设所需的资金均由国家财政部门无偿拨付,工程建成后既不要求主管单位偿还本金,更不要求支付利息。在核定工程的固定资产时,不管建设期(施工期)多长,均不考虑资金的积压损失,即不计算建设期内应支付的利息,这样核定,工程的固定资产值偏低。另一方面,不管工程何时投产发挥效益,相同数量的效益,认为其价值不随时间而变化。在这种不考虑资金时间价值的静态经济思想指导下,工程建设主管者很少千方百计地设法使工程早日投产。现在仍有一些工程的建设期被拖延很久(可能还有其他原因,例如资金缺乏、设计有变化等),或者虽然主体工程已完成,但缺乏配套工程,致使大量资金被积压,工程不能充分发挥效益,使国家蒙受重大经济损失。

综上所述,水利水电工程无论在规划、设计、施工及运行管理阶段,还是在计算投资、年运行费、固定资产、流动资产以至核算折旧费、成本、工程经济效益等指标时,都应考虑资金的时间价值;尤其是对于建设期和经济寿命(生产期)都比较长的大型水利水电工程,如果采用静态经济分析方法,不考虑资金的时间价值,是不符合社会主义市场经济发展规律的。违反这个不以人们意志为转移的客观规律,就要在经济上受到惩罚。

二、利息和利息率

按照通常的理解,所谓利息就是借出一定数量的货币,在一定时间内除本金以外所取得的额外收入。从资金具有时间价值这一观点来看,借用一定时期的货币,就要付出一定的代价。利息就是对借用货币所付出代价的一种补偿。

利息是国家运用价值规律调节经济的一个重要杠杆。国家发行有息国库券,银行对储蓄支付利息,都可以鼓励人民以储蓄支援国家建设。银行对企业贷款收取利息,可以促进企业节约资金,改善经营管理,加速资金周转。此外,作为国家调节经济比例的杠杆,利息还可以对资金流向的计划指导起到一定的作用。不论贷款收取利息,还是储蓄、存款支付利息,都是国民收入在国家、企业和个人之间的再分配。

利息的大小常用利率来表示,利率就是在一定时期内所付利息额与所借的资金额之比,通常以百分率表示,其计算公式为

$$年利率 = \frac{年利息总额}{本金额} \times 100\%$$

例如,借款10000元,一年后付息500元,则年利率为5%。用以表示计算利息的时间单位称为计息周期。

利息的计算有单利计息和复利计息两种方式。

(一) 单利计息法

单利计息法是仅用本金计息,不把先前计息周期中的利息累加到本金中去计算,即利息不再生利。所以它的计算比较简单,其总利息与利息的期数成正比。

单利计息的公式为

$$F = P(1+ni) \tag{3.1}$$

式中,P 为本金;i 为利率;n 为资金占用期内计算利息的次数,即周期数;F 为本金与全部利息之总和,即本利和。

【例 3.1】 借款 10000 元,年利率为 8%,求第 4 年年末的本金与全部利息之总和(即所欠的总金额)。

解

$$F = P(1+ni) = 10000 \times (1+4 \times 0.08) = 13200 \text{(元)}$$

(二) 复利计息法

复利计息法是由本金加上先前周期中累计利息总额的总和进行计息,即利息再生利息。所谓"利滚利"就是复利计息的意思。对借款人来说,按复利计息要比单利计息负担要重。

复利计息的公式为

$$F = P(1+i) + P(1+i)i + [P(1+i) + P(1+i)i]i + \cdots$$
$$= P(1+i)(1+i)(1+i) \times \cdots \times (1+i)$$

故得

$$F = P(1+i)^n \tag{3.2}$$

式中符号意义同前。

单利计息和复利计息有明显的差别。按单利计算 4 年后欠款总额 13200 元,而按复利计算为 13605 元,两者相差 405 元。如果贷款的数额愈大,计算的年限愈长,则用复利计算的结果与单利计算的差别愈大。

【例 3.2】 贷款 10000 元,年利率 15%,试分别用单利和复利计算第 5 年年末的本利和。

解 (1) 按单利法计算。

本利和为

$$F = P(1+ni) = 10000 \times (1+5 \times 0.15) = 17500 \text{(元)}$$

利息额为

$$I = F - P = 17500 - 10000 = 7500 \text{(元)}$$

(2) 按复利法计算。

本利和为

$$F = P(1+i)^n = 10000 \times (1+0.15)^5 = 20114 \text{(元)}$$

利息额为

$$I = F - P = 20114 - 10000 = 10114 \text{(元)}$$

由上述可知,虽然本金与年利率两者相同,但由于计息方法的不同,因而所求出的利息与本利和均不相同。

单利计息贷款与资金占用时间是线性化关系,利息额与时间按等差级数增值;复利计息贷款与资金占用时间是指数变化关系,利息额与时间按等比级数增值。当利率较高、资金占用时间较长时,所需支付的利息额较大。如上述的例子,5年以后需还的本利和为20114元,比贷款10000元增加一倍多。所以,复利计息方法对资金占用的数量和时间有较好的约束力。目前,在工程经济分析中对一个项目或方案进行动态分析计算时,一般均按复利计算方法计算投资费用及效益。单利计算法仅用于我国银行储蓄、贷款。

三、名义利率和实际利率

在实际应用中,利息可以按年计算,也可以按月计算,也可以按周计算。由于计息周期的不同,同一笔资金在占用的总时间相等的情况下,其计算的结果是不同的。例如,某人在银行存款10000元,按月利率1%计算复利,计息周期为月,则一年后的本利和为

$$F = P(1+i)^n = 10000 \times (1+0.01)^{12} = 11270 (元)$$

在这种情况下,月利率1%和计息周期(月)两者是统一的,此时的利率称作实际利率。

仍以上例为例,月利率1%,通常我们也可以把它换成年利率12%来表示,这就是"名义利率"或称为"虚利率"。如果用12%的年利率(即名义利率)计算,计算周期为年,其结果为

$$F = P(1+i)^n = 10000 \times (1+0.12)^1 = 11200 (元)$$

两者相差70(=11270-11200)元。这说明用1%的月利率在一年内按月计算的利息要比用12%的名义利率计算的结果大一些,大约相当于12.68%的年利率的计算值。这12.68%即称为"实际利率"。名义利率和实际利率的关系可表示为

$$i = \left(1 + \frac{r}{n}\right)^n - 1 \tag{3.3}$$

式中,i为实际利率,或称有效利率;r为名义利率,或称额定利率;n为复利期数。

仍以例3.2来计算,$r=12\%$,$n=12$,则

$$i = \left(1 + \frac{0.12}{12}\right)^{12} - 1 = 1.1268 - 1 = 12.680\%$$

即为实际利率。

在工程经济计算中,在进行方案的经济比较时,若按复利计息,而各方案在一年中计算利息的次数如不同,则就难以比较各方案的经济效益。这就必须将各方案计息的"名义利率"全部换算成"实际利率",然后进行比较分析。在工程经济计算中,一般都以"实际利率"为准。

【例3.3】 从甲银行取得贷款,年利率为16%,计息周期为年。从乙银行取得贷款,年利率为15%,计息周期为月。试比较向谁取得贷款较为有利。

解 甲的实际利率是16%;乙的名义利率是15%,需求出其实际利率:

$$n = 12$$

$$i = \left(1 + \frac{r}{n}\right)^n - 1 = \left(1 + \frac{0.15}{12}\right)^{12} - 1 = 16.075\%$$

乙的实际利率略高于甲的实际利率,故向甲银行取得贷款较为有利。

四、贴现和贴现率

在水利水电工程上的投资一般是多次性的,并分散在较长时期内。一般情况下,施工期间的投资多些;工程建成以后,每年投入的管理运行费就少些。工程的效益则是初期小些,后期大些。因此,在进行工程方案经济比较时,必须把不同时期的投资和效益,都折算到一个共同的基础上。通常是折算到同一基准时间的现值。这个基准时间可以是"现在"(即分

析开始的时间),也可以定为任何其他时间。这种折算方法就叫贴现技术。它的基本原理就是将未来不同时期发生的货币值折算成现值。

贴现计算实质上就是复利计算的逆运算,因此,其计算公式为

$$P = \frac{F}{(1+i)^n} = F(1+i)^{-n} \tag{3.4}$$

式中,P 为现值;F 为未来的金额;n 为期数;i 为贴现率或折现率,与上述的利率符号相同,但两者的概念却不相同;$\frac{1}{(1+i)^n}$ 为贴现系数。

【例 3.4】 一年以后的一笔金额 $F=100$ 元,其贴现率 $i=6\%$,如何贴现计算成现值?

解 已知 $F=100$,$i=6\%$,$n=1$,所以

$$P = \frac{F}{(1+i)^n} = \frac{100}{(1+6\%)^1} = 94.34 \text{ (元)}$$

五、等值和现值

如按复利公式计算,年利率 $i=6\%$,则今天的 100 元钱到一年以后就是 106 元;反之,一年后的 100 元钱,按贴现公式计算,采用贴现率 $i=6\%$,则贴现计算到现在就等于今天的 94.34 元。虽然两者数字都不相同,但它们是等值的,即今天的 100 元与一年后的 106 元,或今天的 94.34 元与一年后的 100 元都是等值的。

"等值"是经济分析中的一个重要概念,是指在不同的时间收入(或者支出)了两笔数额不等的款项,若按统一利率折算到同一个时间时,所折算得出的价值数额是相等的,则称这两笔款项"等值"。资金的等值计算问题涵盖了资金的时间价值计算,等值计算方法将在本章任务三中阐述。

我们还可以用一定贷款的不同偿还方案来看等值的意义,假设我们借了 10000 元,年利率 10%,准备在 5 年内本利一起还清。在这种情况下,可能有若干种偿还方案,先列出两种偿还方案以示比较。

第一种方案,是在每年年末偿还本金 2000 元,再加上所欠利息,即第一年偿还 3000 元,第二年偿还 2800 元,第三年偿还 2600 元,第四年偿还 2400 元,第五年偿还 2200 元,共偿还 10000 元,见表 3.1。

表 3.1 第一种贷款偿还方案

单位:元

年份 (1)	年初所欠金额 (2)	该年所欠利息 (3)=(2)×10%	年终所欠金额 (4)=(2)+(3)	本金付款 (5)	年终付总款额 (6)=(3)+(5)
1	10000	1000	11000	2000	3000
2	8000	800	8800	2000	2800
3	6000	600	6600	2000	2600
4	4000	400	4400	2000	2400
5	2000	200	2200	2000	2200
合计		3000		10000	13000

第二种方案,可采用每年年终只付利息的办法,到第5年年末再一次付清本金和该年的利息,见表3.2。

表3.2 第二种贷款偿还方案

单位:元

年份	年初所欠金额	该年所欠利息	年终所欠金额	本金付款	年终付总款额
(1)	(2)	(3)=(2)×10%	(4)=(2)+(3)	(5)	(6)=(3)+(5)
1	10000	1000	11000	0	1000
2	10000	1000	11000	0	1000
3	10000	1000	11000	0	1000
4	10000	1000	11000	0	1000
5	10000	1000	11000	10000	11000
合计		5000		10000	15000

从以上两种还款方案可以看出,虽然每年的支付额及其支付总额都不相同,但这两种付款方案与原来的10000元本金,其价值是相等的。所以对贷款者来说,任何一种偿还方案都可以接受。但对借款者来说,则可以根据资金的占有和利用情况选择对自己最有利的还款方案。

如何确认这两个还款方案与10000元本金是等值的?可用贴现公式来计算它们的现值予以判断。

所谓现值,即是把在分析期内不同时间发生的收支金额折算成同一基准时间的价值。基准年可以是现在,也可以是指定的任何时间。所以现值并不一定都是现时的价值,以后在现金流量图中可以清晰地看到这一点。

任务二 资金流程图与计算基准年

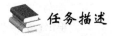任务描述

掌握资金流程图的绘制方法,理解计算基准年的概念。

一、资金流程图

在经济建设中,为了正确进行经济核算,必须考虑资金的时间价值。为此,在工程的建设期(包括投产期)和生产期的各个阶段,都要知道资金数量的多少和运用这些资金的具体时间。由于各年资金的收支情况是比较复杂的,在工程建设期内需要逐年投入资金,但各年投资的数量并不相等,一般的规律是建设开始时所需投资较少,后来逐年增多,在建设后期投资又逐渐减少,至基建结束时,由于施工机械及一部分临时建筑物等不再需要,可以按新旧、磨损程度折价售给其他单位,因而尚可回收一部分资金。总投资减去这部分回收资金的

差额,就是工程净投资或工程造价。由于水库工程建成后是逐渐蓄水的,水工机电设备是逐渐安装投入运行的,自第一台机组开始投入运行(或第一部分灌溉面积开始投产)至工程全部建成达到设计规模之前的这个阶段,称为投产期。投产期是建设期的最后一个阶段,在此期间,由于每年不断安装机组,对机组设备进行配套试运行,并有部分土建工程扫尾竣工,因此每年仍需一定的投资。此外,在投产期内每年有部分工程或设备陆续投产,因此年运行费及年工程效益均逐年增加。当水库蓄水到达正常状态,水电站全部机组安装完毕或由水库供水的灌区全部配套,此时工程即进入正常运行期,简称生产期。在生产期内,虽然每年有运行费、还本、付息等费用支出,但由于工程已全部发挥效益,一般收入大于支出(效益大于费用)。

在工程经济中,由于水利水电工程建设与运行的各个阶段资金收支情况变化较多,为了便于分析不同时间资金的收支和变化,并避免计算时发生错误,经常采用资金流程图示意来说明。资金流程图一般以横坐标表示时间,时间的进程方向为正,反方向为负;以纵坐标表示资金的数量,收入或效益为正,支出或费用为负。

图 3.1 为资金流程图的一般形式,图中横坐标表示时间或期数,以 n 表示。每一个方案的分析期都假定从 $n=0$ 开始。实际上,$n=0$ 为 0 年之末,第一年之初。$n=1$ 时,可以理解为第一年的年末,也可以是第二年的 1 月 1 日。垂直的箭头表示方案的收支金额。收入为正,箭头向上;支出为负,箭头向下(收入与支出是相对的,贷款者的收入即是借款者的支出,反之亦然)。另外,为了推导公式方便,还假定现金的收付都发生在每期的期末(或一年之末),而不是在期初或期间。

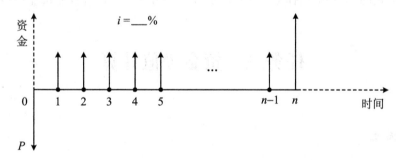

图 3.1 资金流程图

资金流程图在工程经济项目评价和方案分析中起到了不可或缺的作用,在人们的经济生活也发挥着一定作用。如某人从现在开始每年在银行储蓄 600 元,总共存 7 次,年利率为 6.80%,则在最后一年储蓄时,已积累了一笔金额为 F 的存款,其现金流量图如图 3.2 所示。

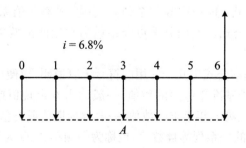

图 3.2 未来值计算现金流量图

某水利水电工程，在第三年可以得到贷款投资额 P 元，并预计从第四年开始的 10 年中，每年可收益 20 万元，年利率为净 6.5%，其现金流量图如图 3.3 所示。

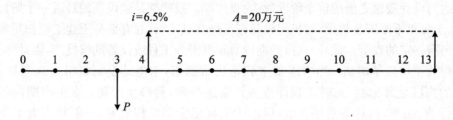

图 3.3　某水利水电工程投资、收益现金流量图

二、计算基准年

由于资金收入与支出的数量在各个时间均不相同，因而存在着如何计算资金时间价值的问题。为了统一核算，便于综合分析与比较，常需引入计算基准年的概念，相当于进行图解计算前首先要确定坐标轴及其原点。计算基准年（点）可以选择在建设期第一年（年初 t_0），也可以选择在生产期第一年（年初 t_0），甚至可以任意选定某一年（年初 t_0）作为计算基准年（点），完全取决于计算习惯与方便，对工程经济评价的结论并无影响。一般建议选择在建设期的第一年（年初 t_0）作为计算基准年（点）。应注意，在整个计算过程中计算基准年（点）一经确定后就不能随意改变。此外，当若干方案进行经济比较时，虽然各方案的建设期与生产期可能并不相同，但必须选择某一年（年初）作为各方案共同的计算基准年（点）。

任务三　资金等值计算

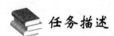 **任务描述**

掌握一次收付系列公式、等额多次收付系列公式、等差系列公式，熟悉等比级数系列公式。

在前述内容中，已提到资金的时间价值计算，即利息计算有单利法和复利法两种。下面以复利计息原理为理论基础，介绍资金等值计算的常用公式。在工程经济动态分析计算中，常用的主要有四类基本公式：① 一次收付系列公式；② 等额年值系列公式；③ 定差变额系列公式；④ 等比级数系列公式。本任务重点介绍最为常用的前两类基本计算公式，对后两类计算公式只作一般介绍。

先将资金等值计算基本公式中几个常用的符号予以说明，以便讨论。

P 为本金，是指相对于基准年（点）的数值，一般称为本金现值或现值；F 为到期的本利和，是指从基准年（点）起至第 n 年年末的数值，一般称为期值或终值；A 为等额年值，是指第 1 年至第 n 年的每年年末的一系列等额数值，也称为等额年金；G 为等差系列的相邻级差值；i 为折现率或计息利率，常用百分比表示；n 为计息期数，通常以年数计算，一般称为计息期或计算期。

一、一次收付系列公式

一次收付系列类似银行中的整存整取,所以其公式也称整存整取公式,包括一次收付期值公式和一次收付现值公式。

1. 一次收付期值公式

一次收付期值公式或称一次收付终值公式或复利未来值公式或复本利和公式。

在复利计算中,当已知本金现值为 P,利率为 i,期数为 n,则 n 计息期后的期值(即复本利和)F 可按下列公式计算

$$F = P(1+i)^n \tag{3.5}$$

式中,$(1+i)^n$ 称为一次收付期值因子(或称一次收付终值因子或复本利和因子),它可以计算现值(最初投资额)P 在 n 年后,利率为 i 的未来值(即期值)F。

为了便于应用,免去列出公式的麻烦,通常用一种规格化的符号来表示式(3.5)中的一次收付期值因子,其规定的格式化形式为 $(F/P,i,n)$。括号中的第一个字母 F 代表要求的数,第二个字母 P 代表已知数,F/P 即表示已知 P 求 F;i 是以百分数表示的利率;n 代表计息期数。所以 $(F/P,i,n)$ 也称为一次收付期值因子,这样式(3.5)可简写成

$$F = P(F/P, i, n) \tag{3.5}'$$

利用公式计算时,因子数值也可从本书附录的复利表中查得。一次收付计算资金流程图如图 3.4 所示。

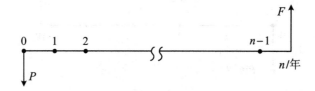

图 3.4　一次收付计算资金流程图

【例 3.5】 某人现在存款 1000 元,年利率为 6%,求 5 年后可得到的本利和为多少?

解 其资金流程图如图 3.5 所示。
$$F = P(1+i)^5 = 1000 \times (1+6\%)^5$$
$$= 1000 \times 1.3382 = 1338.2(元)$$

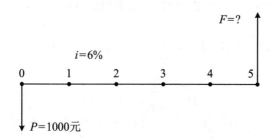

图 3.5　期值计算资金流程图

为了方便计算,在本书附录中有复利表可供查算。现查附表 1 中的复本利和因子,得 $(F/P,6\%,5)=1.3382$,代入公式(3.5)′,则有

$$F = P(F/P, i, n) = 1000(F/P, 6\%, 5) = 1000 \times 1.3382 = 1338.2(元)$$

2. 一次收付现值公式

一次收付现值公式或称复利现值公式或复利贴现公式。

已知某计算期 n 后的期值 F，利率为 i，反求本金现值 P，由式(3.5)略作变换即得

$$P = \frac{F}{(1+i)^n} = F\frac{1}{(1+i)^n} = F(1+i)^{-n} \tag{3.6}$$

式中，$\frac{1}{(1+i)^n}$ 或 $(1+i)^{-n}$ 或 $(P/F,i,n)$ 称一次收付现值因子或复利现值因子或称贴现系数。复利现值因子实际上就是复利本利和因子的倒数，仍如图 3.4 所示，但此时的 F、i、n 为三个已知数，P 为所求的未知数(即现值)。此处 i 称为贴现率或折现率，其值一般与利率相同。这种把期值折算为现值的方法，称为贴现法或折现法。

用规格化符号可写成如下形式：

$$P = F(P/F,i,n) \tag{3.6}'$$

利用公式计算时，因子数值也可从本书附录的复利表中查得。

【例 3.6】 某人 10 年后需一笔款项 20000 元，现按 6% 的年利率存款于银行，问现在应存款多少能得到这笔款项。

解 资金流程图如图 3.6 所示。

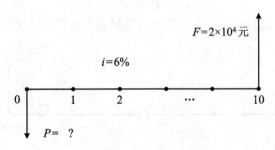

图 3.6 现值计算资金流程图

$$P = F(1+i)^{-n} = 20000 \times (1+6\%)^{-10} = 20000 \times 0.5584 = 11168 \text{（元）}$$

或

$$P = F(P/F,i,n) = 20000(P/F,6\%,10)$$
$$= 20000 \times 0.5584 = 11168 \text{（元）}$$

如果现金流量是表示一个系列的支付，每次支付的数额不等，各为 $S_1, S_2, \cdots, S_n$ 等，则求其现值总和的公式为

$$P = S_1(1+i)^{-1} + S_2(1+i)^{-2} + \cdots + S_{n-1}(1+i)^{-(n-1)} + S_n(1+i)^{-n}$$

即

$$P = \sum_{k=1}^{n} S_k(1+i)^{-k} \tag{3.7}$$

或

$$P = \sum_{k=1}^{n} S_k(P/F,i,k) \tag{3.7}'$$

如果要求这一系列现金流量的未来值总和，则

$$F = S_1(1+i)^{n-1} + S_2(1+i)^{n-2} + \cdots + S_{n-1}(1+i) + S_n$$

即

$$F = \sum_{k=1}^{n} S_k (1+i)^n \qquad (3.8)$$

或

$$F = \sum_{k=1}^{n} S_k (F/P, i, n-k) \qquad (3.8)'$$

或由于已知

$$F = P(1+i)^n$$

将式(3.7)代入式 $F = P(1+i)^n$ 中得

$$F = (1+i)^n \sum_{k=1}^{n} S_k (1+i)^{-k}$$

所以有

$$F = \sum_{k=1}^{n} S_k (1+i)^n$$

【例 3.7】 一个系列的现金流量支付情况如图 3.7 所示,年利率为 6%,求这个系列金额的现值总和及未来值总和。

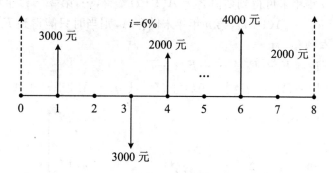

图 3.7 系列支付的现金流量图

解 现值总和

$$P = 3000(P/F, 6\%, 1) - 3000(P/F, 6\%, 3) + 2000(P/F, 6\%, 4)$$
$$\quad + 4000(P/F, 6\%, 6) + 2000(P/F, 6\%, 8)$$
$$= 3000 \times 0.9434 - 3000 \times 0.8396 + 2000 \times 0.7921 + 4000 \times 0.7050$$
$$\quad + 2000 \times 0.6274$$
$$= 5970.4 (元)$$

未来值总和

$$F = 3000(F/P, 6\%, 7) - 3000(F/P, 6\%, 5) + 2000(F/P, 6\%, 4)$$
$$\quad + 4000(F/P, 6\%, 2) + 2000$$
$$= 3000 \times 1.5036 - 3000 \times 1.3382 + 2000 \times 1.2625$$
$$\quad + 4000 \times 1.1236 + 2000$$
$$= 9515.6 (元)$$

如已知现值总和 $P = 5970.4$ 元,也可直接求出其将来值。即

$$F = P(F/P, i, n) = 5970.4(F/P, 6\%, 8)$$
$$= 5970.4 \times 1.5938 = 9515.6 (元)$$

二、等额多次收付系列公式

等额多次收付系列类似银行中的零存整取和整存零取,但无论是零存或零取,它的金额都是相等的,所以称等额多次收付系列,又称分期等付系列或均匀收付系列,其计算公式包括两类共四个公式。

(一) 等额多次收付期值公式

等额多次收付期值公式或称分期等付期值公式或年金终值公式或年金复本利和公式。

通过分期等额收付,以在将来某一个时间取得一笔金额款项。用此方式设立的基金每期支付一份均等的金额(即等额年值,通常也称为年金,用 A 表示),并在计息期末一次性支付,这就相当于银行的零存整取。

若已知一等额系列每年年末储存等额年值 A,年利率为 i,试求到 n 年年末的总金额为 F,显然 F 就是各等额年值 A 的 n 年后的复本利和(期值)。

由图 3.8 可知,第 1 年年末储存 A,至第 n 年年末可得到期值 $F_1=A(1+i)^{(n-1)}$,第 2 年年末储存 A,至第 n 年年末可得到期值 $F_2=A(1+i)^{(n-2)}$,…,第 $(n-1)$ 年年末储存 A,至第 n 年年末可得期值 $F_{n-1}=A(1+i)$,第 n 年年末储存 A,则当时只能得到 $F_n=A$,共计到第 n 年年末的总期值(本利和)为

$$F = F_1 + F_2 + \cdots + F_{n-1} + F_n$$
$$F = A(1+i)^{n-1} + A(1+i)^{n-2} + \cdots + A(1+i) + A \tag{3.9}$$

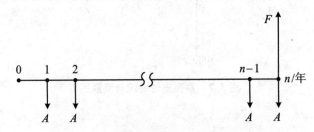

图 3.8 等额多次收付期值计算资金流程图

将式(3.9)等号两边各项均乘以 $(1+i)$,即为

$$F(1+i) = A(1+i)^n + A(1+i)^{n-1} + \cdots + A(1+i)^2 + A(1+i) \tag{3.10}$$

上述两式相减,即式(3.10)减去式(3.9)得

$$F(1+i) - F = A(1+i)^n - A$$

移项后得

$$F = A \frac{(1+i)^n - 1}{i} \tag{3.11}$$

式中, $\frac{(1+i)^n - 1}{i}$ 称为等额多次收付期值因子或分期等付期值因子或年金终值因子或年金复利因子,常以规格化符号 $(F/A, i, n)$ 表示,故式(3.11)也可写成

$$F = A(F/A, i, n) \tag{3.11}'$$

利用公式计算时,因子数值可从本书附录的复利表中查得。

【例 3.8】 某水利水电工程,在 3 年内每年均投资 5 万元,按年利率 10% 计,问 3 年以后累积的总投资(未来值)为多少?

解 其资金流程图如图 3.9 所示。

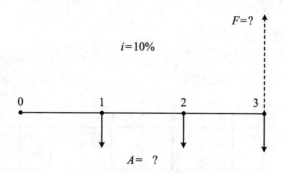

图 3.9 年金终值计算资金流程图

已知 $A=5$ 万元，$i=10\%$，$n=3$ 年，代入式(3.11)得

$$F = A\frac{(1+i)^n - 1}{i} = 5 \times \frac{(1+10\%)^3 - 1}{10\%} = 5 \times 3.310 = 16.55 \text{（万元）}$$

或查本书附录复利因子表得复利因子值，代入式(3.11)′得

$$F = A(F/A, i, n) = 5(F/A, 10\%, 3)$$
$$= 5 \times 3.310 = 16.55 \text{（万元）}$$

即 3 年以后累积的总投资（未来值）为 16.55 万元。

【例 3.9】 设某人每年年末存款 1000 元，年利率 $i = 10\%$，第 10 年年末的本利和（期值）F 为多少？

解 已知 $A = 1000$ 元，$i = 10\%$，$n = 10$ 年，查复利因子表，并代入式(3.11)得

$$F = A\frac{(1+i)^n - 1}{i} = A(F/A, i, n) = 1000(F/A, 10\%, 10)$$
$$= 1000 \times 15.937 = 15937 \text{（元）}$$

即第 10 年年末可得本利和 15937 元。

（二）基金存储公式

基金存储公式或称基金累积公式或偿债基金公式。

即通过分期等额支付，以便积累（或存储）一笔已知金额的将来款项，则需要计算每期末应支付的资金额。即为了在 n 年年末能积累到一笔基金款项 F，年利率为 i，请问每年末应存入的资金 A 为多少？

从图 3.3 可以看出，在 n 年内每年均取得等额收益 A，经 n 年后，到 n 年年末的总金额为 F。现已知 F、i 和 n，要求 A。

关于 A 值的求算，实际上就是式(3.11)的逆运算，即将式(3.11)加以变换而得

$$A = F\frac{i}{(1+i)^n - 1} \tag{3.12}$$

式中，$\dfrac{i}{(1+i)^n - 1}$ 称为基金存储因子或偿债基金因子或基金累积因子，常用格式化符号 $(A/F, i, n)$ 表示。故式(3.12)也可写成

$$A = F(A/F, i, n) \tag{3.12′}$$

利用公式计算时，因子数值可从本书附录的复利表中查得。

【例 3.10】 某人希望在年利率为 5% 条件下,10 年后能得到一笔 10000 元的资金,试问他每年年末应均匀地存款多少?

解 资金流程图如图 3.10 所示。

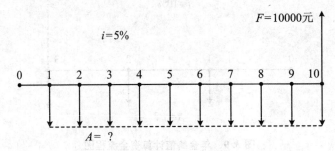

图 3.10 偿还基金计算资金流程图

已知 $F=10000$ 元,$i=5\%$,$n=10$,代入式(3.12)得

$$A = F\frac{i}{(1+i)^n - 1} = 10000 \times \frac{5\%}{(1+5\%)^{10} - 1} = 10000 \times 0.0795 = 795 \text{(元)}$$

或查本书附录复利因子表得复利因子值并代入式(3.12)′得

$$A = F(A/F, i, n) = 10000(A/F, 5\%, 10)$$
$$= 10000 \times 0.0795 = 795 \text{(元)}$$

即他每年年末应均匀地存款 795 元。

【例 3.11】 已知 25 年后水电站需更换机组设备费 $F=100$ 万元,试问在其经济寿命 $n=20$ 年内每年年末应提存多少基本折旧基金 A? 已知 $i=10\%$。

解 已知 $F=100$ 万元,$n=20$,$i=10\%$,查复利因子表,并代入公式(3.12)′得

$$A = F\frac{i}{(1+i)^n - 1} = F(A/F, i, n) = 100(A/F, 5\%, 10)$$
$$= 100 \times 0.01746 = 1.746 \text{(万元)} = 17460 \text{(元)}$$

故该水电站每年年末应提存基本折旧基金 17460 元。

(三) 资金回收公式

资金回收公式或称本利摊还公式。

若在年利率为 i 的条件下投资 P 元,则在 n 年内每年年末可以等量地提取 A 为多少元,使得到 n 年年末可将初期投资 P 及其相应利息全部收回? 又如现在借入一笔资金 P,年利率为 i,要求在 n 年内每年年末等额摊还本息 A 为多少,才能在 n 年后偿清全部本金和利息? 这属于整存零取类复利计算,其资金流程图如图 3.11 所示。

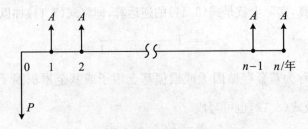

图 3.11 等额多次收付现值计算资金流程图

上述问题即为"已知 P、i、n,求算 $A=$?"的问题。
根据资金流程图 3.11,将式(3.5)代入式(3.12)得

$$A = F \times \frac{i}{(1+i)^n - 1} = P(1+i)^n \times \frac{i}{(1+i)^n - 1}$$

合并即得

$$A = P \frac{i(1+i)^n}{(1+i)^n - 1} \tag{3.13}$$

式中,$\frac{i(1+i)^n}{(1+i)^n - 1}$ 称为资金回收因子或基金回收因子或本利摊还因子,常用格式化符号 $(A/P, i, n)$ 表示,故式(3.13)也可写成

$$A = P(A/P, i, n) \tag{3.13}'$$

利用公式计算时,因子数值可从本书附录的复利表中查得。

在水利水电工程经济分析中,上式中 P 值就相当于工程投资,A 值即为该工程在使用期 (n 年)内每年应摊还的本金与应支付的利息之和。于是,本利摊还因子可以看成是偿还基金因子和利息率的合并计算,关系如下:

$$\frac{i}{(1+i)^n - 1} + i = \frac{i(1+i)^n}{(1+i)^n - 1}$$

或

$$(A/F, i, n) + i = (A/P, i, n)$$

所以式(3.13)也可用来计算折旧费,其结果比用直线折旧法计算的要大。

【例 3.12】 2000 年年末取得借款 1 亿元作为某工程的建设资金,规定于 2001 年起每年年末等额偿还本息,于 2020 年年末偿清全部本息,按年利率 10% 计息,问每年年末偿还本息多少?

解 已知 $P=1$ 亿元 $=10000$ 万元,$i=10\%$,$n=20$ 年,代入式(3.13)得

$$A = P \frac{i(1+i)^n}{(1+i)^n - 1} = 10000 \times \frac{10\%(1+10\%)^{20}}{(1+10\%)^{20} - 1} = 10000 \times 0.11746 = 1174.6 \text{(万元)}$$

或查本书附录复利因子表得复利因子值并代入式(3.13)'得

$$A = P(A/P, i, n) = P(A/P, 10\%, 20) = 10000 \times 0.11746 = 1174.6 \text{(万元)}$$

则从 2001 年起每年年末应偿还本息 1174.6 万元。

同上,若要求从 2011 年开始,每年年末等额偿还本息 A',仍规定在 20 年内还清全部本息,$i=10\%$,试问 A' 应为多少?

首先选定 2011 年年初(即 2010 年年末)作为计算基准年(点),则根据一次收付期值公式求出工程投资额 P 对 2011 年年初的本利和 P' 值为

$$P' = P(1+i)^n = 1 \times (1+10\%)^{10} = 2.5937 \text{(亿元)} = 25937 \text{(万元)}$$

自 2011 年年末开始,至 2030 年年末每年等额偿还本息为

$$A' = P'(A/P, i, n) = P'(A/P, 10\%, 20) = 25937 \times 0.11746 = 3046.6 \text{(万元)}$$

设已知本金现值为 P,则每年还本 $P(A/F, i, n)$ 和付息 P_i,n 年后共计还本付息

$$F = [P(A/F, i, n) + P_i](F/A, i, n)$$
$$= P \frac{i}{(1+i)^n - 1} \times \frac{(1+i)^n - 1}{i} + P_i \frac{(1+i)^n - 1}{i} = P + P(1+i)^n - P$$
$$= P(1+i)^n$$

这相当于 n 年后一次整付本利和 $F=P(1+i)^n$。

综上所述，2000 年年末借到本金现值 $P=1$ 亿元，偿清这笔债务有三个方案：

(1) 2001—2020 年每年年末还本付息 1174.6 万元。

(2) 2011—2020 年每年年末还本付息 3046.6 万元。

(3) 到 2020 年年末一次偿还本利和

$$F = P(1+i)^n = 10000 \times (1+10\%)^{20} = 67274 (万元)$$

这三个偿债方案是等价的，即对应资金是等值的，至于采用哪一个方案须根据协议执行。

同前，若已知该工程于 2020 年年末尚可回收残值 $L=1000$ 万元，问从 2001 年起每年年末等额偿还本息 A 为多少？

该工程于 2020 年年末一次回收残值 L，相当于 2001—2020 年每年回收资金：

$$A' = L(A/F, i, n) = L \frac{i}{(1+i)^n - 1}$$

对于 2000 年年末所借资金 $P=1$ 亿元，在 2001—2020 年每年应偿付本息：

$$A'' = P(A/P, i, n) = P \frac{i(1+i)^n}{(1+i)^n - 1}$$

两者相减，每年本利摊还值应为

$$A = A'' - A' = P \frac{i(1+i)^n}{(1+i)^n - 1} - L \frac{i}{(1+i)^n - 1} = (P-L) \frac{i(1+i)^n}{(1+i)^n - 1} + Li \tag{3.14}$$

将已知值代入上式得

$$A = (10000 - 1000) \times \frac{10\%(1+10\%)^{20}}{(1+10\%)^{20} - 1} + 1000 \times 10\% = 1157 (万元)$$

与例 3.5 计算结果比较，每年本利摊还值仅减少 17.6($=1174.6-1157$) 万元。

(四) 分期等付现值公式

在年利率为 i 的条件下向外放贷一笔款项，若要求在此后每年年末回收本息 A，且在 n 年后全部收回本息，请问该项笔款项资金总额为多少？又如假设某工程投产后每年年末可获得收益 A，经济寿命为 n 年，试问在整个经济寿命期内总收益的现值 P 为多少？这是"已知 A、i、n，求算 $P=?$"的问题。

将式(3.13)

$$A = P \frac{i(1+i)^n}{(1+i)^n - 1}$$

变换则得

$$P = A \frac{(1+i)^n - 1}{i(1+i)^n} \tag{3.15}$$

式中，$\frac{(1+i)^n - 1}{i(1+i)^n}$ 称为分期等付现值因子或等额系列现值因子或年金现值因子，常以格式化符号 $(P/A, i, n)$ 表示。故式(3.15)可写成

$$P = A(P/A, i, n) \tag{3.15}'$$

利用公式计算时，因子数值可从本书附录的复利表中查得。

在水利水电工程经济分析中,常以多年平均效益(或年费用)作为经济指标,因此,要求这一系列年效益(或年费用)的等价现值时,就可应用这公式。

【例3.13】 某水利灌溉工程,2010年年末开始兴建,2012年年末完工投产,2013年受益,连续运行至2022年(图3.12)。这10年内多年平均灌溉效益为8万元,$i=5\%$,问将全部效益折算至2010年年末的现值为多少?

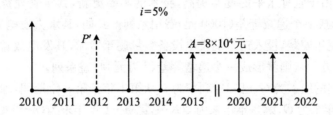

图3.12 某灌溉工程投资和效益资金流程图

解 先根据式(3.15)计算等额支付的现值P,可得

$$P' = A\frac{(1+i)^n - 1}{i(1+i)^n} = 8 \times \frac{(1+5\%)^{10} - 1}{5\%(1+5\%)^{10}} = 8 \times 7.722 = 61.776(万元)$$

或

$$P' = A(P/A, i, n) = 8(P/A, 5\%, 10) = 8 \times 7.722 = 61.776(万元)$$

然后再根据式(3.11),将P'值折算至2010年的现值P,可得

$$P = P'\frac{1}{(1+i)^n} = 61.776 \times \frac{1}{(1+5\%)^2} = 61.776 \times 0.9070 = 56.031(万元)$$

或

$$P = P'(P/F, i, n) = 61.776(P/F, 5\%, 2) = 61.776 \times 0.9070 = 56.031(万元)$$

【例3.14】 某工程造价折算为现值$P=5000$万元,工程投产后每年年末尚需支付年运行费$u=100$万元,但每年年末可得收益$b=900$万元,已知该工程经济寿命$n=40$年,$i=10\%$,问投资修建该工程是否有利?

解 根据题设条件,要分析投资修建该工程是否有利,首先应计算出总收益现值和总费用现值,然后比较两现值予以判断。

由式(3.15)',并查得复利因子值代入公式,可求出该工程在经济寿命期内总收益现值为

$$B = b(P/A, i, n) = 900(P/A, 10\%, 40) = 900 \times 9.7791 = 8801.2(万元)$$

包括造价和各年运行费在内的总费用现值为

$$C = P + u(P/A, i, n) = 5000 + 100(P/A, 10\%, 40)$$
$$= 5000 + 100 \times 9.7791 = 5977.9(万元)$$

效益费用比为

$$B/C = 8801.2/5977.9 = 1.472$$

因$B/C>1$,故可认为工程项目经济上是有利可行的。

不考虑资金的时间价值,称该工程在经济寿命期内的总效益B为$900 \times 40 = 36000$(万元)$=3.60$(亿元),这种静态经济评价的观点,容易令人误解。

三、等差系列公式

上面讨论的等值计算基本公式是属于一次收付系列和均匀等付系列,但在实际的工程经济分析中,有时会出现其他规则的收支系列情况。如某个工程的年费用支出或是年效益收入呈逐年等额递增或递减变化,这是可能出现的情况。例如,预测某大型机电排灌站,从开始到报废为止,由于管理水平的逐年提高,技术的不断更新,其年管理费用可能逐年递减1000元,这样就形成一个递减等差(1000元)费用系列。又如,某水力发电工程项目,随着水电站发电机组的逐年安装,投入运行的发电设备数量逐年增加,其发电效益也相应地逐年增加(如每年增加2万元),则就形成一个递增等差(2万元)收益系列。

假定等差系列的级差为 G,已知年利率为 i,从第1年到第 n 年期间,如在第1年年末支付额为0,第2年年末为 G,第3年年末为 $2G$,…,第 $n-1$ 年年末为 $(n-2)G$,则最后第 n 年年末支付额为 $(n-1)G$。其资金流程图如图 3.13 所示。

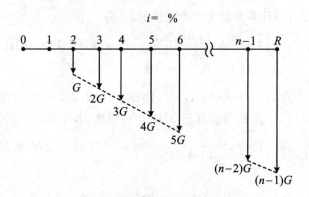

图 3.13 定差系列资金流程图

下面分别推导等差系列的几个公式。

(1) 已知 G, i 和 n,求 F。

$$\begin{aligned}
F &= G(1+i)^{n-2} + 2G(1+i)^{n-3} + 3G(1+i)^{n-4} + \cdots \\
&\quad + (n-2)G(1+i) + (n-1)G \\
&= \left. \begin{aligned} &G(1+i)^{n-2} + G(1+i)^{n-3} + G(1+i)^{n-4} + \cdots + G(1+i) + G \\ &+ G(1+i)^{n-3} + G(1+i)^{n-4} + \cdots + G(1+i) + G \\ &+ G(1+i)^{n-4} + \cdots + G(1+i) + G \\ &\cdots\cdots \\ &+ G(1+i) + G \\ &+ G \end{aligned} \right\} \text{共有 } n-1 \text{ 项} \\
&= G\frac{(1+i)^{n-1}-1}{i} + G\frac{(1+i)^{n-2}-1}{i} + G\frac{(1+i)^{n-3}-1}{i} + \cdots \\
&\quad + G\frac{(1+i)^2-1}{i} + G\frac{(1+i)-1}{i} \\
&= \frac{G}{i}[(1+i)^{n-1} + (1+i)^{n-2} + (1+i)^{n-3} + \cdots + (1+i)^2 \\
&\quad + (1+i) - (n-1)]
\end{aligned}$$

$$= \frac{G}{i}\left[(1+i)\frac{(1+i)^{n-1}-1}{i}-(n-1)\right]$$

$$= \frac{G}{i}\left[\frac{(1+i)^n-1-i}{i}-n+1\right]$$

$$= \frac{G}{i}\left[\frac{(1+i)^n-1}{i}-n\right]$$

即

$$F = \frac{G}{i}\left[\frac{(1+i)^n-1}{i}-n\right] = \frac{G}{i}\left[(F/A,i,n)-n\right] = G(F/G,i,n) \quad (3.16)$$

式中，$\frac{1}{i}\left[\frac{(1+i)^n-1}{i}-n\right]$ 或 $(F/G,i,n)$ 称为等差系列终值（期值）因子或等差系列未来值因子。

利用公式计算时，因子数值可从本书附录的复利表中查得。

(2) 已知 G, i 和 n，求 P。

由式(3.6)，$P=F/(1+i)^n$，代入式(3.16)，可得

$$P = \frac{G}{i}\left[\frac{(1+i)^n-1}{i}-n\right]\frac{1}{(1+i)^n} = \frac{G}{i}\left[\frac{(1+i)^n-1}{i(1+i)^n}-\frac{n}{(1+i)^n}\right]$$

即

$$P = \frac{G}{i}\left[\frac{(1+i)^n-1}{i(1+i)^n}-\frac{n}{(1+i)^n}\right] = \frac{G}{i}\left[(P/A,i,n)-n(P/F,i,n)\right] = G(P/G,i,n)$$

(3.17)

式中，$\frac{1}{i}\left[\frac{(1+i)^n-1}{i(1+i)^n}-\frac{n}{(1+i)^n}\right]$ 或 $(P/G,i,n)$ 称为等差变额系列现值因子或等差变额系列现值因子。

利用公式计算时，因子数值可从本书附录的复利表中查得。

(3) 已知 G, i 和 n，求 A。

由式(3.11)，$F=A\frac{(1+i)^n-1}{i}$，代入式(3.16)，可得

$$A = \frac{G}{i}\left[\frac{(1+i)^n-1}{i}-n\right]\left[\frac{i}{(1+i)^n-1}\right]$$

即

$$A = G\left[\frac{1}{i}-\frac{n}{(1+i)^n-1}\right] = G\left[\frac{1}{i}-\frac{n}{i}(A/F,i,n)\right] = G(A/G,i,n) \quad (3.18)$$

式中，$\left[\frac{1}{i}-\frac{n}{(1+i)^n-1}\right]$ 或 $(A/G,i,n)$ 称为等差系列年值因子或等差系列年金因子或等差系列年摊还因子。

利用公式计算时，因子数值可从本书附录的复利表中查得。

【例 3.15】 某人已在银行账户内存入 5000 元，预计在今后 9 年之内，每年的存款额将逐年增加 1000 元，若年利率是 5%，问该项储蓄的现值为多少？

解 在此系列中应首先计算基础金额（5000 元）的现值（P_A），其次计算等差的现值（P_G），两者相加即为所求储蓄总额的现值（P_T），P_A 与 P_G 的基准年都是 0 年。所以

$$P_T = P_A + P_G = A(P/A,i,n) + G(P/G,i,n)$$

$$= 5000(P/A,5\%,10) + 1000(P/G,5\%,10)$$
$$= 5000 \times 7.722 + 1000 \times 31.649 = 70260 (元)$$

必须指出,上述计算公式中的等差因子仅代表等差的现值因子,如有其他任何资金流动包括其中时,则必须单独进行核算。

【例 3.16】 试计算图 3.14(a)中等差递减系列之现值,$i=7\%$。

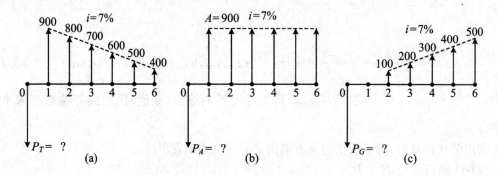

图 3.14 等差递减系列现值计算资金流程图

解 为了更明了起见,图 3.14(a)的资金流程(其现值设为 P_T),可分解成两个简单资金流程,如图 3.14(b)和图 3.14(c)所示,它们的现值分别设为 P_A 和 P_G,则
$$P_T = P_A - P_G = 900(P/A,6\%,6) - 100(G/P,7\%,6)$$
$$= 900 \times 4.7665 - 100 \times 10.978 = 3192 (元)$$

【例 3.17】 图 3.15 为等差系列资金流程图,其中 $G=200$ 元,当 $i=10\%$ 时,求该等差系列未来值 F。

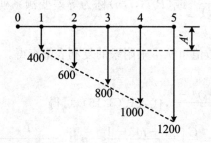

图 3.15 等差递增终值计算资金流程图

解 根据图 3.15,已知 $G=200$ 元,$i=10\%$,$n=5$ 年。
首先依据式(3.19),求等差额 G 的未来值 F_G:
$$F_G = \frac{G}{i}[(F/A,i,n) - n] = \frac{200}{10\%}[(F/A,10\%,5) - 5]$$
$$= 2000 \times (6.105 - 5) = 2210 (元)$$

或
$$F_G = 200(F/G,10\%,5) = 200 \times 11.05 = 2210 (元)$$

再求基值 $A'=400$ 元的未来值 $F_{A'}$:
$$F_{A'} = A'(F/A,i,n) = 400(F/A,10\%,5)$$
$$= 400 \times 6.105 = 2442 (元)$$

所以,整个等差系列的未来值 F 为

$$F = F_G + F_{A'} = 2210 + 2442 = 4652(元)$$

【例 3.18】 仍据上述资金流程图(图 3.15),求其等价的年金值 A。

解 先根据式(3.18),求等差 G 系列的年金 A_G:

$$A_G = G\left[\frac{1}{i} - \frac{n}{i}(A/F, i, n)\right] = 200\left[\frac{1}{10\%} - \frac{5}{10\%}(A/F, 10\%, 5)\right]$$
$$= 200(10 - 50 \times 0.1638) = 362(元)$$

或

$$A_{G'} = G(A/G, i, n) = 200(A/G, 10\%, 5) = 200 \times 1.810 = 362(元)$$

又已知 $A' = 400$(元),所以,整个等差系列的等价年值 $A = A_G + A' = 362 + 400 = 762$(元)。

【例 3.19】 设某水电站机组台数较多,投产期长达 10 年。随着水力发电机组容量的逐年增加,电费年收入为一个等差递增系列,$G = 100$ 万元,$i = 10\%$,$n = 10$ 年,求该水电站在投产期内总效益的现值。

解 由于该电站在第 1 年年末即获得效益 $A = 100$ 万元,这与图 3.13 所示的等差系列模式不同,因此必须把这个等差系列分解为两部分:① $A = 100$ 万元的分期等付系列;② $G = 100$ 万元的等差系列,这样才符合图 3.13 所示的模式。现分别求这两个系列的现值:

(1) 已知 $A = 100$ 万元,$i = 10\%$,$n = 10$ 年,根据式(3.11)有

$$P_1 = A(P/A, i, n) = 100(P/A, 10\%, 10) = 100 \times 6.1446 = 614.46(万元)$$

(2) 已知 $G = 100$ 万元,$i = 10\%$,$n = 10$ 年,根据式(3.14)有

$$P_2 = \frac{G}{i}[(P/A, i, n) - n(P/F, i, n)] = \frac{100}{10\%}[(P/A, 10\%, 10) - 10(P/F, 10\%, 10)]$$
$$= 1000(6.1446 - 10 \times 0.38554) = 2289.1(万元)$$

或

$$P_2 = G(P/G, i, n) = G(P/G, 10\%, 10) = 100 \times 22.891 = 2289.1(万元)$$

上述两部分合计总效益的现值

$$P = P_1 + P_2 = 614.46 + 2289.1 = 2903.56(万元)$$

(3) 亦可根据下式直接求出 P 值:

$$P = A(P/A, i, n) - \frac{G}{i}[(P/A, i, n) - n(P/F, i, n)]$$
$$= 100(P/A, 10\%, 10) - \frac{100}{10\%}[(P/A, 10\%, 10) - 10(P/F, 10\%, 10)]$$
$$= 100 \times 6.1446 + 1000 \times 2.2891 = 2903.56(万元)$$

需注意,在进行定差变额系列计算时必须进行数学变换处理,使其符合图 3.13 所示的模式,否则不能直接应用式(3.16)至式(3.18)。

此外,现值 P 总是在第 1 年年初,期值 F 总是在第 n 年年末,年值 A 总是在各年年末,否则不能直接应用式(3.5)至式(3.15)。

四、等比级数系列公式

(一)等比级数增长系列公式(等比递增系列公式)

1. 等比递增系列期值 F 计算公式

图 3.16 为等比递增系列资金流程图。设每年递增的百分比为 $j\%$,当 $G_1 = b$,$G_2 = (1 + $

$j)$, $G_3=(1+j)^2$, $\cdots$, $G_{n-1}=(1+j)^{n-2}$, $G_n=(1+j)^{n-1}$。设年利率为 i，则 n 年后的复本利和（即期值或终值）F 为

$$F = b(1+j)^{n-1} + b(1+j)^{n-2}(1+i) + b(1+j)^{n-3}(1+i)^2 + \cdots$$
$$+ b(1+j)(1+i)^{n-2} + b(1+i)^{n-1}$$
$$= b(1+j)^{n-1}\left[1 + \frac{1+i}{1+j} + \left(\frac{1+i}{1+j}\right)^2 + \cdots + \left(\frac{1+i}{1+j}\right)^{n-2} + \left(\frac{1+i}{1+j}\right)^{n-1}\right] \quad (3.19)$$

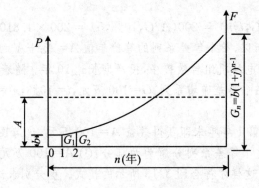

图 3.16 等比递增系列公式资金流程图

式(3.19)等号两边同乘以 $\frac{1+i}{1+j}$，得

$$\left(\frac{1+i}{1+j}\right)F = b(1+j)^{n-1}\left[\frac{1+i}{1+j} + \left(\frac{1+i}{1+j}\right)^2 + \left(\frac{1+i}{1+j}\right)^3 + \cdots + \left(\frac{1+i}{1+j}\right)^{n-1} + \left(\frac{1+i}{1+j}\right)^n\right] \quad (3.20)$$

用式(3.20)减去式(3.19)，则得

$$\left(\frac{1+i}{1+j} - 1\right)F = b(1+j)^{n-1}\left[\left(\frac{1+i}{1+j}\right)^n - 1\right]$$

化简上式得

$$F = b\frac{(1+i)^n - (1+j)^n}{i-j} = b(F/G_1, i, j, n) \quad (i \neq j) \quad (3.21)$$

如果 $i=j$，则由式(3.13)直接可得

$$F = bn(1+i)^{n-1} \quad (i=j) \quad (3.22)$$

式中，$\left[\frac{(1+i)^n-(1+j)^n}{i-j}\right]$ 或 $(F/G_1, i, j, n)$ 称为等比递增系列期值(或终值或复本利和)因子。

利用公式计算时，因子数值可从本书附录的复利表中查得。

2. 等比递增系列现值 P 计算公式

将 $F=P(1+i)^n$ 代入式(3.21)及式(3.22)，则得

$$P = b\frac{(1+i)^n - (1+j)^n}{(i-j)(1+i)^n} = b(P/G_1, i, j, n) \quad (i \neq j) \quad (3.23)$$

及当 $i=j$ 时，有

$$P = bn(1+i)^{-1} \quad (i=j) \quad (3.24)$$

式中，$\left[\frac{(1+i)^n-(1+j)^n}{(i-j)(1+i)^n}\right]$ 或 $(P/G_1, i, j, n)$ 称为等比递增系列现值因子。

利用公式计算时,因子数值可从本书附录的复利表中查得。

3. 等比递增系列年均值 A 计算公式

将式 $P=A\dfrac{(1+i)^n-1}{i(1+i)^n}$ 代入式(3.23)及式(3.24),则得

$$A=b\dfrac{i[(1+i)^n-(1+j)^n]}{(i-j)[(1+i)^n-1]}=b(A/G_1,i,j,n) \quad (i\neq j) \tag{3.25}$$

及当 $i=j$ 时,有

$$A=b\dfrac{ni(1+i)^{n-1}}{(1+i)^n-1}=\dfrac{bn}{1+i}(A/P,i,n) \quad (i=j) \tag{3.26}$$

式中,$\dfrac{i[(1+i)^n-(1+j)^n]}{(i-j)[(1+i)^n-1]}$ 或 $(A/G_1,i,j,n)$ 称为等比递增系列年值因子或等比递增系列年摊还因子。

利用公式计算时,因子数值可从本书附录的复利表中查得。

【例 3.20】 某水利水电工程于 2011 年投产,该年年末获得年效益 $G_1=G=200$ 万元,以后拟加强经营管理,年效益将以 $j=6\%$ 的速度按等比级数逐年递增。设年利率 $i=10\%$,问 2020 年年末该工程年效益为多少?从 2011—2020 年的十年内总效益现值 P 及其年均值 A 各为多少?

解 (1) 根据 $G=200$ 万元,$j=6\%$,$n=10$ 年,预计该工程在 2020 年年末的年效益为
$$G_{10}=G_1(1+j)^{n-1}=200\times(1+6\%)^9=200\times 1.689=337.8(万元)$$

(2) 根据式(3.23),该工程在 2011—2020 年的总效益现值为
$$P=G_1(P/G_1,i,j,n)=200(P/G_1,10\%,6\%,10)$$
$$=200\times 7.7388=1547.76(万元)$$

(3) 根据式(3.25),该工程在 2011—2020 年的效益年均值为
$$A=G_1(A/G_1,i,j,n)=200(P/G_1,10\%,6\%,10)$$
$$=200\times 1.2592=251.84(万元)$$

(二) 等比级数减少系列公式(等比递减系列公式)

1. 等比递减系列期值 F 计算公式

图 3.17 为等比递减系列资金流程图。设每年递减百分比为 $j\%$,$G_1=(1+j)^{n-1}$,$G_2=(1+j)^{n-2}$,$\cdots$,$G_{n-2}=(1+j)^2$,$G_{n-1}=(1+j)$,$G_n=a$,设年利率为 i,则 n 年后的复本利和(即

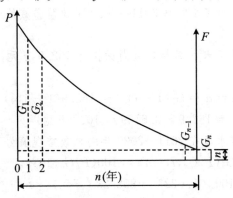

图 3.17 等比递减系列公式资金流程图

期值或终值)F 为

$$F = a(1+j)^{n-1}(1+i)^{n-1} + a(1+j)^{n-2}(1+i)^{n-2} + \cdots + a(1+j)^2(1+i)^2 + a(1+j)(1+i) + a$$

上式等号两边同乘以$(1+j)(1+i)$,得

$$F(1+j)(1+i) = a(1+j)^n(1+i)^n + a(1+j)^{n-1}(1+i)^{n-1} + \cdots + a(1+j)^3(1+i)^3 + a(1+j)^2(1+i)^2 + a(1+j)(1+i)$$

上述两式左右分别相减,得

$$F[(1+j)(1+i)-1] = a(1+j)^n(1+i)^n - a$$

将上式移项化简,则得

$$F = a\frac{(1+j)^n(1+i)^n - 1}{(1+j)(1+i) - 1} = a(F/G_n, i, j, n) \tag{3.27}$$

式中,$\left[\dfrac{(1+j)^n(1+i)^n - 1}{(1+j)(1+i) - 1}\right]$ 或$(F/G_n, i, j, n)$称为等比递减系列期值(或终值或复本利和)因子。

2. 等比递减系列现值 P 计算公式

将$F = P(1+i)^n$代入式(3.27),则得

$$P = a\frac{(1+j)^n(1+i)^n - 1}{[(1+j)(1+i) - 1](1+i)^n} = a(P/G_n, i, j, n) \tag{3.28}$$

式中,$\dfrac{(1+j)^n(1+i)^n - 1}{[(1+j)(1+i) - 1](1+i)^n}$ 或$(P/G_n, i, j, n)$称为等比递减系列现值因子。

3. 等比递减系列年均值 A 计算公式

将公式$P = A\dfrac{(1+i)^n - 1}{i(1+i)^n}$代入式(3.28),则得

$$A = a\frac{i[(1+j)^n(1+i)^n - 1]}{[(1+j)(1+i) - 1][(1+i)^n - 1]} = a(A/G_n, i, j, n) \tag{3.29}$$

式中,$\dfrac{i[(1+j)^n(1+i)^n - 1]}{[(1+j)(1+i) - 1][(1+i)^n - 1]}$ 或$(A/G_n, i, j, n)$称为等比递减系列年值因子或等比递减系列年摊还因子。

【例 3.21】 某水库于 2010 年年末建成后年效益为 162.9 万元,投入运行后由于水库淤积等原因,估计年效益以 $j = 5\%$ 的速度按等比级数逐年递减。假设年利率 $i = 10\%$,请问 2020 年年末该水库年效益为多少?从 2011—2020 年效益递减的十年内总效益现值 P 及其年均值 A 各为多少?

解 (1) 根据 2010 年年末水库年效益尚保持为 162.9 万元,以后逐年递减率 $j = 5\%$,预计 2020 年水库年效益

$$G_n = a = G_1(1+j)^{-n} = 162.9(1+5\%)^{-10}$$
$$= 162.9 \times 0.6139 = 100 \text{(万元)}$$

(2) 根据式(3.28),该水库在 2011—2020 年的总效益现值为

$$P = G_n(P/G_n, i, j, n) = 100(P/G_n, 10\%, 5\%, 10)$$
$$= 100 \times 8.0223 = 802.23 \text{(万元)}$$

(3) 根据式(3.29),该水库在 2011—2020 年的效益年均值为

$$A = G_n(A/G_n, i, j, n) = 100(A/G_n, 10\%, 5\%, 10)$$

$$= 100 \times 1.3056 = 130.56(万元)$$

为了便于学习掌握资金等值计算公式,现将各有关折算因子汇总列于表3.3中,以供比较对照。

表 3.3　考虑资金时间价值的折算因子表

序号	因子系列	因子名称	因子表达式	因子符号	备注
1	一次收付系列	一次收付期值因子	$(1+i)^n$	$(F/P,i,n)$	等值计算基本公式
2		一次收付现值因子	$(1+i)^{-n}$	$(P/F,i,n)$	
3	等额多次收付系列	分期等付期值因子	$\dfrac{(1+i)^n-1}{i}$	$(F/A,i,n)$	
4		基金存储因子	$\dfrac{i}{(1+i)^n-1}$	$(A/F,i,n)$	
5		资金回收因子	$\dfrac{i(1+i)^n}{(1+i)^n-1}$	$(A/P,i,n)$	
6		分期等付现值因子	$\dfrac{(1+i)^n-1}{i(1+i)^n}$	$(P/A,i,n)$	
7	等差系列	等差系列期值因子	$\dfrac{1}{i}\left[\dfrac{(1+i)^n-1}{i}-n\right]$	$(F/G,i,n)$	
8		等差系列现值因子	$\dfrac{1}{i}\left[\dfrac{(1+i)^n-1}{i(1+i)^n}-\dfrac{n}{(1+i)^n}\right]$	$(P/G,i,n)$	
9		等差系列年值因子	$\left[\dfrac{1}{i}-\dfrac{n}{(1+i)^n-1}\right]$	$(A/G,i,n)$	
10	等比递增系列	等比递增系列期值因子	$\left[\dfrac{(1+i)^n-(1+j)^n}{i-j}\right]$	$(F/G_1,i,j,n)$	
11		等比递增系列现值因子	$\left[\dfrac{(1+i)^n-(1+j)^n}{(i-j)(1+i)^n}\right]$	$(P/G_1,i,j,n)$	
12		等比递增系列年值因子	$\dfrac{i[(1+i)^n-(1+j)^n]}{(i-j)[(1+i)^n-1]}$	$(A/G_1,i,j,n)$	
13	等比递减系列	等比递减系列期值因子	$\left[\dfrac{(1+j)^n(1+i)^n-1}{(1+j)(1+i)-1}\right]$	$(F/G_n,i,j,n)$	
14		等比递减系列现值因子	$\dfrac{(1+j)^n(1+i)^n-1}{[(1+j)(1+i)-1](1+i)^n}$	$(P/G_n,i,j,n)$	
15		等比递减系列年值因子	$\dfrac{i[(1+j)^n(1+i)^n-1]}{[(1+j)(1+i)-1][(1+i)^n-1]}$	$(A/G_n,i,j,n)$	

为了促进学习者理解运用资金等值计算公式,下面对在应用计算公式时应注意的问题作一阐述:

(1) 前六个基本计算公式中共有五个参数,即现值P、终值F、等额年值A、年利率i和计算年数n。每个公式中只包括其中的四个参数,在应用时一般都是已知三个参数,求另一个未知参数。

(2) 若计算公式(或计算表)中所求的参数为现值P、或终值F或等额年值A等时,它们都是相对而言的,并假定现值P都是在对应的当年年初进行资金收付,终值F和等额年值A都是在对应的当年年末进行资金收付(即认为参数P值都是发生对应的在当年年初,F值和A值都是发生对应的在当年年末的)。比如说,参数现值P和终值F是相对而言的,在时间顺序上,凡是单个价值从后向前折算,都可应用求现值的公式;凡是单个价值从前向后折算的值,都可应用求终值的公式,而且 P 值都为基准年年初值,F 值为第 n 年年末值。在借贷关系中现值 P 代表本金,终值 F 代表本利和。在建设项目经济评价中,P 可代表工程投资额、年运行费现值或年效益现值,F 代表其相应费用在第 n 年年末的终值。

(3) 在时间关系上,等额年值 A(即称年金 A)都发生在从基准年开始的每年年末。计算等额年值 A 的终值 F 时,须用公式 $F=A(F/A,i,n)$,且所求出终值 F 一定发生在与最后一个等额年值的同一年年末;计算等额年值 A 的现值 P 时,须用公式 $P=A(P/A,i,n)$,且所求现值 P 永远在第一个等额年值 A 对应年年初(基准年年初)。在工程经济评价中,A 可以代表年运行费、年效益值、本利年摊还费和动态计算的年折旧费等,甚至可以代表年工程投资额,这应该视不同情况而定。

(4) 在借贷关系中,i 值代表利率,n 值代表借贷款期限,i、n 值的时间单位一定要相一致。在建设项目经济评价中,i 代表资金折现率、社会折现率、基准收益率等,名称视不同计算内容而定。n 代表计算期,经济分析评价的计算期不必太长,因其远期的年净效益折算现值对评价成果影响不大。例如,若工程的年效益为常值时,将其折算到基准年,可看出随着 n 值的增加,分期等付现值因子值的增长速度越来越慢,最后趋于极限值 $1/i$。

(5) 式(3.11)与式(3.12),式(3.13)与式(3.15),都是互为倒数关系,各公式的功能符号也可以相互运算,如:

$$(P/F,i,n) = \frac{1}{(F/P,i,n)} \tag{3.30}$$

$$(A/F,i,n) = \frac{1}{(F/A,i,n)} \tag{3.31}$$

$$(A/P,i,n) = \frac{1}{(P/A,i,n)} \tag{3.32}$$

$$(F/P,i,n)(P/A,i,n) = (F/A,i,n) \tag{3.33}$$

$$(F/A,i,n)(A/P,i,n) = (F/P,i,n) \tag{3.34}$$

$$(A/F,i,n) + i = (A/P,i,n) \tag{3.35}$$

(6) 复利表的利用。等值计算公式中有对应的便于记忆的规格化因子符号,这些符号是配合查复利表用的。现以前面提及的六个基本公式对应的复利因子表为例,其每一个 i 值制成一张表(例如 5%,6%,7%,…),每张表边上是 n 值,中间分 6 列,每一列是一个因子的数值。利用复利表的步骤是:① 根据给定的 i 值选定要查用的那张复利表;② 然后按题目要求弄清查哪类因子;③ 最后根据给定的期数 n 值,在水平方向移动,即可在所要查的因子这一列中查出该因子的数值。例如,当 $i=5\%$ 时,先找到 $i=5\%$ 的普通复利表。如已知 $n=5$,要查 $(P/F,i,n)$ 的数值,则可在 $n=5$ 的水平方向,在第二列中查出 $(P/F,5\%,5)=0.7835$。但由于复利表中所列出的年利率 i 和年数 n 有限,有时会查不到要查的因子值。如果当 i 或 n 的数值位于表中相应的两个数值之间及较相接近时,则可借线性插补法计算要求的因子值。比如要求 $(A/P,5.3\%,8)$ 的因子值,因当 $i=5\%$ 时查得 A/P 因子值 $(A/P,5.3\%,8)=0.15472$,当 $i=6\%$ 时查得 A/P 因子值 $(A/P,5.3\%,8)=0.16104$,从 5% 增加到 6%,A/P 因子值增加 $(0.16104-0.15472)$,那么从 5% 增加到 5.3%,其因子值应增加 $\frac{5.3-5}{6-5} \times (0.16104-0.15472) = 0.00160$,则 $(A/P,5.3\%,8) = 0.15472 + 0.00160 = 0.15632$。

(6) 在表3.3中,序号第1~6号因子对应的公式是一组常用的基本公式,其中序号因子第1号对应的公式是最基本公式,其他公式都可通过它推导取得。在工程经济分析中,应用较多(即工程中最常用)的是序号第2、第5和第6号因子对应的等值计算公式。

(7) 应用公式时,一定注意资金流程图要与推导公式的资金流程图相符合,否则不能直接套用公式,须作变通应用。必须记住,在利用$(P/A,i,n)$或$(F/A,i,n)$计算时,年数n一定等于收付次数,所以通常将资金流程图重新标示年次(图3.18和图3.19),以免发生错误。

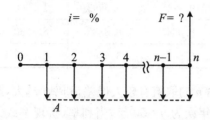 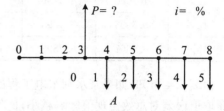

图3.18 等额年值终值公式资金流程图　　图3.19 等额年值现值公式资金流程图

任务四　经济寿命与计算期的确定

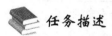 **任务描述**

理解经济寿命的概念,熟悉计算期的确定方法。

一、经济寿命的确定

根据历史资料统计,水利水电工程的主要建筑物,例如大坝、溢洪道等土建工程的实际使用寿命,一般超过100年;但水电站(土建部分)的经济寿命一般在40~50年,即在此经济寿命期内平均年费用最小。实际上由于缺乏资料,对水利水电工程各个建筑物及设备均作详细的经济核算比较困难,从工程计算精度要求看亦没有必要,现作如下分析。

设某水利水电工程在生产期内的年效益等于某一常数A,当将各年效益折算到基准年点(生产期第一年年初)时,其总效益现值的相对值,可用分期等付现值因子$(P/A,i,n)$表示。由式(3.36)可知,随着计算期n的增长,当n很大(即$n \to \infty$)时,即

$$\lim_{n \to \infty}(P/A,i,n) = \lim_{n \to \infty}\frac{(1+i)^n-1}{i(1+i)^n} = \lim_{n \to \infty}\frac{1-\frac{1}{(1+i)^n}}{i} = \frac{1}{i} \tag{3.36}$$

现将分期等付现值因子$(P/A,i,n)$与折现率i和计算期n之间的关系,列于表3.4,供参考。

表 3.4 $(P/A, i, n)$ 与 i、n 之间的关系

i	$1/i$	$(P/A, i, n)$				
		$n=20$	$n=30$	$n=50$	$n=100$	∞
5%	20.000	12.462	15.372	18.256	19.848	20.000
6%	16.667	11.470	13.765	15.762	16.618	16.667
8%	12.500	9.8181	11.258	12.233	12.294	12.500
10%	10.000	8.5136	9.4269	9.9148	9.9993	10.000
12%	8.3333	7.4695	8.0552	8.3045	8.3332	8.3333
15%	6.6667	6.2593	6.5660	6.6605	6.6667	6.6667

由表 3.4 可知,如果某水利水电工程的经济寿命 n 的取值有较大误差,利率 i 越大,经济寿命取值误差对总效益现值影响越小,比如 $n=100$ 年误为 $n=50$ 年,当利率(折现率或经济报酬率)$i=10\%$ 时,在整个经济寿命期内总效益现值的误差仅为 0.8%,因此当资料精度不足时,不必详细计算经济寿命值,可以参照规定的折旧年限当作经济寿命已足够精确,如采用表 3.5 中所列经济寿命期亦可。应该指出的是,对于很多机器设备,由于科学技术的迅猛发展,为了考虑其无形折旧磨损,经济分析时经济寿命 n(年)的取值,可以比实际使用寿命缩短得更多些。

表 3.5 各类工程及设备的经济寿命

工程及设备类别	经济寿命(年)	工程及设备类别	经济寿命(年)
防洪、治涝工程	30~50	机电排灌站	20~25
灌溉、城镇供水工程	30~50	输变电工程	20~25
水电站(土建部分)	40~50	火电站	20~25
水电站机电设备	20~25	核电站	20~25
小型水电站	20		

二、计算期的确定

所谓计算期,一般包括建设期与生产期两大部分。建设期包括土建工程的施工期与机电设备的安装期。要说明的是建设期的后期,为部分工程或部分机组设备的投产期(即运行初期,含试运行期)。从工程项目开工建设起,直到全部工程与设备达到设计效益,经过竣工验收合格后,建设期即告结束,生产期(即正常运行期)正式开始。生产期决定了整体工程的经济寿命,现举大型水利水电工程为例加以说明。

当对某些大型水利水电工程进行动态经济分析时,首先须拟定各部分工程的经济寿命与施工期和安装期。例如,水电站的主要建筑物(大坝、溢洪道等)的经济寿命为 50 年,施工期为 8 年;电气设备的经济寿命为 20 年,施工期为 4 年;机械设备的经济寿命为 25 年,安装期为 3 年。当选择该工程的建设期末(即生产期的第一年年初)作为计算基准年(点),则主要建筑物的土建工程应于基准年之前 8 年开始建设施工,电气设备与机械设备应分别于基准年之前 4 年与 3 年开始施工与安装,这样才能保证整个工程于建设期末全部建成投产。

由上述可知,该工程的建设期定为 8 年,系控制于主要建筑物土建工程的施工期。同理,该工程的生产期定为 50 年,则决定于主要建筑物的经济寿命。在此生产期内,该水电站须于基准年(即生产期开始)后第 17~20 年、37~40 年两次重置资金更新电气设备,以保证在生产期内第 21 年及从第 41 年起能用新的电气设备运行;该水电站须于生产期开始之后第 23~25 重置资金更新机械设备,以保证在生产期内从第 26 年起能用新的机械设备运行,直到生产期开始之后 50 年即到达生产期末,全部土建工程与机械设备(已更换过一次)均到达规定的经济寿命,残值可不计。但第二次更换的电气设备则尚未到达规定的经济寿命,仅运行了 10 年,故可假设其残值为原值的一半,可进行折现计算。综上所述,对该工程进行动态经济计算时,采用的计算分析期应为 58 年,其中建设期为 8 年,生产期为 50 年。

项目三技能训练题

一、单选题

1. 一般情况下,银行存款利率与物价上涨率的关系是( )。
   A. 银行存款利率一般应小于物价上涨率
   B. 银行存款利率一般应等于物价上涨率
   C. 银行存款利率一般应大于物价上涨率
   D. 银行存款利率与物价上涨率不存在较稳定的相关关系

2. 设年利率为 i_1,实际利率为 i_2,若一年计息一次,则( )。
   A. $i_1 > i_2$　　B. $i_1 < i_2$　　C. $i_1 = i_2$

3. 某公司以单利方式一次性借入资金 2000 万元,借款期限 3 年,年利率 8%,半年结息一次,到期一次还本付息,则第 3 年年末应当偿还的本利和为( )万元。
   A. 2240　　B. 2480　　C. 2490　　D. 2519

4. 某企业正在发售 5 年期债券,年利率 10%,每半年计息一次。若某投资者 5 年后希望得到 5 万元,则他现在应该投入( )。
   A. 2.96 万元　　B. 3.07 万元　　C. 3.10 万元　　D. 3.33 万元

5. 某工程造价折算为现值 $P=5000$(万元),工程投产后每年年末尚需支付年运行费 $u=100$(万元),但每年年末可得收益 $b=900$(万元),已知该工程经济寿命 $n=40$ 年,$i=10\%$,该工程经济寿命期末净效益是( )。
   A. 2541.6 万元　　B. 2823 万元　　C. 2671.5 万元　　D. 2532.7 万元

二、判断题

1. 分期等付现值因子为 $(P/A,i,n)$,本利摊还因子为 $(A/P,i,n)$。( )
2. 任意选某一年作为计算基准年,完全取决于计算习惯与方便,对工程经济评价的结论并无影响。( )
3. 在计算时间价值中,等值就是指不同时间数值相等的两笔资金额度。( )
4. 所谓复利就是不仅要计本金利息,而且还要计先期计息期内利息的利息。( )
5. $(F/A,i,n)$ 与基金存储因子互为倒数关系。( )

三、计算题

1. 年利率为 6%，按月利率 0.5% 计息，年实际利率是多少？实际年利率 12.68%，若按月利率 1% 计息，年名义利率是多少？

2. 某人自退休之日起，向银行存入 20 万元以供晚年之用。如以年利率 6% 计，要求在 30 年内均匀提取完，每年可以提取多少元。

3. 若每年年初或每年年末各存款 1 万元，请问第 5 年年末可得本利和各若干？若十年后准备用 30 万元偿还一笔债务，试问从现在起每年年初或每年年末应等额存款各若干？（均按年利率 8% 计息）

4. 若现在向银行借款 20 万元，从下一年起每年年初或每年年末还本付息，试问每年年初或每年年末应偿还多少钱？若现在应向银行存入多少钱，才能从下一年开始每年年初或每年年末取款（本息）3000 元？（均按年利率 6% 计息）

5. 某单位向银行贷款 10 万元，年利率为 5%，试问 10 年后的本利和为多少？如按半年计算，其实际利率以及本利和为多少？

6. 某水工管单位以 16 万元资金购买设备，在年利率 8% 的条件下，准备五年内通过水工设备运营效益收回全部投资，则每年应收回资金多少？

7. 某人希望在第 1 年后开始的 5 年内，每年可得到 $A_1=300$(元)，其后的 4 年中每年可得到 $A_2=400$(元)，若年利率 $i=5\%$，试绘制资金流程图，并求出他现在应存入银行多少钱。

项目四　经济评价方法

 项目描述

本项目介绍经济评价的概念,国民经济评价的动、静态评价方法,财务评价的动、静态评价方法。

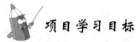 **项目学习目标**

通过本项目的学习,能够正确选用经济评价指标,掌握经济评价指标的计算方法。

 项目学习重点

动态经济评价方法。

 项目学习难点

如何正确开展经济评价。

任务一　经济评价概述

 任务描述

理解经济评价的概念,熟悉水利工程建设项目经济评价一般规定,掌握工程方案经济比较的前提。

一、经济评价的概念

经济评价是指采用现代经济分析方法,对建设项目的经济合理性和可行性所做的全面分析与比较的工作,包括对项目计算期内投入产出诸多经济因素进行调查、预测、计算和论证,比选推荐最佳方案的一系列过程。它是项目建议书和可行性研究的组成部分和重要内容,也是项目决策科学化的重要手段。

水利建设项目的经济评价一般包括国民经济评价和财务评价两部分。国民经济评价是从全社会国民经济的发展出发,采用影子价格分析计算建设项目的净效益,以此判定水利建设项目的经济合理性。财务评价是从项目财务核算单位出发,在现行财税制度和现行价格的条件下,计算项目所需的财务支出和可以获得的财务收入,以此评价水利建设项目的财务可行性。

二、经济评价的基本原则

项目经济评价应在国家宏观经济政策的指导下进行,使各投资主体的内在利益符合国家宏观经济发展目标。具体原则是:

(1) 符合国家经济发展的产业政策、投资方针与有关法规。
(2) 参选方案都应是可能实现的,具有可比性。
(3) 以考虑资金时间价值的动态经济分析为主。
(4) 效益与费用计算口径对应一致。
(5) 主要经济参数具有统一的评价衡量基础。
(6) 基础资料和条件一致,不得重复或有遗漏。
(7) 实事求是,据实比选,据理论证,保持客观、科学、公正。
(8) 结合社会效果、生态环境效果等统筹考虑,综合评价。

三、我国现阶段经济评价的特点

我国现阶段的经济评价强调系统性、科学性、实用性,特点主要有:

(1) 动态分析与静态分析相结合,以动态分析为主。
(2) 定性分析与定量分析相结合,以定量分析为主。
(3) 全过程经济效益分析与阶段性经济效益分析相结合,以全过程经济效益分析为主。
(4) 价值量分析与实物量分析相结合,以价值量分析为主。
(5) 预测分析与统计分析相结合,以预测分析为主。

四、水利建设项目经济评价一般规定

水利建设项目的经济评价应以国民经济评价为主。当国民经济评价合理,财务评价可行时,该项目才能成立。当国民经济评价与财务评价的结果有矛盾时,应以国民经济评价的结果作为项目取舍的主要依据。某些以发展农业为主的水利建设项目(例如灌排工程等),国民经济评价认为合理,而财务评价认为不可行时(虽有一定水费等收入,但不能维持简单再生产),则可向主管部门提出要求,给予某些优惠措施,使该项目在财务上具有生存能力。某些公益性水利建设项目(例如防洪、治涝工程),当国民经济评价认为合理,但没有或者很少有财务收入(例如征收一些防洪费、治涝费)时,可向地方政府申请补贴(包括投资与年运行费),使项目在财务上得以自我维持。在规划阶段,某些非营利性工程项目,由于资料不充分,研究深度较浅,也可以不进行财务评价。

对于具有综合利用任务的水利建设项目,一般可先对项目所需的投资和年运行费在各部门之间进行合理分摊,以便选择经济合理的开发方式和建设规模,但项目的国民经济评价和财务评价均应以整体评价为主,必要时也可进行分项评价。国民经济评价原则上应考虑项目的全部效益与全部费用,财务评价只计算本项目的实际收入和支出,对间接的即外部的效益与费用不予计入。

水利建设项目经济评价的计算期包括建设期和生产期。计算期的基准年（点）一般建议定在建设期的第一年年初。投入物和产出物除当年借款利息外，均按年末发生和结算。

水利建设项目经济评价所采用的经济评价指标主要是动态经济指标。对于某些小型水利工程，由于投资流程较短，在进行初步估算时也有采用静态经济评价指标的。

我国经济体制改革正在深入开展，与国民经济评价有关的参数（例如社会折现率、影子价格等）和与财务评价有关的参数（例如各行业的基准收益率、现行价格、贷款利率、税率等）都随着经济发展形势、商品和资金的供求关系等许多因素而不断进行调整，有关财务规定更是经常进行修改和补充。因此在实际经济评价工作中，应随时注意情况变化，按有关部门的新规定执行。

五、工程方案经济比较的前提

水利水电工程在规划、设计、施工和运行管理各个阶段，在满足国民经济各部门要求的前提下，往往有若干个方案可供比较和选择，各个比较方案应满足下列可比性条件，这是进行方案比较的前提。

（一）满足需要的可比性

各个比较方案在产品（水、电或其他）数量、质量、时间、地点、可靠性等方面，须同等程度地满足国民经济发展的需要。

（二）满足费用的可比性

各个比较方案的费用都应包括工程的造价、流动资金和年运行费三部分，且应包括主体工程和配套工程等全部费用。

（三）满足价值的可比性

各个比较方案的经济评价要素的分析计算时均应采用国家发展和改革委员会与原建设部于2006年颁布的《建设项目经济评价方法与参数》（第3版）中规定的影子价格、影子工资、影子汇率及相同的社会折现率，以反映它们的真实价值。另外针对水利行业的特点，《水利建设项目经济评价规范》附录A载入了"水利建设项目主要投入物和主要产出物影子价格计算方法"，用于各个比较方案的投入物和产出物的价格换算。

（四）满足时间价值的可比性

由于各个比较方案的建设期及其各年投资的多少不同，生产期各年的效益和年运行费也不相同，为了便于比较，必须把各年的投资、运行费支出和效益收入，根据规定的社会折现率或利率统一折现到同一计算基准年，求出各方案的总现值，或者折算为平均年值，然后进行方案比较。

（五）满足环境保护、生态平衡等要求的可比性

修建水利工程无论采用哪种方案，都应同等程度满足国民经济对环境保护、生态平衡等方面的要求，或者采取补偿措施，使各方案都能满足国家规定的要求。

任务二 国民经济评价方法

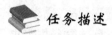 任务描述

熟悉国民经济评价与财务评价的区别,熟悉水利工程建设项目国民经济评价相关规定,掌握国民经济评价的动态方法。

一、国民经济评价的特点

国民经济评价是从国民经济整体角度对建设项目经济合理性所作的分析计算和比较工作,又称为宏观经济效果分析。

它是以资源合理配置和国民经济最高增长为目标,用影子价格、社会折现率等经济参数分析、计算项目对国民经济的净贡献,考察判别项目经济合理性的重要手段,是项目经济评价的核心部分和决策的主要依据。

国民经济评价的特点:

(1) 整体性和系统性:将建设项目融入国民经济大系统,从国家的整体角度分析项目给国家带来的效益和国家为此而付出的代价。

(2) 真实性:以最优化的方法引入影子价格的概念,能够真实地反映项目投入和产出的经济价值,反映项目建设给国民经济带来的效益与费用,从而实现资源的优化配置。

二、国民经济评价与财务评价的区别

国民经济评价与财务评价的区别主要有:

(一) 评价角度不同

国民经济评价是从国家(社会)经济整体利益的角度出发,考察项目对国民经济的贡献,分析项目的经济效益、效果和对社会的影响,评价项目在宏观经济上的合理性。财务评价是在国家现行财税制度和价格体系的前提下,从项目的角度出发,计算项目范围内的财务支出和收入,分析项目的财务生存能力、偿债能力和盈利能力,评价项目在财务上的可行性。

(二) 费用与效益的计算范围不同

国民经济评价着眼于考察社会为项目付出的费用和社会从项目获得的效益,故属于国民经济内部转移的各种补贴等不作为项目的效益,各种税金等不作为项目的费用。财务评价是从项目财务的角度,确定项目实际的财务支出和收入,交纳的各种税金等作为项目的财务支出,而各种补贴等作为项目的收入。国民经济评价要分析、计算项目的间接费用与间接效益,即外部效果。财务评价只计算项目直接的支出与收入。

(三) 采用的投入物和产出物的价格不同

国民经济评价采用影子价格,财务评价采用财务价格。

国民经济评价采用的影子价格,是指依据一定原则确定的,比财务价格更为合理的价格。它能更好地反映产品的真实价值,市场供求情况及资源稀缺程度,并能使资源配置更趋于优化合理。财务评价采用的财务价格,是指以现行价格体系为基础的预测价格。国内现行价格包括现行商品价格和收费标准,有国家定价、国家指导价和市场价三种价格形式。在各种价格并存的情况下,项目财务价格应是预计最有可能发生的价格。

(四)主要参数不同

国民经济评价采用国家统一测定的影子汇率和社会折现率。财务评价采用国家外汇牌价和行业财务基准收益率。

由于上述区别,两种评价有时可能导致相反的结论。水利建设项目的经济评价应以国民经济评价为主。当国民经济评价与财务评价的结果有矛盾时,应以国民经济评价的结果作为项目取舍的主要依据。

三、水利建设项目国民经济评价相关规定

水利建设项目国民经济评价中的费用和效益应尽可能用货币表示;不能用货币表示的,应用其他定量指标表示;确实难以定量的,可定性描述。

水利建设项目国民经济评价可采用经济费用效益分析方法或费用效果分析方法。费用和效益可以用货币表示的水利建设项目,可采用费用效益分析方法进行国民经济评价;水利建设项目的费用可以货币化,而效果难以或不能货币化,或货币化的效果不是项目的主体目标时,可采用费用效果分析方法进行国民经济评价,供项目投资决策参考。水利建设项目的费用包括项目的固定资产投资、流动资金、年运行费、更新改造费和间接费用。

水利建设项目的费用应计算直接费用和间接费用。水利建设项目的效益应按照与费用口径一致的原则,分析计算直接效益和可量化的间接效益。计算项目费用和效益时,应防止遗漏和避免重复。水利建设项目国民经济评价中的直接费用,是指用影子价格计算的项目投入物的经济价值;间接费用也称外部费用,是指国民经济为项目付出的其他代价,如项目引起生态、环境恶化造成的损失等。水利建设项目国民经济评价中的直接效益,是指用影子价格计算的项目产出物(水利产品和服务)的经济价值;间接效益又称外部效益,是指项目为国民经济作出的其他贡献,如项目的兴建促进地区的经济发展等。

属于国民经济内部转移的税金、国内借款利息以及各种补贴等,均不应计入项目的费用或效益。进行国民经济评价时,投入物和产出物原则上都使用影子价格。在不影响评价结论的前提下,也可只对其价值在费用或效益中所占比重较大的部分采用影子价格,其余的可采用财务价格。

社会折现率是项目国民经济效益分析的重要通用参数,表示从国家角度对资金机会成本和资金时间价值的估量。采用适当的社会折现率进行项目国民经济评价,有助于合理使用建设资金,引导投资方向,调控投资规模,促进资金的合理配置。目前,国家规定全国各行业,各地区都统一采用8%的社会折现率。考虑到水利建设项目的特殊性,特别是防洪等属于社会公益性质的建设项目,有些效益,如政治效益、社会效益、环境效益、地区经济发展的效益等很难用货币表示,使得这些项目中用货币表示的效益比它实际发挥的效益要小。因此,对属于或兼有社会公益性质的项目,可同时采用6%的社会折现率进行国民经济评价,供项目决策参考。

四、国民经济评价指标

水利建设项目的国民经济评价的费用效益分析,应按表4.1编制费用效益流量表,反映项目计算期内各年的费用、效益和净效益,并据以计算经济内部收益率、净现值、净现值率及经济效益费用比等主要评价指标。

表 4.1 费用效益流量表

单位：

序号	项目	计算期（年份）			合计
		建设期	运行初期	正常运行期	
1	效益流量 B				
1.1	项目各项功能的效益				
1.1.1	×××				
1.1.2	×××				
1.1.3	×××				
1.2	回收固定资产余值				
1.3	回收流动资金				
1.4	项目间接效益				
1.5	项目负效益				
2	费用流量 C				
2.1	固定资产投资				
2.2	流动资金				
2.3	年运行费				
2.4	更新改造费				
2.5	项目间接费用				
3	净效益流量($B-C$)				
4	累计净效益流量				

评价指标

 经济内部收益率：

 经济净现值($i_s=$)：

 经济效益费用比($i_s=$)：

注：项目各项功能的效益应根据该项目的实际功能计列；项目负效益用负值表示。

（一）经济净现值（ENPV）

经济净现值是反映水利建设项目对国民经济所作贡献的绝对指标。它是用社会折现率 i_s 将项目计算期内各年的净效益($B-C$)折算到建设期起点（即开工的第一年年初）的现值

之和,其表达式为

$$\text{ENPV} = \sum_{t=1}^{n}(B-C)_t(1+i_s)^{-t} \tag{4.1}$$

式中,i_s 为社会折现率;其他符号意义同前。

当经济净现值大于或等于零时,建设项目在经济上是可行的。反之,则不可行。由式(4.1)可知,经济净现值(ENPV)为项目在计算期内全部效益现值减去全部费用现值之差。当 ENPV=0 时,表示建设项目所投入的费用(包括投资和运行费)产出的效益恰好满足社会折现率的要求;当 ENPV>0 时,表示有关部门为拟建项目付出的费用除得到符合社会折现率的要求外,还可以得到以经济净现值(ENPV)表达的超额社会盈余。一般情况下,希望在某一投资规模时,可以获得最大的经济净现值,即 ENPV=max。当 ENPV<0,表示拟建项目达不到规定的社会折现率 i_s 的要求,显然在经济上是不可行的。

【例 4.1】 某水利建设项目经初步分析由甲、乙两个方案可供选择,两方案具体情况见表 4.2,试用经济净现值指标进行评价和选优。

表 4.2 甲、乙两方案经济资金流程表

单位:万元

方案	资金项目	分析计算期(年)					
		1	2	…	10	11	…	21
甲	1. 效益 2. 费用:投资 　　　运行费 3. 净资金流量	20 −20	3.5 0.5 3.0	… … …	3.5 0.5 3.0	3.5 0.5 3.0	… … …	3.5 0.5 3.0
乙	1. 效益 2. 费用:投资 　　　运行费 3. 净资金流量	20 −20	6.0 1.0 5.0	… … …	6.0 1.0 5.0	6.0 1.0 5.0		

解 (1) 作工程资金流程图。取社会折现率 $i_s=10\%$,甲方案的计算期为 21 年,乙方案的计算期为 11 年。甲、乙两方案工程资金流量如图 4.1 所示。

(2) 计算经济净现值。

甲方案:

$$\text{ENPV}_{甲} = \sum_{t=1}^{n}(C_I-C_O)_t(1+i_s)^{-t}$$
$$= (-20)(P/F,10\%,1)+(3.0)(P/A,10\%,20)\times(1+10\%)^{-1}$$
$$= -18.18+23.22 = 5.04 (万元)$$

乙方案:

$$\text{ENPV}_{乙} = \sum_{t=1}^{n}(C_I-C_O)_t(1+i_s)^{-t}$$
$$= (-20)(P/F,10\%,1)+(5.0)(P/A,10\%,10)\times(1+10\%)^{-1}$$
$$= -18.18+27.93 = 9.75 (万元)$$

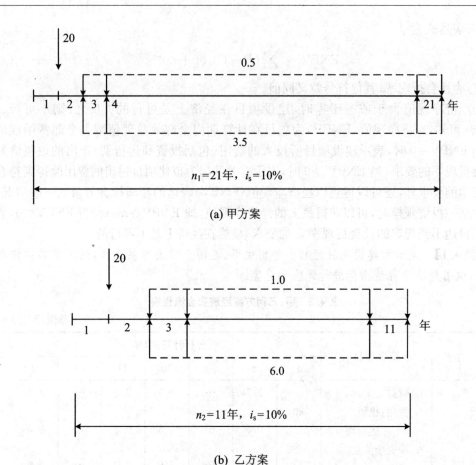

图 4.1 甲、乙两方案工程资金流量图(单位:万元)

(3) 分析评价。由甲、乙两方案的经济净现值计算结果可知:① 甲、乙两方案在经济上都是可行的(因为两方案经济净现值均大于零);② 当有甲、乙两方案可供选择时,选择乙方案经济上更为有利(因为乙方案的经济净现值大于甲方案的经济净现值)。

(二) 经济净现值率(ENPVR)

经济净现值率为经济净现值 ENPV 与投资现值 I_p 之比,它是反映项目单位投资为国民经济所作净贡献的相对指标。

$$\text{ENPVR} = \text{ENPV}/I_p \tag{4.2}$$

式中,I_p 为投资(包括固定资产投资和流动资金)的现值;其他符号意义同前。

当各方案的工程项目投资额不同时,可采用经济净现值率法进行比较。经济净现值率 ENPVR≥0 的方案经济上可行,否则,经济上不可行。经济净现值率越大,项目经济效果越好,经济净现值率最大的方案为最优方案。

【例 4.2】 某建设项目经初步方案分析,有甲、乙两个投资额不等的工程方案,试用经济净现值指标和经济净现值率指标进行方案评价和选优分析。两方案的具体情况见表 4.3。

表 4.3 甲、乙两方案经济资金流程表

单位：万元

方案	资金项目	施工期		运行期（年）		
		1	2	3	…	22
甲	1. 效益	0	0	10	…	10
	2. 费用	30	20	1.0	…	1.0
	3. 净资金流量	−30	−20	9.0	…	9.0
乙	1. 效益	0	0	8.0	…	8.0
	2. 费用	20	10	2.0	…	2.0
	3. 净资金流量	−20	−10	6.0	…	6.0

解 （1）作工程资金流程图。取社会折现率 $i_s=10\%$，计算分析期 $n=22$ 年。甲、乙两方案的工程资金流程图如图 4.2 所示。

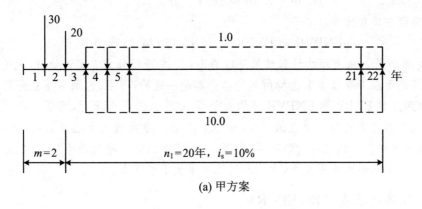

(a) 甲方案

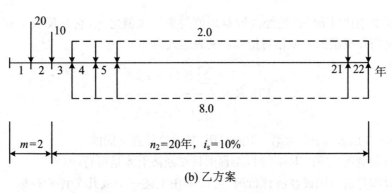

(b) 乙方案

图 4.2 甲、乙两方案工程资金流程图（单位：万元）

(2) 计算经济净现值率。

甲方案经济净现值：

$$\text{ENPV} = \sum_{t=1}^{n}(C_I-C_O)_t(1+i_s)^{-t} = (-30)(P/F,10\%,1)$$

$$+(-20)\times(P/F,10\%,2)+(9.0)\times(P/A,10\%,20)\times(P/F,10\%,2)$$

$$=-27.27-16.53+63.32=19.52（万元）$$

甲方案投资现值：

$$I_p = (+30) \times (P/F, 10\%, 1) + (+20) \times (P/F, 10\%, 2)$$
$$= 27.27 + 16.53 = 43.8(万元)$$

甲方案经济净现值率：
$$\text{ENPVR} = \text{ENPV}/I_p = 19.52/43.8 = 0.45$$

乙方案经济净现值：
$$\text{ENPV} = \sum_{t=1}^{x}(C_I - C_O)_t(1+i_s)^{-t}$$
$$= +(-20) \times (P/F, 10\%, 1) + (-10) \times (P/A, 10\%, 2) \times (P/F, 10\%, 2)$$
$$+ (6.0) \times (P/A, 10\%, 20) \times (P/F, 10\%, 2)$$
$$= -18.18 - 8.26 + 42.22 = 15.78(万元)$$

乙方案投资现值：
$$I_p = 20 \times (P/F, 10\%, 1) + 10 \times (P/F, 10\%, 2)$$
$$= 18.18 + 8.26 = 26.44(万元)$$

乙方案经济净现值率：
$$\text{ENPVR} = \text{ENPV}/I_p = 15.78/26.44 = 0.6$$

(3) 分析评价。从上面的计算结果可以看出：① 在进行独立方案评价时，无论用经济净现值指标还是用经济净现值率指标所得的结论都是一致的，即甲、乙两方案在经济上都是可行的(因为两方案 ENPV 和 ENPVR 值均大于零)；② 在进行选优时，当资金不受限制的情况下，由甲、乙两方案的经济净现值可知，甲方案的绝对净贡献大于乙方案，因此，甲方案优于乙方案；而当资金受到限制的情况下，由甲、乙两方案的经济净现值率可知，乙方案的单位投资的相对净贡献要大于甲方案，所以此时乙方案优于甲方案。

(三) 经济效益费用比(EBCR)

经济效益费用比($EBCR$)是经济效益现值与费用现值之比，它是反映工程项目单位费用为国民经济所作贡献的一项相对指标。其表达式为

$$\text{EBCR} = \frac{\sum_{t=1}^{n} B_t(1+i_s)^{-t}}{\sum_{t=1}^{n} C_t(1+i_s)^{-t}} \qquad (4.3)$$

式中，B_t 为第 t 年的效益；C_t 为第 t 年的费用；其他符号意义同前。

当经济效益费用比 EBCR≥1 时，工程项目在经济上才是可行的。

在对建设项目进行国民经济评价时，可以采用上述一个或几个评价指标。当采用上述方法进行方案比较时，还应考虑资金来源条件，当资金不受约束时，可采用经济内部收益率法或差额(增量)内部收益率法；当资金比较困难，希望单位投资能获得较高收益率时，可采用净现值率法。

【例 4.3】 某水库工程初步分析由低坝甲和高坝乙两个比较方案，其经济资金流量如表 4.4 所示，试用经济效用比指标进行方案的比较分析。

表 4.4　甲、乙两方案经济资金流程表

单位:万元

方案	资金项目	施 工 期			运 行 期 （年）				
		1	2	3	4	5	…	22	23
甲	效益				80	80		80	80
	费用： 1. 投资 2. 运行费	50	100	50	20	20	…	20	20
乙	效益				100	100		100	100
	费用： 1. 投资 2. 运行费	50	150	100	25	25	…	25	25

解　(1) 作工程资金流程图。取社会折现率 $i_s=10\%$，计算分析期为 $23(=3+20)$ 年，折算基准年选在施工期初。甲、乙两方案资金流程图如图 4.3 所示。

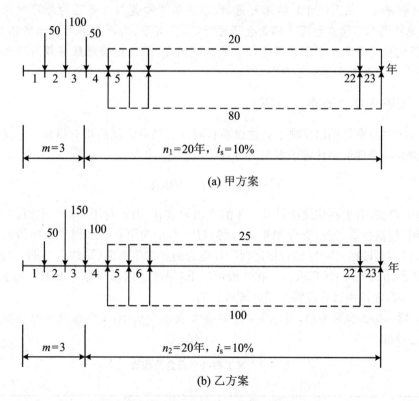

(a) 甲方案

(b) 乙方案

图 4.3　甲、乙两方案工程资金流程图(单位:万元)

(2) 计算甲方案经济效益费用比。

甲方案效益现值：
$$BPW = 80 \times (P/A, 10\%, 20) \times (P/F, 10\%, 3)$$
$$= 80 \times 8.514 \times 0.7513 = 511.73 (万元)$$

甲方案费用现值：

$$CPW = 50 \times (P/F, 10\%, 1) + 100 \times (P/F, 10\%, 2) + 50 \times (P/F, 10\%, 3)$$
$$+ 20 \times (P/A, 10\%, 20) \times (P/F, 10\%, 3)$$
$$= 50 \times 0.9091 + 100 \times 0.8264 + 50 \times 0.7513 + 20 \times 8.514 = 293.59 (万元)$$

甲方案经济效益费用比：
$$EBCR = BPW/CPW = 511.73/293.59 = 1.74$$

（3）计算乙方案经济效益费用比。

乙方案效益现值：
$$BPW = 100 \times (P/A, 10\%, 20) \times (P/F, 10\%, 3)$$
$$= 100 \times 8.514 \times 0.7513 = 639.66 (万元)$$

乙方案费用现值：
$$CPW = 50 \times (P/F, 10\%, 1) + 150 \times (P/F, 10\%, 2) + 100 \times (P/F, 10\%, 3)$$
$$+ 25 \times (P/A, 10\%, 20) \times (P/F, 10\%, 3)$$
$$= 50 \times 0.9091 + 150 \times 0.8264 + 100 \times 0.7513 + 25 \times 8.514 \times 0.7513 = 404.46 (万元)$$

乙方案经济效益费用比：
$$EBCR = BPW/CPW = 639.66/404.46 = 1.58$$

（4）分析评价。从上述计算结果可见，低坝方案甲和高坝方案乙的经济效益费用比均大于1.0，说明两个方案在经济上都是合理可行的；当有甲、乙两方案可以比较选择时，因甲方案的经济效益费用比大于乙方案的经济效益费用比，所以如果用经济效益费用比最大的观点，一般会认为甲方案优于乙方案。

（四）经济内部收益率（EIRR）

经济内部收益率是用以反映水利建设项目对国民经济贡献的相对指标。它是指使项目在计算期内经济净现值累计等于零时的折现率，其表达式为

$$\sum_{t=1}^{n} (B-C)_t (1 + EIRR)^{-t} \tag{4.4}$$

式中，B 为年效益，为水利建设项目某一年的产出效益；C 为年费用，为水利建设项目某一年的投入费用，包括投资、流动资金和年运行费；$(B-C)_t$ 为第 t 年水利建设项目的净效益；n 为计算期，包括建设期（含投产期）和达到设计能力的正常生产期（简称生产期）；经济内部收益率 EIRR 须由式（4.3）计算求得。在一般情况下，当经济内部收益率 EIRR 大于或等于社会折现率 i_s 时，建设项目在经济上是合理可行的。

【例4.4】 某工程经分析，其经济资金流量如表4.5所示，试用经济内部收益率指标评价其经济合理性。

表4.5 某工程经济资金流程表

单位：万元

项目	施工期			运行期（年）				
	1	2	3	4	5	…	22	23
效益				25	25	…	25	25
费用： 1. 投资 2. 运行费	60	60	60	5.0	5.0	…	5.0	5.0

解 (1)首先假设 $i_1=7\%$,则相应的经济净现值:

$(ENPV)_1 = (-60) \times (P/A,7\%,3) + (25-5) \times (P/A,7\%,20) \times (P/F,7\%,3)$
$= -60 \times 2.624 + 20 \times 10.594 \times 0.8163 = 15.52 \text{(万元)}$

(2)假设 $i_2=9\%$,则相应的经济净现值:

$(ENPV)_2 = (-60) \times (P/A,9\%,3) + (25-5) \times (P/A,9\%,20) \times (P/F,9\%,3)$
$= -60 \times 2.5313 + 20 \times 9.1296 \times 0.7722 = -10.89 \text{(万元)}$

(3)计算 EIRR 值:

$$EIRR = i_1 + (i_2 - i_1) \times \frac{|(ENPV)_1|}{|(ENPV)_1| + |(ENPV)_2|}$$
$$= 7\% + (9\% - 7\%) \times \frac{|15.52|}{|15.52| + |(-10.89)|}$$
$$= 8.2\%$$

(4)评价:由计算结果可知,该工程方案的内部收益率($EIRR=8.2\%$)大于目前国家规定的社会折现率($i_s=8\%$),所以该方案在经济上是可行的。

任务三 财务评价方法

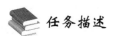任务描述

熟悉财务评价的相关概念,掌握财务评价主要指标的应用方法。

一、财务评价概述

(一)财务评价的含义

水利建设项目财务评价是根据现行财税制度和现行价格,分析计算项目的实际收入和实际支出,考查项目的财务生存能力分析、偿债能力分析和盈利能力分析等财务状况,以评价项目财务上的可行性。

(二)财务评价的费用与效益

水利建设项目的财务评价,可在国民经济评价的基础上,选取其中经济效果较优的方案进行。由于财务评价是研究项目核算单位的实际财务支出和收入,因此对财务效果的衡量只限于项目的直接费用和直接效益,不计算间接费用和间接效益。

水利建设项目的财务支出应包括建设项目总投资(水利建设项目总投资应包括固定资产投资、建设期贷款利息)、年运行费(经营成本)、更新改造投资、流动资金和税金等。固定资产投资包括工程投资、移民和环境、水土保持投资及预备费等。应根据不同设计阶段的深度要求,按有关规范进行编制。工程投资包括建筑工程投资、机电设备及安装工程投资、金属结构设备及安装工程投资、施工临时工程投资和独立费用等五部分;移民和环境、水土保

持投资包括水库移民征地补偿费、水土保持工程投资和环境保护工程投资等三部分费用;预备费包括基本预备费和价差预备费两部分费用。项目建设期的贷款利息,一般按年计息,当工程竣工时,全部贷款利息计入固定资产价值。正常运行期利息计入项目总成本费用。年运行费(经营成本)应包括材料费、燃料及动力费、工资及福利费、修理费、水资源费、库区基金、管理费、其他费用及固定资产保险费等,可分项计算。更新改造投资应包括水利工程运营期内机电设备、金属结构以及工程设施等需要的更新或拓展项目的投资费用。流动资金应包括维持项目正常运行所需的全部周转资金。水利建设项目税金主要包括水、电等产品销售税金及附加、所得税等。税金应根据项目性质,按照国家现行税法规定的税目、税率进行计算。水利建设项目的财务收益,是指出售水利产品(水、电等)的销售收入和提供服务所获得的财务收益。

水利建设项目的财务收入应包括出售水利产品、提供服务所获得的收入以及可能获得的各种补贴或补助收入。水利建设项目的水、电产品销售收入按供水、供电量和拟定的水价、电价计算确定。年利润总额应包括出售水利产品和提供服务所获得的年利润,按年财务收入扣除年总成本费用和年销售税金及附加计算。有盈利能力、年利润总额大于零的水利建设项目应依法缴纳企业所得税。所得税税率应按国家有关规定执行。利润分配见项目二任务六相关内容。

(三) 财务基准收益率

财务基准收益率一般由有关行业主管部门进行测算,由国家定期或不定期发布。如果没有行业规定,则由项目评价人员分析设定。

(四) 财务评价使用的基本报表

水利建设项目财务评价应视项目性质按表 4.6 至表 4.12 编制项目全部投资现金流量表、资本金现金流量表、投资各方现金流量表、损益表(利润与利润分配表)、财务计划现金流量表、资产负债表、借款还本付息计划表等基本报表。水利建设项目财务评价还应按表 4.13、表 4.14 编制项目投资计划及资金筹措表和总成本费用估算表等辅助报表。属于社会公益性质或财务收入很少的水利建设项目财务报表可适当减少。防洪、治涝等属于社会公益性质的水利建设项目,可只编制总成本费用表。财务收入很少的水利建设项目,如灌溉项目,可只编制财务计划现金流量表、总成本费用表等。

(1) 项目投资现金流量表(全部投资,表 4.6)。该表是从项目自身角度出发,不分投资资金来源,以项目全部投资作为计算基础,考核项目全部投资的盈利能力,为项目各个投资方案进行比较建立共同基础,供项目决策研究。

表 4.6 项目全部投资现金流量表

单位:

序号	项目	计 算 期 (年 份)					合计
		建 设 期		运 行 期			
		1	2	⋯	⋯	$n-1$	n	
1	现金流入						
1.1	销售收入						

续表

序号	项 目	计 算 期 （年 份）					合计
		建 设 期		运 行 期			
		1	2	...	...	$n-1$	n	
1.2	提供服务收入							
1.3	补贴收入							
1.4	回收固定资产余值							
1.5	回收流动资金							
2	现金流出							
2.1	固定资产投资							
2.2	流动资金							
2.3	年运行费							
2.4	销售税金及附加							
2.5	更新改造投资							
3	所得税前净现金流量(1−2)							
4	累计所得税前净现金流量							
5	调整所得税							
6	所得税后净现金流量(3−5)							
7	累计所得税后净现金流量							

计算指标：　　　　　　　　　　　　所得税前　　　　　　　所得税后
　　全部投资财务内部收益率：
　　全部投资财务净现值：
　　全部投资回收期(年)：

(2) 项目资本金现金流量表(资本金，表4.7)。该表是从项目投资者的角度出发，以投资者的出资额作为基础，进行息税后分析。将各年投入的项目资本金、各年缴付的所得税和借款本金偿还、利息支付作为现金流出，考核项目资本金的盈利能力，供项目投资者决策研究。

表 4.7　资本金现金流量表

单位：

序号	项 目	计 算 期 （年 份）					合计
		建 设 期		运 行 期			
		1	2	...	...	$n-1$	n	
1	现金流入							
1.1	销售收入							

续表

序号	项　　目	计算期（年份）					合计
		建设期		运行期			
		1	2	…	…	n−1	n
1.2	提供服务收入						
1.3	补贴收入						
1.4	回收固定资产余值						
1.5	回收流动资金						
2	现金流出						
2.1	项目资本金						
2.2	借款本金偿还						
	其中：长期借款						
	短期借款						
2.3	借款利息支付						
	其中：长期借款						
	短期借款						
2.4	年运行费						
2.5	销售税金及附加						
2.6	所得税						
2.7	更新改造投资						
3	净现金流量(1−2)						

计算指标：

　　资本金财务内部收益率：

注：本表以自有资金（资本金）为计算基础，考察自有资金的盈利能力。

项目资本金内部收益率的判别基准是项目投资者整体对投资获利的最低期望值。

(3) 投资各方现金流量表（投资各方投入资金，表 4.8）。一般情况下，投资各方按股本比例分配利润和分担亏损及风险，因此投资各方利益一般是均等的，没有必要计算投资各方的内部收益率。只有投资各方有股权之外的不对等的利益分配时，才需计算投资各方的内部收益率。

表 4.8 投资各方现金流量表

单位：

序号	项　目	计算期（年份）					合计
		建设期		运行期			
		1	2	…	…	n-1	n	
1	现金流入						
1.1	实分利润						
1.2	资产处置收益分配						
1.3	租赁费收入						
1.4	技术转让或使用收入						
1.5	其他现金流入						
2	现金流出						
2.1	实际出资额						
2.2	租赁资产支出						
2.3	其他现金流出						
3	净现金流量(1-2)						

计算指标：

投资各方财务内部收益率：

（4）利润与利润分配表（表 4.9），也称损益表。反映项目计算期内各年营业收入、总成本费用、利润总额等情况，以及所得税和税后利润的分配，用于计算总投资收益率、项目资本金净利润率等指标。

表 4.9 损益表（利润与利润分配表）

单位：

序号	项　目	计算期（年份）					合计
		建设期		运行期			
		1	2	…	…	n-1	n	
	供水量(万 m³)						
	供水水价(元/m³)						
	上网电量(亿 kW·h)						
	上网电价(元/(kW·h))						
1	销售收入						
1.1	供水收入						
1.2	发电收入						
1.3	其他收入						
2	补贴收入						
3	销售税金及附加						

续表

序号	项目	计算期（年份）						合计
		建设期		运行期				
		1	2	...	...	$n-1$	n	
4	总成本费用							
5	利润总额(1＋2－3－4)							
6	弥补前年度亏损							
7	应纳税所得额(5－6)							
8	所得税							
9	税后利润(5－8)							
10	期初未分配利润							
11	可供分配的利润(9＋10)							
12	提取法定盈余公积金							
13	可分配利润(11－12)							
14	各投资方应付利润:							
	其中:××方							
	××方							
15	未分配利润(13－14)							
16	息税前利润(利润总额＋利息支出)							
17	息税折旧摊销前利润(息税前利润＋折旧＋摊销)							

注:法定盈余公积金按净利润计提。

(5) 财务计划现金流量表(表 4.10)。反映项目计算期各年的投资、融资及经营活动的现金流入和流出,用于计算累计盈余资金,分析项目的财务生存能力。

表 4.10 财务计划现金流量表

单位:

序号	项目	计算期（年份）						合计
		建设期		运行期				
		1	2	...	...	$n-1$	n	
1	经营活动净现金流量							
1.1	现金收入							
1.1.1	销售收入							
1.1.2	增值税销项税额							
1.1.3	补贴收入							

续表

序号	项 目	计算期（年份）						合计
		建设期		运行期				
		1	2	...	...	n-1	n	
1.1.4	其他流入							
1.2	现金流出							
1.2.1	年运行费(经营成本)							
1.2.2	增值税进项税额							
1.2.3	销售税金及附加							
1.2.4	增值税							
1.2.5	所得税							
1.2.6	其他流出							
2	投资活动净现金流量							
2.1	现金流入							
2.2	现金流出							
2.2.1	固定资产投资							
2.2.2	更新改造投资							
2.2.3	流动资金							
2.2.4	其他流出							
3	筹资活动净现金流量							
3.1	现金流入							
3.1.1	项目资本金投入							
3.1.2	建设投资借款							
3.1.3	短期借款							
3.1.4	债券							
3.1.5	流动资金借款							
3.1.6	其他流入							
3.2	现金流出							
3.2.1	长期借款本金偿还							
3.2.2	短期借款本金偿还							
3.2.3	债券偿还							
3.2.4	流动资金借款本金偿还							
3.2.5	各种利息支出							
	长期借款利息支出							

续表

序号	项目	计算期（年份）						合计
		建设期		运行期				
		1	2	…	…	$n-1$	n	
	短期借款利息支出							
	流动资金利息支出							
3.2.6	应付利润（股利分配）							
3.2.7	其他流出							
4	净现金流量(1+2+3)							
5	累计盈余资金							

（6）资产负债表（表4.11）综合反映项目计算期内各年年末资产、负债和所有者权益的增减变化及对应关系，用以考察项目资产、负债、所有者权益的结构是否合理，并计算资产负债率等指标。

表4.11 资产负债表

单位：

序号	项目	计算期（年份）						合计
		建设期		运行期				
		1	2	…	…	$n-1$	n	
1	资产							
1.1	流动资产总额							
1.1.1	货币资金							
1.1.2	应收账款							
1.1.3	预付账款							
1.1.4	存货							
1.1.5	其他							
1.2	在建工程							
1.3	固定资产净值							
1.4	无形及其他资产净值							
2	负债及所有者权益							
2.1	流动负债总额							
2.1.1	短期借款							
2.1.2	应付账款							
2.1.3	预收账款							
2.1.4	其他							
2.2	建设投资借款							

续表

序号	项目	计算期（年份）					合计
		建设期		运行期			
		1	2	⋯	⋯	$n-1$	n
2.3	流动资金借款						
2.4	负债小计						
2.5	所有者权益						
2.5.1	资本金						
2.5.2	资本公积						
2.5.3	累计盈余公积金						
2.5.4	累计未分配利润						

计算指标：

资产负债率：

① 货币资金。货币资金指企业中处于货币形态的资产，包括现金和累计盈余资金，具体包括库存现金、银行存款和其他货币资金。其他货币资金包括外埠存款、银行汇票存款、银行本票存款、信用证存款和在途货币资金。

② 应收账款。应收账款指企业因销售商品、产品或提供劳务等原因，应向购货客户或接受劳务的客户收取的款项或代垫的运杂费等。其计算公式为

$$应收账款 = (年财务收入/360) \times 周转天数$$

应收账款周转天数一般可采用 30～60 天。

③ 预付账款。预付账款指企业按照购货合同的规定，在尚未收到产品或接受服务前，预付给供货企业的货款。如预付的材料、商品采购货款、必须预先发放的在以后收回的农副产品预购定金等。

④ 存货。存货指在生产运行过程中为销售或者耗用而储备的各种资产，包括材料、燃料、低值易耗品、在产品、半成品、产成品、商品等，可根据类似项目进行估算。

⑤ 其他流动资产。其他流动资产指流动资产中除以上 4 项以外的项目，包括短期投资、应收票据、其他应收款、待摊费用。

⑥ 在建工程。在建工程指正在建设尚未竣工投入使用的建设项目。

⑦ 负债。负债指企业所承担的能以货币计量，需以资产或劳务等形式偿付或抵偿的债务，可分为流动负债、建设投资借款和流动资金借款。

⑧ 流动负债。流动负债指可以在一年内或超过一年的一个营业周期内需要用流动资产来偿还的债务，包括短期借款、应付短期债券、预提费用、应付及预收款项等。

⑨ 短期借款。短期借款指企业用来维持正常的生产经营所需的资金，而向银行或其他金融机构等外单位借入的、还款期限在一年或超过一年的一个经营周期内的各种借款。

⑩ 应付账款。应付账款指因购买商品、材料、物资、接受服务等，应支付给供应者的账款。其计算公式为

$$应付账款 = (年外购原材料、燃料及动力费/360) \times 周转天数$$

⑪ 预收账款。

⑫ 其他流动负债。其他流动负债主要包括应付票据、应付工资、应付福利费、应付股利、应交税金、其他暂收应付项、预提费用和一年内到期的长期借款等。

⑬ 固定资产投资借款。固定资产投资借款包括建设期借款及未付建设期利息。

⑭ 所有者权益。所有者权益是企业投资人对企业净资产（全部资产与全部负债之差）的所有权，包括企业投资人对企业投入的资本金以及形成的资本公积金、盈余公积金和未分配利润等。

⑮ 资本金。资本金指新建设项目设立企业时在工商行政管理部门登记的注册资金。根据投资主体的不同，资本金可分为国家资本金、法人资本金、个人资本金及外商资本金等。资本金的筹集可以采取国家投资、各方集资或者发行股票等方式。投资者可以用现金、实物和无形资产等进行投资。

⑯ 资本公积金。资本公积金主要包括企业的股本溢价、法定财产重估增值、接受捐赠的资产价值等。它是所有者权益的组成部分，主要用于转增股本，按原有比例增资，不能作为利润分配。

⑰ 盈余公积金。盈余公积金指为弥补亏损或其他特定用途按照国家有关规定从利润中提取的公积金，可分为法定盈余公积金和任意盈余公积金两种。

(7) 借款还本付息表（表 4.12），综合反映项目计算期内各年借款额、借款本金及利息偿还额、还款资金来源，并计算利息备付率及偿债备付率等指标，进行项目偿债能力分析。

表 4.12 借款还本付息计划表

单位：

序号	项目	计算期（年份）						合计
		建设期			运行期			
		1	2	…	…	$n-1$	n	
1	借款及还本付息							
1.1	年初借款本息累计							
1.1.1	本金							
1.1.2	利息							
1.2	本年借款							
1.3	本年应计利息							
1.4	本年还本							
1.5	本年付息							
2	还款资金来源							
2.1	未分配利润							
2.2	折旧费							
2.3	摊销费							
2.4	其他资金							
2.5	计入成本的利息支出							
计算指标	利息备付率							
	偿债备付率							

项目投资计划及资金筹措表如表 4.13 所示,总成本费用估算表如表 4.14 所示。

表 4.13 项目投资计划及资金筹措表

单位：

序号	项 目	计 算 期 （年 份）					合计
		建 设 期		运 行 期			
		1	2	…	…	$n-1$	n	
1	总投资						
1.1	固定资产投资						
1.2	建设期利息						
2	流动资金						
3	资金筹措						
3.1	资本金						
3.1.1	用于固定资产投资						
	××方						
	……						
3.1.2	用于流动资金						
	××方						
	……						
3.2	债务资金						
3.2.1	用于固定资产投资						
	××借款						
	××债券						
	……						
3.2.2	用于建设期利息						
	××借款						
	××债券						
	……						
3.2.3	用于流动资金						
	××借款						
	……						
3.3	其他资金						
	×××						

表4.14 总成本费用估算表

单位:

序号	项 目	计算期(年份)						合计
		建设期			运行期			
		1	2	…	…	n−1	n	
1	年运行费							
1.1	材料费							
1.2	燃料及动力费							
1.3	修理费							
1.4	职工薪酬							
1.5	管理费							
1.6	库区基金							
1.7	水资源费							
1.8	其他费用							
1.9	固定资产保险费							
2	折旧费							
3	摊销费							
4	财务费用							
4.1	长期借款利息							
4.2	短期借款利息							
4.3	流动资金借款利息							
4.4	其他财务费用							
5	总成本费用(1+2+3+4)							
5.1	其中:固定成本							
5.2	可变成本							

二、财务评价指标及评价准则

(一)财务评价概述

水利建设项目的财务评价指标包括全部投资财务内部收益率、资本金财务内部收益率、投资各方财务内部收益率、财务净现值、投资回收期、总投资利润率、项目资本金净利润率、利息备付率、偿债备付率和资产负债率等。

1. 财务评价可分为融资前分析和融资后分析

一般宜先进行融资前分析,在融资前分析结论满足要求的情况下,再进行融资后分析。融资前分析是指在不考虑融资方案条件下进行的财务评价。融资前分析只进行盈利能力分析，编制项目财务现金流量表，计算全部投资财务内部收益率、全部投资财务净现值、全部投资回收期等指标，以作为投资决策与融资方案研究的依据与基础。

融资后分析应在融资前分析和初步融资方案基础上，进行建设项目的财务生存能力分析、偿债能力分析和盈利能力分析，判断其财务可行性，也用于比选融资方案，为投资者进行融资决策提供依据。

2. 财务生存能力分析

应在财务分析辅助表和损益表（利润与利润分配表）的基础上编制财务计划现金流量表，考察计算期内的投资、融资和经营活动所产生的各项现金流入和流出，计算净现金量和累计盈余资金，分析项目是否有足够的净现金流量维持正常运营，以及各年累计盈余资金是否出现负值。若累计盈余资金出现负值，应进行短期借款，并分析该短期借款的年份（不超过5年）、数额和可靠性。

3. 偿债能力分析

应在损益表（利润与利润分配表）、借款偿还计划表和资产负债表的基础上，计算利息备付率（ICR）、偿债备付率（DSCR）和资产负债率（LOAR）等指标，以分析判断项目在计算期各年的偿债能力。

4. 盈利能力分析

应在项目现金流量表、资本金现金流量表和投资各方现金流量表的基础上，计算项目全部投资财务内部收益率和财务净现值、项目资本金财务内部收益率、投资各方财务内部收益率、投资回收期、总投资利润率和项目资本金净利润率。

5. 总成本费用和年运行费

对于无财务收入和年财务收入小于年运行费的水利建设项目，应估算项目总成本费用和年运行费，提出年运行费不足部分的资金来源，所需资金来源主要包括财政拨款、财政专项投资、水利专项投资、各级财政补贴等。

（二）财务评价指标

1. 利息备付率（ICR）

应以在借款偿还期内各年的息税前利润（EBIT）与该年应付利息（PI）的比值表示，其表达式为

$$ICR = EBIT/PI \tag{4.5}$$

式中，ICR 为利息备付率；EBIT 为息税前利润；PI 为计入总成本费用的应付利息。

利息备付率应大于1，并结合债权人的要求确定。

2. 偿债备付率（DSCR）

应以借款偿还期内各年用于计算还本付息的资金（EBITDA－TAX）与该年应还本付息金额（PC）的比值表示，其表达式为

$$DSCR = (EBITDA - TAX)/PC \tag{4.6}$$

式中，DSCR 为偿债备付率；EBITDA 为息税前利润加折旧和摊销；TAX 为企业所得税；PC 为应还本付息金额，包括还本金额和计入总成本费用的全部利息。融资租赁费用可视同借款偿还。运营期内的短期借款本息也应纳入计算。

如果项目在运行期内有更新改造费，可用于还本付息的资金应扣除更新改造费。偿债备付率应大于1，并结合债权人的要求确定。

3. 资产负债率(LOAR)

应以项目负债总额对资产总额的比率表示,其表达式为

$$\text{LOAR} = (\text{TL}/\text{TA}) \times 100\% \tag{4.7}$$

式中,LOAR 为资产负债率;TL 为期末负债总额;TA 为期末资产总额。

在长期债务还清后,不再计算资产负债率。

4. 财务内部收益率(FIRR)

财务内部收益率是指项目在计算期内各年净现金流量现值累计等于 0 时的折现率表示,其表达式为

$$\sum_{t=1}^{n}(C_\text{I}-C_\text{O})_t(1+\text{FIRR})^{-t}=0 \tag{4.8}$$

式中,FIRR 为财务内部收益率;C_I 为现金流入量;C_O 为现金流出量;$(C_\text{I}-C_\text{O})_t$ 为第 t 年的净现金流量;n 为计算期,以年计。

FIRR 可用试算法求得。当 FIRR$\geqslant i$(贷款利率)或者 FIRR$\geqslant i_\text{c}$(行业基准收益率)时,该项目即被认为在财务上是可行的。

5. 财务净现值(FNPV)

应以行业财务基准收益率(i_c)或设定的折现率(i),将项目计算期内各年净现金流量折算到计算期初的现值之和表示。其表达式为

$$\text{FNPV}=\sum_{t=1}^{n}(C_\text{I}-C_\text{O})_t(1+i_\text{c})^{-t} \tag{4.9}$$

式中,FNPV 为财务净现值;其余符号含义同上。

项目的财务可行性应根据项目财务净现值的大小确定。当财务净现值大于或等于零(FNPV$\geqslant$0)时,该项目在财务上是可行的。

6. 投资回收期(p_t)

应以项目的净现金流量累计等于零时所需要的时间(以年计)表示。从建设开始年起算。如果从运行开始年起算,应予说明。其表达式为

$$\sum_{t=1}^{p_t}(C_\text{I}-C_\text{O})_t=0 \tag{4.10}$$

式中,P_t 为投资回收期,以年计。

7. 总投资利润率(ROI)

总投资利润率表示总投资的盈利水平,应以项目达到设计能力后正常年份的年息税前利润或运营期内年平均息税前利润(EBIT)与项目总投资(TI)的比率表示。其表达式为

$$\text{ROI}=(\text{EBIT}/\text{TI})\times 100\% \tag{4.11}$$

式中,ROI 为总投资利润率;EBIT 为项目达到设计能力后,正常年份的年息税前利润或运营期内年平均息税前利润;TI 为项目总投资。

8. 项目资本金净利润率(ROE)

项目资本金净利润率表示项目资本金的盈利水平,应以项目达到设计能力后正常年份的年净利润或运营期内年平均净利润(NP)与项目资本金(EC)的比率表示。其表达式为

$$\text{ROE}=(\text{NP}/\text{EC})\times 100\% \tag{4.12}$$

式中,ROE 为项目资本金净利润率;NP 为项目达到设计能力后,正常年份的年净利润或运营期内年平均净利润;EC 为项目资本金。

项目资本金净利润率高于同行业的净利润率参考值,表明用项目资本金净利润率表示的盈利能力满足要求。

项目四技能训练题

一、单选题

1. 财务评价是从( )角度,考察项目投资在财务上的潜在获利能力。
   A. 个人　　　　　　B. 企业　　　　　　C. 行业　　　　　　D. 国家
2. 财务评价是根据( ),计算和分析项目的盈利状况。
   A. 影子价格　　　　　　　　　　　B. 历史市场价格
   C. 现行市场价格　　　　　　　　　D. 预期市场价格
3. 在对投资方案进行经济效果评价时,应( )。
   A. 以动态评价方法为主,以静态评价方法为辅
   B. 只采用动态评价方法
   C. 以静态评价方法为主,以动态评价方法为辅
   D. 只采用静态评价方法
4. 通过静态投资回收期与( )的比较,可以判断方案是否可行。
   A. 项目寿命期　　　　　　　　　　B. 项目建设期
   C. 基准投资回收期　　　　　　　　D. 动态投资回收期
5. 与计算动态投资回收期无关的量是( )。
   A. 现金流入　　　　　　　　　　　B. 现金流出
   C. 项目寿命期　　　　　　　　　　D. 基准收益率

二、判断题

1. 进行国民经济评价,一般要求用影子价格;进行财务评价,影子价格可供选择。( )
2. 水利工程项目的固定资产贷款偿还期越短越好。( )
3. 水利工程项目方案的财务内部收益率越大越好。( )
4. 水利工程建设项目的固定资产贷款偿还期应大于基准贷款偿还期。( )
5. 水利工程项目方案的经济净年值与经济年费用的求算方法是一样的。( )

三、计算题

1. 某投资方案的初期投资额为1500万元,此后每年年末的净现金流量为400万元,若基准收益率为15%,寿命期为15年,计算方案的财务净现值为多少万元。
2. 某投资方案各年的净现金流量如图4.4所示,试计算该方案财务净现值,并判断方案的可行性(i_c=10%)。

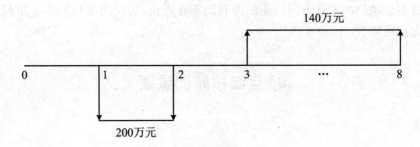

图 4.4

3. 某具有常规现金流量的投资方案,经计算 ENPV(17%)=230,ENPV(18%)=−78,试计算该方案的经济内部收益率。

项目五　不确定性分析

项目描述

本项目介绍敏感性分析、概率分析和盈亏平衡分析方法。

项目学习目标

通过本项目的学习,能够对通过经济评价的水利工程项目方案开展不确定性分析。

项目学习重点

敏感性分析。

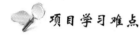项目学习难点

概率分析。

由于水利建设项目经济评价中所采用的数据,大多数来自预测或估算,许多因素难以准确定量,评价结果存在着一定程度的不确定性。为了分析这些不确定性因素对评价指标的影响,在项目进行评价之后就需对其进行不确定性分析,以确定项目评价结果的可靠程度。对水利建设项目进行的不确定性分析,包括敏感性分析、概率分析和盈亏平衡分析三个方面。

任务一　敏感性分析

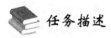任务描述

理解敏感性分析的概念,掌握敏感性分析的方法及步骤。

一、敏感性分析的含义

敏感性分析是研究建设项目主要因素发生变化时,其对经济评价指标的影响程度。水利建设项目在计算期内可能发生变化的因素很多,通常只分析主要因素中的一项因素单独发生变化或两项因素同时发生变化对项目经济评价指标的影响程度。

在进行敏感性分析时,应根据项目的具体情况,选择可能发生变化且对经济评价指标产生较大不利影响的因素。水利建设项目通常选择固定资产投资、建设工期等变量因素。变量因素的浮动幅度,可根据项目的具体情况或参照下列变化范围选用:

(1) 固定资产投资:±10%~±20%。

(2) 工程效益:±15%~±25%。

(3) 建设期年限:增加或减少1~2年。

二、敏感性分析的方法及步骤

根据《水利建设项目经济评价规范》规定,在实际工作中,一般可只对主要经济评价指标进行敏感性分析,例如对国民经济评价中的经济内部收益率(EIRR)和经济净现值(ENPV),财务评价中的财务内部收益率(FIRR)、财务净现值(FNPV)等指标进行敏感性分析,也可根据项目需要选择其他指标。在算出基本情况经济评价指标的基础上,按选定的变量因素和浮动幅度计算其相应的评价指标,然后将所得结果列表或绘图,进行分析比较。通过敏感性分析,可以找出对工程经济效果指标具有较大影响的变量因素,以便在工程规划、设计、施工中采取适当措施,减少其变动值,或把它的影响限制到最低程度。

下面举例说明敏感性分析的方法及步骤。

【例 5.1】 某水利建设项目工期 5 年,固定资产投资 10 亿元,工程建成后预计年平均效益 2 亿元,在计算期内可求出该工程的财务净现值(FNPV)=5(亿元)。现在该工程正在建设中,根据当前情况,估计施工期可能增加 1 年左右,固定资产投资可能增加 10% 左右,工程年效益可能减少 15% 左右,现拟对该工程的财务净现值(FNPV)进行敏感性分析,以探求该工程财务效益的可靠程度;同时找出对该工程财务净现值(FNPV)具有较大影响的变量因素,以便采取措施减少其变动值,确保该工程的财务净效益值大于零。

解 对水利建设项目进行敏感性分析,一般可按下列工作步骤进行。

(1) 选择变量因素。根据该工程的具体情况,拟选择固定资产投资、工程年效益及建设期这三个变量因素进行敏感性分析。如果分析后认为该工程可能只有一个因素发生变动,则进行单因素敏感性分析;如认为有两个因素甚至三个因素都可能发生变动,则进行多因素敏感性分析。当然,也有可能这三个因素都不发生变动,基本情况无变动。

(2) 确定各因素的变动幅度。根据项目的具体情况,拟分别按单因素变动和多因素变动分别确定各因素的变动幅度。

单因素变动幅度:① 固定资产投资增加 10%;② 工程年效益减少 15%;③ 建设期年限增加 1 年。

多因素组合及其变动幅度:① 固定资产投资增加 10%,同时工程年效益减少 15%;② 固定资产投资增加 10%,同时工期增加 1 年;③ 工程年效益减少 15%,同时工期增加 1 年;④ 三个因素同时发生变动,固定资产投资增加 10%,工程年效益减少 15% 工期增加 1 年;⑤ 固定资产投资不增加,工程年效益不减少,工期不延长,基本情况不变。

(3) 选择敏感性分析的评价指标。本例选择财务净现值(FNPV)作为评价指标进行分析。

(4) 计算有关因素变动对评价指标的影响程度。在算出基本情况评价指标的基础上,分别按单因素和各种组合多因素的变量幅度计算相应的评价指标,并找出其中对评价指标具有较大影响的变量因素,具体计算结果见表 5.1。

表 5.1　各种可能情况的敏感性分析

项目	情况	变量因素	变动幅度	FNPV（亿元）	FNPV 变动幅度
基本情况	1	投资10亿元,工期5年,工程年效益2亿元	无	5	—
单因素变动	2	投资11亿元,工程年效益2亿元,工期5年	投资：+10%	4	20%
单因素变动	3	工程年效益1.7亿元,投资10亿元,工期5年	效益：-15%	3.5	30%
单因素变动	4	工期6年,投资10亿元,工程年效益2亿元	工期：+1年	2.8	44%
多因素变动	5	投资11亿元,工期5年,工程年效益1.7亿元	投资：+10% 效益：-15%	2.5	50%
多因素变动	6	投资11亿元。工程年效益2亿元,工期6年	投资：+10% 工期：+1年	1.8	64%
多因素变动	7	工程年效益1.7亿元,投资10亿元,工期6年	效益：-15% 工期：+1年	1.3	74%
多因素变动	8	投资11亿元。工程年效益1.7亿元,工期6年	投资：+10% 效益：-15% 工期：+1年	0.3	94%

(5) 对表 5.1 计算结果进行分析。

① 无论哪个因素向不利方向变动 10%～15% 或多因素同时向不利方向变动,计算所求出的财务净现值(FNPV)>0,说明通过 8 个方案的敏感性分析,本例所求出的水利建设项目的财务净效益基本上是可靠的。

② 本例选择固定资产投资、工程年效益及建设期年限(工期)共三个变量因素,当单因素变动 10%～15% 时,对财务净现值的影响程度相差较大,在 20%～44%,其中工期变动对评价指标 FNPV 的影响程度比较大一些。这说明在工程项目建设过程中必须加强施工管理,除保证工期并按时投产外,仍应严格控制固定资产投资,及早充分发挥工程效益。

③ 在一般情况下,根据《水利建设项目经济评价规范》,应考虑主要因素的浮动幅度为：固定资产投资±10%～±20%;工程效益±15%～±25%;建设期年限增加或减少 1～2 年。如果主客观条件发生变化,导致本例固定资产投资增加 10%,工期增加 2 年,即使工程年效益不变,财务净现值(FNPV) = -0.4(亿元);如果工期增加 1.5 年,固定资产投资增加 20%,即使工程年效益不变,财务净现值(FNPV) = -0.3(亿元)。这说明只要工作上稍有疏漏,组织管理不到位,该工程项目在财务上仍然存在一定风险的。

任务二　概　率　分　析

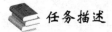

理解概率分析的原理,掌握概率分析的方法及步骤。

由于水利建设项目中不确定因素或变量因素的存在,必然导致项目经济评价结果有一定程度的不确定性,对评价指标必然有或多或少的影响,通过敏感性分析可以找出对评价指标具有较大影响的变量因素,但是不能说明这种情况发生的概率有多大。为此,在建设项目的不确定性分析中,除了应进行敏感性分析外,还需进行概率分析。

一、概率的基本概念

1. 事件

事件可以分为三类:① 必然事件,如果断定某一事件必然发生,则称此事件为必然事件;② 不可能事件,如果断定某一事件不可能发生,则称此事件为不可能事件;③ 随机事件,如果某一事件可能发生也可能不发生,则称此事件为随机事件。

2. 概率

为了比较随机事件发生(或不发生)、出现(或不出现)可能性的大小,必须赋予一个数量标准,这就是随机事件的概率。根据概率的定义,可表示为

$$P(A) = \frac{m}{n} \tag{5.1}$$

式中,$P(A)$为在一定条件下发生事件A的概率;n为所有可能事件的总数;m为有利于A事件的可能总数。

因为有利于A事件的可能总数m介于0与n之间,即$0 \leqslant m \leqslant n$,所以$0 \leqslant P(A) \leqslant 1$。对于必然事件$m=n$,故$P(A)=1$,对于不可能事件$m=0$,故$P(A)=0$。

二、概率加法定理和概率乘法定理

对于两事件而言,如果这两事件不可能同时发生,则称为互不相容事件或互斥事件;如果这两事件的发生互不影响,则称为互相独立事件。

1. 概率加法定理

两个互斥事件和的概率,等于这两个事件的概率的和,即

$$P(A+B) = P(A) + P(B) \tag{5.2}$$

式中,$P(A+B)$为事件A与事件B之和的概率,即事件A或事件B发生(实现)的概率;$P(A)$为事件A的概率,非事件A的概率为$1-P(A)$;$P(B)$为事件B的概率,非事件B的概率为$1-P(B)$。

2. 概率乘法定理

对于两个独立事件,该两个事件同时发生的概率等于这两个事件概率的乘积,即

$$P(AB) = P(A)P(B) \tag{5.3}$$

式中，$P(AB)$为同时发生事件A和事件B的概率。

必须说明，式(5.2)所示的概率加法定理，仅对于互斥事件方可成立。若事件A与事件B并非互斥而是相容，且相互独立，此时事件和的概率，即事件A或事件B发生的概率为

$$P(A+B) = P(A) + P(B) - P(AB) \tag{5.4}$$

式中，$P(AB)$为同时发生事件A和事件B的概率。

由式(5.3)知
$$P(AB) = P(A)P(B)$$

故
$$P(A+B) = P(A) + P(B) - P(A)P(B) \tag{5.5}$$

还必须说明，对于互不独立的事件，概率乘法定理可表示为
$$P(AB) = P(A)P(B/A) \tag{5.6}$$

或
$$P(AB) = P(B)P(A/B) \tag{5.7}$$

式中，$P(A/B)$为在事件B已发生情况下出现事件A的概率，简称A的条件概率；$P(B/A)$为在事件A已发生情况下出现事件B的概率，简称B的条件概率。

三、水利建设项目评价指标的概率分析

现结合例5.1敏感性分析中某水利建设项目的评价指标财务净现值(FNPV)的概率进行分析。根据近期该地区水利建设项目建成后的情况进行统计分析后认为：

(1) 固定资产投资增加10%左右的概率$P_1=0.1$，投资基本不增不减的概率$P_1'=0.9$，其他情况的概率为0。

(2) 工程年效益减少15%左右的概率$P_2=0.2$，年效益基本不增不减的概率$P_2'=0.8$，其他情况的概率为0。

(3) 建设期年限(工期)增加20%左右的概率$P_3=0.3$，工期基本不增不减的概率$P_3'=0.7$，其他情况的概率为0。

根据表5.1，可知某水利建设项目的情况是：① 投资10亿元，与预算比较基本上不增不减，设其概率为$P_1'=0.9$；② 工程年效益2亿元，与原计划比较基本上不增不减，设其概率为$P_2'=0.8$；③ 建设期年限5年，与原规划比较基本上不增不减，设其概率为$P_3'=0.7$。由于这三个事件相互独立，故其同时发生的概率可采用概率乘法定理，参考式(5.3)，可得

$$P(ABC) = P(A)P(B)P(C) \tag{5.8}$$

同理，根据表5.1某水利建设项目的8种情况，可分别求出各情况的发生概率，列于表5.2。由于上述8种情况为互不相容或互斥事件，根据概率加法定理，参考式(5.2)，可得

$$P[(1)+(2)+(3)+(4)+(5)+(6)+(7)+(8)]$$
$$= P(1)+P(2)+P(3)+P(4)+P(5)+P(6)+P(7)+P(8) \tag{5.9}$$

根据式(5.9)，某水利建设项目出现8种互斥情况(见表5.1)中的任一情况的概率为

$$P[(1)+(2)+(3)+(4)+(5)+(6)+(7)+(8)]$$
$$= P(1)+P(2)+P(3)+P(4)+P(5)+P(6)+P(7)+P(8) = 1.0$$

根据某水利建设项目8种情况所求出的财务净现值($FNPV$)及其发生的概率，可得出该项目财务净现值保证率(累计概率)，见表5.2。

表 5.2　某水利建设项目财务净现值保证率

情况	变量因素	FNPV(亿元)	概率(P)	累计概率$\left(\sum_{i=1}^{6} P_i\right)$	保证率(P')
1	投资 10 亿元,工期 5 年,工程年效益 2 亿元	5.0	0.504	0.504	50.4%
2	投资 11 亿元,工期 5 年,工程年效益 2 亿元	4.0	0.056	0.560	56.0%
3	投资 10 亿元,工期 5 年,工程年效益 1.7 亿元	3.5	0.126	0.686	68.6%
4	投资 10 亿元,工期 6 年,工程年效益 2 亿元	2.8	0.216	0.902	90.2%
5	投资 11 亿元,工期 5 年,工程年效益 1.7 亿元	2.5	0.014	0.916	91.6%
6	投资 11 亿元,工期 6 年,工程年效益 2 亿元	1.8	0.024	0.940	94.0%
7	投资 10 亿元,工期 6 年,工程年效益 1.7 亿元	1.3	0.054	0.994	99.4%
8	投资 11 亿元,工期 6 年,工程年效益 1.7 亿元	0.3	0.006	1.000	100%

四、某水利建设项目财务净现值及其保证率

由表 5.2 通过内插法可求出:某水利建设项目在正常情况下财务净现值(FNPV)与保证率(P')的关系见表 5.3。

表 5.3　某水利建设项目财务净现值(FNPV)及其保证率(P')

FNPV(亿元)	5.0	4.0	3.0	2.0	1.0	0.3
保证率(P')	50.4%	56.0%	84%	93.3%	99.6%	100%

由上述讨论可知:
(1) 用同法可以进行其他经济评价指标的概率分析,并可求出其保证率。
(2) 将敏感性分析和概率分析的结果结合考虑后,才能对不确定性分析有一个全面的理解。

任务三　盈亏平衡分析

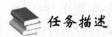任务描述

理解盈亏平衡分析的含义,掌握线性盈亏平衡分析的方法及步骤。

一、盈亏平衡分析的含义

若市场上某项产品价格保持不变,随着企业产品产量的不断扩大,产品销售收入随着增加,但产品总成本一般增长较慢些,因此当达到某一生产规模时,产品销售收入与产品总成本费用两者恰好相等。此时企业不亏不赚,达到盈亏平衡点 a,如图 5.1 所示。

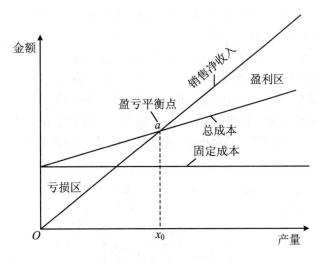

图 5.1 线性盈亏平衡分析图

二、线性盈亏平衡分析

设项目产品的总成本与产品的销售收入都是产品产量的线性函数,故产品的成本函数为

$$C = F + vx \tag{5.10}$$

产品的销售收入函数为

$$I = (1-a)px \tag{5.11}$$

式中,C 为产品总成本;F 为产品固定成本(例如折旧费等);v 为单位产量的可变成本;x 为产品产量;I 为产品销售收入;p 为单位产品价格;a 为产品销售税率。

设以产品产量为横坐标,以总成本和销售收入的金额为纵坐标,可绘制产品总成本和销售净收入与产量的关系线,得出盈亏平衡分析图,如图 5.1 所示。图中总成本线与销售净收入线的交点 a,即为盈亏平衡点。当产品产量等于 x_0 时,即 $I-C=0$,不盈利也不亏损;当产品产量小于 x_0,项目出现亏损,产量愈小,亏损愈大;当产品产量大于 x_0,项目出现盈利,产量愈大,盈利愈多。

由式(5.10)和式(5.11),可求出盈亏平衡点时的产量,即当 $I=C$ 时,由 $F+vx=(1-a) \cdot px$,得

$$x_0 = \frac{F}{(1-a)p - v} \tag{5.12}$$

同时可求出盈亏平衡点时的产品价格 p_0,即

$$p_0 = \left(v + \frac{F}{x}\right)\frac{1}{1-a} \tag{5.13}$$

式中,x 为设计生产能力。

三、非线性盈亏平衡分析

在一般情况下,随着产品产量的增加,相应产品的总成本和销售收入都不呈线性增长,其中总成本线一般凸向 x 坐标,销售收入线则凹向 x 坐标,一般有两个盈亏平衡点 a、b,如图 5.2 所示。在此情况下,须进行非线性盈亏分析。当产品产量低于 x_1,销售收入有限,而

总成本由于受其中固定成本的影响,因而首先出现亏损;当产量等于 x_1,销售收入等于产品总成本,出现盈亏平衡点 a;当产品产量大于 x_1,随着销售收入不断增长,而产品总成本则增加较慢,因而出现盈利,直至达到产量 x_2 时盈利金额最大;当产品产量超过 x_2,情况发生变化,由于市场上产品供给量不断增加,单位产品价格开始下降,而工厂产量超过设计能力后单位产品成本开始增加,直至产量达到 x_3 时,销售收入等于产品总成本,出现盈亏平衡点 b;当产量超过 x_3 后,总成本大于销售收入,再次出现亏损。由上述分析可知,如果为了达到最大盈利金额,产品产量应增加至 x_2 为止,产量过少或过多,均可能出现亏损。

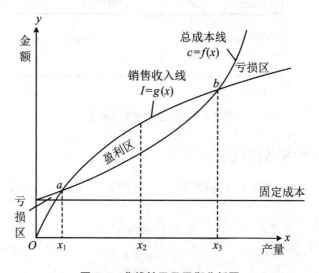

图 5.2 非线性盈亏平衡分析图

【例 5.2】 设某工厂年生产某产品的设计规模 $x=1(万\,t)$,年生产成本为 1000 万元,其中固定成本 $F=400(万元)$,单位产品可变成本 $v=600(元/t)$。预测单位产品价格 $p=1200$ (元/t),产品年销售税率 $a=10\%$,问该工厂达到盈亏平衡的年产量 x_0 和产品价格 p_0 各为多少?若该工厂某年产量增加至 1.2 万 t,问市场上该产品价格即使下降至何种程度该工厂仍能保持盈亏平衡?

解 (1) 求工厂达到线性盈亏平衡的年产量 x_0,由式(5.12)得

$$x_0 = \frac{F}{(1-a)p-v} = \frac{400 \times 10^4}{(1-10\%) \times 1200 - 600} \approx 8333\,(t)$$

即该工厂达到线性盈亏平衡点的年产量为 8333 t。

(2) 求工厂达到线性盈亏平衡的产品价格 p_0,由式(5.13)得

$$p_0 = \left(v + \frac{F}{x}\right)\frac{1}{1-a} = \left(600 + \frac{400}{1}\right) \times \frac{1}{1-0.1} \approx 1111\,(元/t)$$

由以上计算可知,当产品产量达到 8333 t 以上或不低于设计规模的 83.33%,该工厂可以盈利;或者工厂产品产量保持设计规模不变[$x=1(万\,t)$],只要产品价格不低于 1111 元/t 或不低于预测价格的 $\frac{1111}{1200}=92.58\%$,该工厂亦可盈利。

(3) 当工厂年产量增加到 $x=1.2(万\,t)$,市场上该产品价格却下降了,此时该工厂保持盈亏平衡的产品价格应不低于 p_0,由式(5.13)得

$$p_0 = \left(v + \frac{F}{x}\right)\frac{1}{1-a} = \left(600 + \frac{400}{1.2}\right) \times \frac{1}{1-0.1} = 1037\,(元/t)$$

虽然工厂希望该产品价格不低于 $p_0=1037(元/t)$，然而市场是无情的，当市场上该产品的供应多了，产品价格即进一步降低到 1000 元/t，工厂为了保持盈亏平衡，除非提高产品质量因而可以提高产品价格外，只有进一步增加产量，按照式(5.12)，可求出此时保持盈亏平衡的产量

$$x_0 = \frac{F}{(1-a)p-v} = \frac{400 \times 10^4}{(1-10\%) \times 1000 - 600} = 1.333 (万 t)$$

项目五技能训练题

一、单选题

1. 水利工程建设项目经济评价采用的数据(　　)。
   A. 大多数来自预测或者估算结果，其效益、费用和计算期等不存在不确定性
   B. 大多数来自实际测量结果，其效益、费用和计算期等都存在着一定程度的不确定性
   C. 大多数来自预测或者估算结果，其效益、费用和计算期等都存在着一定程度的不确定性
   D. 大多数来自实际测量结果，其效益、费用和计算期等不存在不确定性

2. 绘图分析表示的是(　　)。
   A. 某一种因素单独变化或两种以上因素同时变化时引起内部收益率(或其他指标)变动的幅度
   B. 为了求出其最大变化幅度的数据
   C. 某一种因素单独变化或两种以上因素分别变化时引起内部收益率(或其他指标)变动的幅度
   D. 某一种因素单独变化或两种以上因素同时变化时引起外部收益率变动的幅度

3. 敏感性分析适宜在哪个阶段进行？(　　)
   A. 国民经济评价和财务评价之后
   B. 国民经济评价和财务评价之前
   C. 国民经济评价和财务评价同时
   D. 任意时间

4. 不确定性分析包括(　　)。
   A. 敏感性分析、税率分析和盈亏平衡分析三个方面
   B. 敏感性分析、概率分析和盈亏平衡分析三个方面
   C. 敏感性分析、税率分析和损益平衡分析三个方面
   D. 敏感性分析、概率分析和损益平衡分析三个方面

5. 盈亏平衡点(BEP)指的是(　　)。
   A. 销售收入减税金等于成本，若产品产量少于这一点，企业就有利可图
   B. 若产品产量多过这一点，则企业出现亏损
   C. 销售收入减税金等于利润，若产品产量少于这一点，企业就有利可图
   D. 销售收入减税金等于成本，若产品产量多过这一点，企业就有利可图

二、判断题

1. 对水利建设项目进行经济评价之后还需对其进行不确定性分析,以确定项目评价结果的可靠程度。( )

2. 在进行敏感性分析时,应根据项目的具体情况,选择可能发生变化且对经济评价指标产生较大有利影响的因素。( )

3. 通过敏感性分析可以找出对评价指标具有较大影响的变量因素,若要说明这种情况发生的概率有多大,还需进行概率分析。( )

4. 通过敏感性分析,可以找出对工程经济效果指标具有较大影响的变量因素,以便在工程规划、设计、施工中采取适当措施,增加其变动值,或把它的影响程度尽可能扩大。( )

5. 达到盈亏平衡点时的产销量越小,表明项目抗风险能力越强。( )

三、计算题

某市郊水利工程管理单位,利用有利位置及资源条件,拟建采砂场,预测产品销售没有问题,估计初期投资 500 万元,建设期 1 年,生产期 10 年,期末无残值,流动资金 80 万元,年固定支出 30 万元,每立方米砂石变动的成本 2.5 元,日产 600 m³,全年 300 个生产日,销售价 18 元/m³,产品税为产值的 10%,城市建设维护税为产品税的 5%,教育费附加为产品税的 2%,所得税 i_s=5%,若投资方案可行,对投资、生产能力利用率、售价等单因素向不利方向变化 5%、10%、15%、20%进行敏感性分析。

项目六　资金来源与融资方案

本项目介绍融资主体如何确定、项目的资金来源、融资方案和融资方案分析。

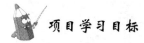

通过对本项目的学习,能够熟悉水利建设项目的融资方式,掌握融资方案的测算方法。

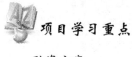

融资方案。

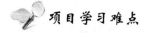

融资方案测算。

水利建设项目的投资来源日趋多元化,各方投资者都十分关注投资效益回报,水利建设资金中还有较多的国家财政预算内资金和国债资金,国家有关部门重视项目投资的决策科学化。因此,水利建设项目应根据项目的性质和市场需求,依据水利部颁发的《水利建设项目贷款能力测算暂行规定》和国家发展改革委、原建设部颁发的《建设项目经济评价方法与参数》(第3版)的有关规定,对于拟建的水利建设项目,分析可能的财务收益,通过对资金结构、资金来源和融资条件等进行分析比选,提出合理的融资方案,为国家、地方政府和有关投资部门对项目的前期立项决策提供依据。资金来源与融资方案应符合国家现行政策、财务税收制度和银行信贷条件,其计算方法和主要参数按财务评价的有关规定执行。

任务一　融资主体和资金来源分析

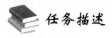

熟悉融资主体的分类、项目的资金来源,了解资本金与债务资金的比例。

一、融资主体的确定

项目的融资主体是指进行融资活动并承担融资责任和风险的项目法人单位。

正确确定项目的融资主体,有助于顺利筹措资金和降低债务偿还风险。确定项目的融资主体应考虑项目投资的规模和行业特点,项目与既有法人资产、经营活动的联系,既有法人财务状况,项目自身的盈利能力等因素。

按照融资主体不同,项目的融资可分为既有法人融资和新设法人融资两种融资方式。

(一) 既有法人融资

既有法人融资方式是以既有法人为融资主体的融资方式。在下列情况下,一般应以既有法人为融资主体:

(1) 既有法人具有为项目进行融资和承担全部融资责任的经济实力。

(2) 项目与既有法人的资产以及经营活动联系密切。

(3) 项目的盈利能力较差,但项目对整个企业的持续发展具有重要作用,需要利用既有法人的整体资信获得债务资金。

(二) 新设法人融资

新设法人融资方式是以新组建的具有独立法人资格的项目公司为融资主体的融资方式。在下列情况下,一般应以新设法人为融资主体:

(1) 拟建项目的投资规模较大,既有法人不具有为项目进行融资和承担全部融资责任的经济实力。

(2) 既有法人财务状况较差,难以获得债务资金;而且项目与既有法人的经营活动联系不密切。

(3) 项目自身具有较强的盈利能力,依靠项目自身未来的现金流量可以按期偿还债务。

二、既有法人融资与新设法人融资项目特点

(一) 既有法人融资项目特点

采用既有法人融资方式的建设项目,既可以是改扩建项目,也可以是非独立法人的新建项目。既有法人融资方式的基本特点是:

(1) 由既有法人发起项目,组织融资活动并承担融资责任和风险。

(2) 建设项目所需的资金,来源于既有法人内部融资、新增资本金和新增债务资金。

(3) 新增债务资金依靠既有法人整体(包括拟建项目)的盈利能力来偿还,并以既有法人整体的资产和信用承担债务担保。以既有法人融资方式筹集的债务资金虽然用于项目投资,但债务人是既有法人。债权人可对既有法人的全部资产(包括拟建项目的资产)进行债务追索,因而债权人的债务风险较低。在这种融资方式下,不论项目未来的盈利能力如何,只要既有法人能够保证按期还本付息,银行就愿意提供信贷资金。因此,采用这种融资方式,必须充分考虑既有法人整体的盈利能力和信用状况,分析可用于偿还债务的既有法人整体(包括拟建项目)的未来的净现金流量。

（二）新设法人融资项目特点

采用新设法人融资方式的建设项目，项目法人大多是企业法人。社会公益性项目和某些基础设施项目也可能组建新的事业法人实施。采用新设法人融资方式的建设项目，一般是新建项目，但也可以是将既有法人的一部分资产剥离出去后重新组建新的项目法人的改扩建项目。新设法人融资方式的基本特点是：

(1) 由项目发起人（企业或政府）发起组建新的具有独立法人资格的项目公司，由新组建的项目公司承担融资责任和风险。

(2) 建设项目所需资金的来源，可包括项目公司股东投入的资本金和项目公司承担的债务资金。

(3) 依靠项目自身的盈利能力来偿还债务。

(4) 一般以项目投资形成的资产、未来收益或权益作为融资担保的基础。采用新设法人融资方式，项目发起人与新组建的项目公司分属不同的实体，项目的债务风险由新组建的项目公司承担。项目能否还贷，取决于项目自身的盈利能力，因此必须认真分析项目自身的现金流量和盈利能力。项目公司股东对项目公司借款提供多大程度的担保，也是融资方案研究的内容之一。实力雄厚的股东，为项目公司借款提供完全的担保，可以使项目公司取得低成本资金，降低项目的融资风险；但担保额度过高会使其资信下降，同时股东担保也可能需要支付担保费，从而增加项目公司的费用支出。在项目本身的财务效益好、投资风险可以有效控制的条件下，可以减少项目公司股东的担保额度。

三、项目的资金来源

水利建设项目的资金来源包括资本金和债务资金（图6.1）。

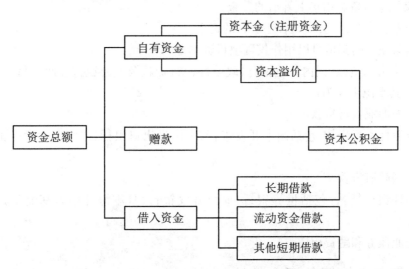

图 6.1　建设项目的资金来源

水利建设项目资本金一般为投资项目资本金，是指在项目总投资中由投资者认缴的出资额，对投资项目来说是非债务资金，项目法人不承担这部分资金的任何利息和债务，投资者可按其出资的比例依法享有所有者权益，也可转让其出资，但不得以任何方式收回。资本金的来源可以是货币或非货币形式，水利建设项目的资本金一般以货币形式为主，其来源

(图 6.2)主要为：

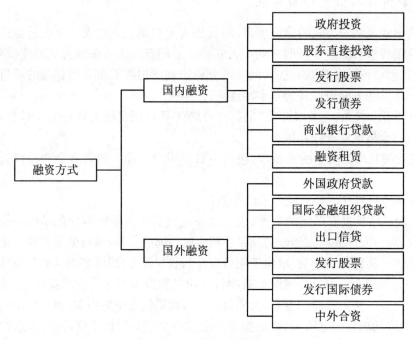

图 6.2　资金筹措的主要方式

(1) 政府投资：包括中央和地方政府的财政预算内资金、水利建设基金、国债资金及其他可用于水利建设的财政性资金等。

(2) 企业资本金：包括国家授权的投资机构和企业法人的所有者权益、折旧资金及投资者按照国家规定从资金市场上筹措的资金。

(3) 个人资本金：社会个人合法所有的资金。

(4) 国家规定的其他可以用作投资项目资本金的资金。

债务资金分为贷款(国内商业银行、政策性银行贷款及国外银行和政府贷款)、债券、融资租赁等。其来源主要为：

(1) 国内商业银行贷款。

(2) 政策性银行贷款：包括国家开发银行、中国进出口银行、中国农业发展银行等政策性银行贷款。

(3) 外国政府贷款。

(4) 国外银行贷款：包括世界银行、亚洲开发银行、日本海外协力基金及其他国外贷款等。

(5) 企业债券和融资租赁。

四、资本金与债务资金的比例

项目的资本金与债务资金的比例应符合下列要求：

(1) 符合金融机构信贷规定及债权人有关资产负债比例要求。

(2) 各级政府投入的资本金不宜大于公益性功能分摊的投资。

(3) 满足防范财务风险的要求，包括产品数量和价格是否能够被市场接受，项目运行初期是否具备财务生存能力和基本还贷能力,投资者权益是否达到期望要求等。

(4) 项目资本金与债务资金的比例要符合国家法律和行政法规规定。《国务院关于调整固定资产投资项目资本金比例的通知》(国发〔2009〕27号)对我国固定资产投资项目的最低资本金比例作出了规定,以此为依据,目前以发电为主的水利建设项目的最低资本金比例为20%;以城市供水(调水)为主的水利建设项目的最低资本金比例不宜低于35%;其他水利建设项目的资本金比例根据贷款能力测算成果和项目具体情况确定,但不宜低于20%。

任务二 融资方案

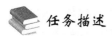任务描述

了解融资方案测算范围划分,熟悉融资方案拟定及测算。

项目融资方案,也称为资金筹措方案,需说明建设项目所需资金的不同来源和出资方、出资方式和数额及债务资金的额度与使用条件,并提供相关的证明材料与文件(包括有关的意向书、协议书、承诺函等)。项目融资方案的确定关键在于:根据市场需求合理预测项目的财务收益和所需费用,测算在能维持自身正常运行并符合现行财务税收制度和银行信贷条件情况下,项目所能承担的贷款额度和所需的资本金。

一、融资方案测算范围划分

水利项目融资方案测算是以现行的水、电价格体系为基础,分析工程预期合理可行的水价、电价和可能的效益、费用状况,考虑投资者不同的权益要求,测算不同还贷条件下项目所能承担的最大贷款额度和所需的最小资本金额度。

水利建设项目按功能和作用划分为两大类:甲类为防洪除涝、农田灌排骨干工程、城市防洪、水土保持和水资源保护等以社会效益为主、公益性较强的项目,没有或很少有财务收入;乙类为供水、发电、水库养殖、水上旅游及水利综合经营等以经济效益为主、兼有一定社会效益的项目,具有一定的售水、售电财务收入。融资方案测算适用于具有发电和供水(调水)等财务收益的大型水利建设项目。中型水利建设项目可根据具体情况和业主要求参照执行。

由于水利建设项目大都同时具有公益性和经营性功能,因此,应根据项目财务收支平衡情况确定是否进行融资方案测算。年销售收入大于年总成本费用的水利建设项目为盈利项目,能全额提取折旧并具有一定利润,可以利用折旧费和未分配利润偿还贷款,应进行融资方案测算;年销售收入小于年运行费用的项目,不具备贷款能力,全部投资均需依靠国家和各级政府的财政性资金,应主要分析建设资金的不同来源渠道;年销售收入大于年运行费用但小于年总成本费用的项目,属于亏损企业,但可以提取部分折旧费,应在考虑工程更新改造费用和还贷期财务状况等因素的基础上,根据实际情况确定是否测算项目融资方案。

二、融资方案拟定及测算

水利建设项目融资方案应根据费用分摊成果测算水、电产品的成本;调查水、电产品供

需情况与市场前景,以及本工程产品的市场竞争力,分析其他水源、电源对本工程的影响及不同用户对水价、电价等的承受能力。根据可能的水价(电价)方案、贷款期限和还款方式、工程效益发挥流程、投资收益要求等测算条件,拟定不同的融资方案,测算各方案的贷款能力和所需资本金额度。

水价、电价方案的拟定至少应采用下述方法中的两种:

(1) 参考近期建设的类似水利建设项目的供水(电)价格,根据地区国民经济的发展水平和规划,以及水资源开发利用与电力供需状况进行预测。

(2) 按工程费用分摊成本核算水、电产品成本,根据成本和投资利润要求拟定。

(3) 考虑用户的支付意愿和支付能力拟定。

(4) 供、受双方协议商定水利产品价格。

(5) 经价格主管部门或政府有关部门核定批准的政策性价格。

项目贷款能力和所需资本金额度大小与项目售水售电价格的高低、贷款偿还年限的长短和还款方式要求、资本金应付利润分配的时间和大小等相关,因此应对影响融资方案的主要边界条件可能变化范围进行估计,分析确定不同的边界条件并进行组合,对不同方案的贷款能力和所需资本金额度进行测算。对于其中的贷款使用条件:项目建议书阶段,应根据项目具体情况分析拟定合理的贷款年限,采用国家公布的同期贷款利率;贷款按建设期不还本付息考虑,按年计息,建设期利息以复利计算至建设期末,计入项目总投资。可行性研究阶段,应基本确定贷款来源,与银行初步商定贷款利率、贷款年限和还款方式等条件,在此基础上计算贷款额度和建设期利息。如建设期需偿还贷款,应对建设期还贷资金来源和额度进行分析说明。

拟定合理可行的水价、电价方案是进行水利建设项目融资方案测算的基础。若项目的成本费用和水价、电价较高,市场竞争力相对较差,那么项目投资者承担的风险也大。在做融资方案测算时,应根据项目供水、供电地区的实际情况和市场变化,考虑电力和水资源的供求关系,使预测的水价和电价既能满足工程成本并保持一定的利润,又具有一定的市场竞争力,使项目财务评价的成果更可信。根据目前市场分析并参考近期国内部分水利建设项目的水价、电价制定与实施情况,拟定水利建设项目的水价、电价时可考虑以下因素:

(一) 水价

(1) 根据受水区经济水平和发展规划,参考现行市场供水价格并考虑水资源开发利用状况和一定的物价上涨因素,预测项目建成后的水价。

(2) 按供水工程或供水功能分摊的年运行费和总成本费用核算单位供水成本,按不同供水对象考虑采取不同的利润率,测算"成本利润水价",以及按满足借款偿还条件测算"还本付息水价"。

(3) 按不同用户承受能力和支付意愿分析测算水价。根据国内外统计资料,城市居民的全年水费支出占其年可支配收入的比例在 $1.5\%\sim3\%$、工业企业的用水成本占工业产值的比例为 $2\%\sim5\%$ 时,为用户可以接受范围;水费支出比例如果超出该范围,市场价格杠杆作用会增强,用户会采取进一步的强化节水措施,从而导致实际供水量比按正常定额预测的设计供水量有所减少。

(4) 水资源是人类生存的必需物质资料,供水价格的变化对城市居民的生活水平和切身利益影响较大,因此政府部门需对水价进行宏观调控和管理,重要供水工程的水价要经物价部门核定或经政府有关部门批准。

(5) 供水、受水双方根据自身条件和要求,通过协商谈判确定售水价格。

项目建议书阶段应以市场分析为主,主要按第(1)、(2)、(3)种方法拟定水价,可行性研究阶段主要按第(3)、(4)、(5)种方法拟定水价。

目前,部分水利供水工程的原水水价仍属于政府定价,由水利部门提出水价方案后须经物价部门核定,较重要的供水工程的水价须由上级政府批准或举行价格听证会。因此水价的制定应考虑经济和社会等多方面的因素,尽可能符合实际情况。

(二) 电价

(1) 根据现行市场平均电价并考虑电力发展因素预测的电价。
(2) 同地区类似水电站近期批准或协议的上网电价。
(3) 按满足发电成本或借款偿还要求测算的上网电价。
(4) 电力部门同意接纳的电价。
(5) 物价部门核准的电价或政府有关部门批准的政策性电价。

项目建议书阶段主要按第(1)、(2)、(3)种方法拟定电价,可行性研究阶段主要按第(3)、(4)、(5)种方法拟定电价。

电力供应的市场化程度较高,竞争性较强,项目业主单位应加强与电力部门和电网的协商,与电力部门或电网签订明确的上网电量和电价销售协议,努力适应电力市场的变化和市场经济规律,发挥水电项目能耗低、可持续性强的优势,争取获得最大的收益。

对于拟申请国家投资作为资本金的水利建设项目,鉴于目前阶段国家资金尚没有投资回报要求,为体现公平合理的原则,必须测算还贷期内全部资本金均不分配利润的方案,作为项目最大贷款能力方案和融资基本方案。在此基础上,可根据项目法人资本金收益要求测算其他融资方案。

融资方案测算成果将反映拟建项目在一定边界条件下的非债务资金与债务资金的合理比例。

水利建设项目的非债务资金一般为投资项目资本金,主要来源为政府投资资金、项目法人投入的权益资金等。各级政府的财政预算内资金和国家批准的专项水利建设基金是为支持公益性事业支付的资金,这部分资金往往没有投资收益要求;项目法人资本金指项目投资中由投资者提供的资金,一般都有投资收益要求。以上资本金是获得债务资金的基础。应根据融资特点研究资本金的筹措方案,说明各项资本金的出资人、出资方式、数额、认缴进度、应付利润;分析没有投资收益要求资本金与有投资收益要求资本金的内部结构和比例。

对于拟申请国家投资作为资本金的水利建设项目,鉴于目前阶段国家资金尚没有投资回报要求,为体现公平合理的原则,必须测算还贷期内全部资本金均不分配利润的方案,作为融资基本方案,为各级政府和有关部门对项目的决策以及确定对项目的投资拨款额度提供依据。在此基础上,可根据不同来源的企业法人资本金的收益要求,拟定不同的融资方案进行测算,并分析还贷期法人资本金分配利润情况对项目贷款能力和资金筹措方案的影响。

拟采用多种债务资金的水利建设项目,应根据各债务资金使用条件,测算不同债务资金结构方案对项目融资能力的影响。

水利项目债务资金来源可能有多种形式,但主要的为利用银行贷款。当各种债务资金使用条件不同时(如同时利用国内银行贷款和国外银行贷款),要根据融资特点和条件,研究债务资金的筹措方案,说明各项债务资金的来源渠道和数额、资金使用进度和支付方式、贷款利率和偿还要求等;分析各种债务资金的内部结构和合理比例。

融资方案测算成果应包括各种测算条件和不同资本金、贷款本金和建设期利息、融资成本和主要财务指标等,融资方案测算成果表如表 6.1 所示。

表 6.1 融资方案测算成果表

单位:

方案编号			方案1	方案2	方案3	方案4	…
水价方案(元/m³)							
电价方案[元/(kW·h)]							
贷款偿还期方案(年)							
达产率方案							
应付利润方案							
静态总投资	资本金	政府投资					
		其他投资方1					
		其他投资方2					
		…					
		小计					
	债务资金	借款1					
		借款2					
		…					
		小计					
	合计						
	债务资金比例						
建设期利息							
总投资							
全部投资财务内部收益率							
资本金财务内部收益率							

任务三　融资方案分析

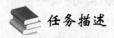
任务描述

熟悉资金结构分析,掌握资金成本分析,了解融资风险分析。

在初步明确融资主体和资金来源的基础上,应对融资方案资金结构的合理性和融资风险进行综合分析,结合融资后财务分析,比选确定资金筹措方案。主要从资金来源的可靠性、资金结构、融资成本及融资风险等各个侧面对初步融资方案进行分析,结合融资后财务分析,比选、确定拟建项目的融资方案。融资方案与投资估算、财务分析密切相关。一方面,融资方案必须满足投资估算确定的投资额及其使用计划对投资数额、时间和币种的要求;另一方面,不同方案的融资后财务分析结论,也是比选、确定融资方案的依据,而融资方案确定的项目资本金和项目债务资金的数额及相关融资条件又为进行资本金盈利能力分析、项目偿债能力分析、项目财务生存能力分析等财务分析提供了必需的基础数据。

融资方案是否合理对拟建水利项目未来是否能良性运行影响较大。水利建设项目运行初期往往财务收入较少,还贷能力较弱。若贷款比例较大,在供水量未达到设计要求之前很难有正常的财务收入满足偿债要求。因此,应重视融资方案合理性分析。

为减少融资风险损失,对融资方案实施中可能存在的资金供应风险、利率风险和汇率风险等风险因素应进行分析评价,并提出防范风险的措施。

一、资金结构分析

资金结构是指融资方案中各种资金的比例关系。融资方案分析中,资金结构分析是一项重要内容。资金结构包括项目资本金与项目债务资金的比例、项目资本金内部结构的比例和项目债务资金内部结构的比例。

(一)项目资本金与项目债务资金的比例

项目资本金与项目债务资金的比例是项目资金结构中最重要的比例关系。项目投资者希望投入较少的资本金,获得较多的债务资金,尽可能降低债权人对股东的追索。而提供债务资金的债权人则希望项目能够有较高的资本金比例,以降低债权的风险。当资本金比例降低到银行不能接受的水平时,银行将会拒绝贷款。资本金与债务资金的合理比例需要由各个参与方的利益平衡来决定。资本金所占比例越高,企业的财务风险和债权人的风险越小,可能获得较低利率的债务资金。债务资金的利息是在所得税前列支的,可以起到合理减税的效果。在项目的收益不变、项目投资财务内部收益率高于负债利率的条件下,由于财务杠杆的作用,资本金所占比例越低,资本金财务内部收益率就越高,同时企业的财务风险和债权人的风险也越大。因此,一般认为,在符合国家有关资本金(注册资本)比例规定、符合金融机构信贷法规及债权人有关资产负债比例要求的前提下,既能满足权益投资者获得期望投资回报的要求,又能较好地防范财务风险的比例,是较理想的资本金与债务资金的比例。

(二)项目资本金内部结构比例

项目资本金内部结构比例是指项目投资各方的出资比例。不同的出资比例决定各投资方对项目建设和经营的决策权和承担的责任,以及项目收益的分配。

(1)采用新设法人融资方式的项目,应根据投资各方在资金、技术和市场开发方面的优势,通过协商确定各方的出资比例、出资形式和出资时间。

(2)采用既有法人融资方式的项目,项目的资金结构要考虑既有法人的财务状况和筹资能力,合理确定既有法人内部融资与新增资本金在项目融资总额中所占的比例,分析既有法人内部融资与新增资本金的可能性与合理性。既有法人将现金资产和非现金资产投资于拟建项目长期占用,将使企业的财务流动性降低,其投资额度受到企业自身财务资源的限制。

(3) 根据投资体制改革的精神,国家放宽社会资本的投资领域,允许社会资本进入法律法规未禁入的基础设施、公用事业及其他行业和领域。按照促进和引导民间投资(指个体、私营经济以及它们之间的联营、合股等经济实体的投资)的精神,除国家有特殊规定的以外,凡是鼓励和允许外商投资进入的领域,均鼓励和允许民间投资进入。因此,在进行融资方案分析时,应关注出资人出资比例的合法性。

(三) 项目债务资金结构比例

反映债权各方为项目提供债务资金的数额比例、债务期限比例、内债和外债的比例,以及外债中各币种债务的比例等。

在确定项目债务资金结构比例时,可借鉴下列经验:

(1) 根据债权人提供债务资金的条件(包括利率、宽限期、偿还期及担保方式等)合理确定各类借款和债券的比例,可以降低融资成本和融资风险。

(2) 合理搭配短期、中长期债务比例。适当安排一些短期负债可以降低总的融资成本,但过多采用短期负债,会产生财务风险。大型基础设施项目的负债融资应以长期债务为主。

(3) 合理安排债务资金的偿还顺序。尽可能先偿还利率较高的债务,后偿还利率低的债务。对于有外债的项目,由于有汇率风险,通常应先偿还硬货币(指货币汇率比较稳定、且有上浮趋势的货币)的债务,后偿还软货币(指汇率不稳定、且有下浮趋势的货币)的债务。应使债务本息的偿还不致影响企业正常生产所需的现金量。

(4) 合理确定内债和外债的比例。内债和外债的比例主要取决于项目用汇量。从项目本身的资金平衡考虑,产品内销的项目尽量不要借用外债,可以采用投资方注入外汇或者以人民币购汇。

(5) 合理选择外汇币种。选择外汇币种应遵循以下原则:① 选择可自由兑换货币。可自由兑换货币是指实行浮动汇率制且有人民币报价的货币,如美元、英镑、日元等,它有助于外汇风险的防范和外汇资金的调拨。② 付汇用软货币,收汇用硬货币。对于建设项目的外汇贷款,在选择还款币种时,尽可能选择软货币。当然,软货币的外汇贷款利率通常较高,这就需要在汇率变化与利率差异之间做出预测和抉择。

(6) 合理确定利率结构。当资本市场利率水平相对较低,且有上升趋势时,尽量借固定利率贷款;当资本市场利率水平相对较高,且有下降趋势时,尽量借浮动利率贷款。

二、资金成本分析

(一) 资金成本

资金成本是指项目为筹集和使用资金而支付的费用,包括资金占用费和资金筹集费。资金成本通常用资金成本率表示。资金成本率是指使用资金所负担的费用与筹集资金净额之比。

资金成本率的一般计算公式为

$$K = D/(P-F) = D/[P(1-f)]$$

式中，K 为资金成本(率)；P 为筹集资金总额；D 为使用费；F 为筹资费；f 为筹资费费率(即筹资费占筹集资金总额的比例)。

由于资金筹集费一般与筹集资金总额成正比，所以一般用筹资费用率表示资金筹集费。

(二) 债务资金成本

债务资金成本由债务资金筹集费和债务资金占用费组成。债务资金筹集费是指债务资金筹集过程中支付的费用，如承诺费、发行手续费、担保费、代理费以及债券兑付手续费等；债务资金占用费是指使用债务资金过程中发生的经常性费用，如贷款利息和债券利息。

(三) 权益资金成本

权益资金成本估算比较困难，因为很难对项目未来的收益以及股东对未来风险所要求的风险溢价做出准确的测定。可采用的计算方法主要有：资本资产定价模型法、税前债务成本加风险溢价法和股利增长模型法。

(四) 加权平均资金成本

为了比较不同融资方案的资金成本，需要计算加权平均资金成本。加权平均资金成本一般是以各种资金占全部资金的比重为权数，对个别资金成本进行加权平均确定的。

三、融资风险分析

融资风险是指融资活动存在的各种风险。融资风险有可能使投资者、项目法人、债权人等各方蒙受损失。在融资方案分析中，应对各种融资方案的融资风险进行识别、比较，并对最终推荐的融资方案提出防范风险的对策。融资风险分析中应重点考虑下列风险因素：

(一) 资金供应风险

资金供应风险是指在项目实施过程中由于资金不落实，导致建设工期延长，工程造价上升，使原定投资效益目标难以实现的可能性。导致资金不落实的原因很多，主要包括：

(1) 已承诺出资的股本投资者由于出资能力有限(或者由于拟建项目的投资效益缺乏足够的吸引力)而不能(或不再)兑现承诺。

(2) 原定发行股票、债券计划不能实现。

(3) 既有企业法人由于经营状况恶化，无力按原定计划出资。

为防范资金供应风险，必须认真做好资金来源可靠性分析。在选择股本投资者时，应当选择资金实力强、既往信用好、风险承受能力强的投资者。

(二) 利率风险

利率风险是指由于利率变动导致资金成本上升，给项目造成损失的可能性。利率水平随金融市场情况而变动，未来市场利率的变动会引起项目资金成本发生变动。采用浮动利率，项目的资金成本随利率的上升而上升，随利率的下降而下降。采用固定利率，如果未来利率下降，项目的资金成本不能相应下降，相对资金成本将升高。因此，无论采用浮动利率还是固定利率都存在利率风险。为了防范利率风险，应对未来利率的走势进行分析，以确定采用何种利率。

（三）汇率风险

汇率风险是指由于汇率变动给项目造成损失的可能性。国际金融市场上各国货币的比价在时刻变动，使用外汇贷款的项目，未来汇率的变动会引起项目资金成本发生变动以及未来还本付息费用支出的变动。某些硬货币贷款利率较低，但汇率风险较高；软货币则相反，汇率风险较低，但贷款利率较高。为了防范汇率风险，使用外汇数额较大的项目应对人民币的汇率走势、所借外汇币种的汇率走势进行分析，以确定借用何种外汇币种以及采用何种外汇币种结算。一般情况下应尽量借用软货币。

项目六技能训练题

一、单选题

1. 既有法人融资方式的基本特点不包括（   ）。
   A. 由既有法人发起项目、组织融资活动并承担融资责任和风险
   B. 建设项目所需的资金，来源于既有法人内部融资、新增资本金和新增债务资金
   C. 新增债务资金依靠既有法人整体（包括拟建项目）的盈利能力来偿还，并以既有法人整体的资产和信用承担债务担保
   D. 依靠项目自身的盈利能力来偿还债务

2. 水利建设项目的资本金一般以货币形式为主，其来源不包括（   ）。
   A. 政府投资
   B. 企业资本金
   C. 个人资本金
   D. 国家规定的其他可以用作投资项目资本金的资金，例如，政策性银行贷款

3. 资金结构包括（   ）、项目资本金内部结构的比例和项目债务资金内部结构的比例。
   A. 政府投资与个人资本金的比例
   B. 内资与外资的比例
   C. 项目资本金与项目债务资金的比例
   D. 政策性贷款与商业贷款的比例

4. 水利建设项目按功能和作用划分为两大类：甲类为防洪除涝、（   ）、城市防洪、水土保持和水资源保护等以社会效益为主、公益性较强的项目，没有或很少有财务收入。
   A. 供水　　　　　　　　　　　　B. 发电
   C. 水库养殖　　　　　　　　　　D. 农田灌排骨干工程

5. 导致资金不落实的原因很多，其中不包括（   ）。
   A. 已承诺出资的股本投资者由于出资能力有限（或者由于拟建项目的投资效益缺乏足够的吸引力）而不能（或不再）兑现承诺
   B. 竞争对手强力干扰
   C. 原定发行股票、债券计划不能实现
   D. 既有企业法人由于经营状况恶化，无力按原定计划出资

二、判断题

1. 依靠项目自身的盈利能力来偿还债务不是新设法人融资方式的基本特点。（　　）
2. 债务资金分为贷款（国内商业银行、政策性银行贷款及国外银行和政府贷款）、债券、融资租赁等。（　　）
3. 项目的资本金与债务资金的比例应符合：各级政府投入的资本金可以大于公益性功能分摊的投资。（　　）
4. 由于水利建设项目大都同时具有公益性和经营性功能，因此，应根据项目财务收支平衡情况确定是否进行融资方案测算。（　　）
5. 项目资本金与项目债务资金的比例是项目资金结构中最重要的比例关系。（　　）

项目七　综合利用水利工程费用分摊

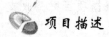 项目描述

本项目介绍综合利用水利工程的投资构成、投资和费用的分摊方法。

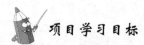 项目学习目标

通过对本项目的学习,了解综合利用水利工程费用分摊的目的,熟悉综合利用水利工程投资构成的两种划分方法,掌握综合利用水利工程投资和费用分摊的主要方法。

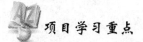 项目学习重点

综合利用水利工程投资和费用的分摊方法。

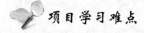 项目学习难点

可分费用剩余效益法(SCRB 法)。

任务一　综合利用水利工程费用分摊概述

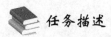 任务描述

了解综合利用水利工程费用分摊的原因、目的,熟悉综合利用水利工程投资构成的两个划分方法。

一、综合利用水利工程费用分摊的原因

综合利用水利工程一般具有防洪、发电、灌溉、供水、航运等综合效益。随着社会主义市场经济的建立和完善,项目资金来源已逐步转向多元化,许多项目实行谁投资、谁受益的原则,即使政府参与也是以贷款形式由无偿使用变为有偿使用,各受益地区或部门不仅关心工程所带来的效益,而且关心自己在工程建设及管理中所应承担的工程费用(建设投资和年运行费),以及经济效益合理程度。各地区或部门应承担多少费用,是否在其所承受的

范围之内,决定着该地区或部门对项目的支持态度。在各受益部门之间进行合理的费用分摊,可以比较准确地进行各水利部门的经济评价,有利于确定项目的开发规模,充分发挥投资的经济效果,提高综合利用水利工程的经营与管理水平。

在过去一段时间内,由于缺乏经济核算,整个综合利用水利工程的投资,系由某一水利或水电部门负担,并不在各个受益部门之间进行投资分摊,结果常常发生以下几种情况:

(1) 负担全部投资的部门认为,本部门的效益有限,而所需投资却较大,因而迟迟下不了决心或者不愿兴办此项工程,使水利资源得不到应有的开发与利用,任其白白浪费。

(2) 主办单位由于受本部门投资额的限制,可能使综合利用水利工程的开发规模偏小,因而其综合利用效益得不到充分的发展。

(3) 如果综合利用水利工程牵涉的部门较多,相互关系较为复杂,有些不承担投资的部门往往提出过高的设计标准或设计要求,使工程投资不合理地增加,工期被迫拖延,不能以较少的工程投资在较短的时间内发挥较大的综合利用效益。

因此,综合利用水利工程的费用在各个受益部门之间进行合理分摊势在必行。

【例 7.1】 小浪底水利枢纽工程投资分摊

小浪底水利枢纽工程位于河南省洛阳市以北约 40 km 的黄河干流上,上距三门峡水利枢纽 130 km,下距郑州黄河京广铁路大桥 115 km。坝址控制流域面积 69.415 5 万 km^2,占黄河流域总面积的 92.2%;坝址处实测多年平均径流量 405.5 亿 m^3,控制 91.2% 的径流量;实测多年平均输沙量 16 亿 t,控制了近 100% 的输沙量。该工程位于黄河中游的最后一段峡谷出口处,处于承上启下、控制黄河水沙的关键位置上。它既可控制黄河下游洪水,又可利用其库容拦蓄泥沙,长期进行调水调沙运用,可有效减缓黄河下游因淤积而逐年抬高河床的状况。该工程的建设对从根本上治理黄河,对黄河流域乃至全国的社会经济发展,都具有重大的战略意义,是 20 世纪我国建设的最伟大的工程之一。

小浪底水利枢纽工程总投资 347.45 亿元,其中国外银行贷款 92.26 亿元,国内银行贷款 27.23 亿元,政府拨款 227.96 亿元。虽然小浪底工程开发任务是多目标的,但它是以防洪、防凌、减淤为主,兼顾供水、灌溉和发电,所以财务收入的唯一可靠来源为发电收入。为了正确测算还贷电价,使其建立在电价的市场承受能力基础之上,避免在运行期使国家背上沉重的包袱,以及分析由政府拨款解决的可能性,使电站的运行能够逐步走向市场,真正做到自主经营、自负盈亏,需要对小浪底工程投资进行合理的分摊。

二、综合利用水利工程费用分摊的目的

对综合利用水利工程的费用进行分摊的目的主要有以下几个方面:

(1) 合理分配国家资金,正确编制国民经济建设计划和发展计划,保证国民经济各部门有计划地发展。

(2) 充分合理地开发和利用水利资源和各种能源资源,在满足国民经济各部门要求的条件下,使国家的总投资和年运行费用最少。

(3) 协调国民经济各部门对综合利用水利工程的要求,选择经济合理的开发方式和发展规模;分析比较综合利用水利工程各部门的有关参数或技术经济指标。

(4) 充分发挥投资的经济效果,只有对综合利用水利工程进行投资和年运行费分摊,才能正确计算防洪、灌溉、水电、航运等部门的效益与费用,以便加强经济核算,制定各种合理的价格,不断提高综合利用水利工程的经营和管理水平。

国外对综合利用水利工程(一般称多目标水利工程)的投资分摊问题曾做过较多的研究,提出很多计算方法。由于问题的复杂性,有些文献认为:直到现在为止,还提不出一个可以普遍采用的、能够被各方面完全同意的多目标开发工程的投资分摊公式。我国过去对这方面的问题研究较少,也缺乏这方面的实践经验。随着改革开放和现代化建设的深入进行,我国水利事业又迎来了新的发展机遇。现在对水资源水能进行综合开发利用的工程越来越多,因而,多目标开发工程投资分摊的问题得到我国专家学者和高层管理者的普遍重视。下面将介绍比较通用的投资分摊方法和有关部门建议的费用分摊方法,并对各种分摊方法进行讨论。

三、综合利用水利工程的投资构成

要进行综合利用水利工程费用的分摊,先要了解综合利用水利工程投资的构成。为了满足投资分摊的需要,需采用不同的分类方法将综合利用水利工程投资分成不同的种类。以下介绍两种关于综合利用水利工程投资的划分方法。

(一)专用工程投资和共用工程投资

综合利用水利枢纽一般包括水库、大坝、泄洪建筑物等共用工程以及各个水利部门的专用工程,如灌溉干渠的取水建筑物、水电站的进水口、压力管道及厂房、过船建筑物及供水部门的取水建筑物等。因此,枢纽的投资构成,一般也分为共用工程投资和各个部门专用工程投资两部分,可表示为

$$K_{总} = K_{共} + \sum_{t=1}^{n} K_{专,j} \quad (j = 1, 2, \cdots, n) \tag{7.1}$$

式中,$K_{总}$ 为工程总投资;$K_{共}$ 为几个部门共用建筑物的投资;$K_{专,j}$ 为第 j 部门的专用建筑物的投资。

(二)可分投资和剩余投资

为了满足投资分摊的需要,除了将枢纽的总投资划分为共用工程投资和专用工程投资外,通常还把枢纽的总投资划分为各部门的可分投资 $K_{分}$ 和剩余投资 $K_{剩}$ 两大部分,某一部门的可分投资是指水利工程中包括该部门时的总投资与不包括该部门时的总投资之差值。显然某一部门的可分投资,比它的专用投资要大一些,例如,水电部门的可分投资,除电厂、调压室等专用投资外,还应包括为满足电力系统调峰、调谷等需要而增大压力引水管道的直径,为满足最低发电水头和事故备用库容的要求而必须保持一定死库容所需增加的那一部分投资。所谓剩余投资就是总投资减去各部门可分投资后的差值。

按照此类分类方法,综合利用水利工程的投资构成,可表示为

$$K_{总} = K_{剩} + \sum_{t=1}^{n} K_{分,j} \quad (j = 1, 2, \cdots, n) \tag{7.2}$$

式中,$K_{分,j}$ 为第 j 部门的可分离部分的投资(简称可分投资);$K_{剩}$ 为工程总投资减去各部门可分投资后所剩余的投资。

任务二 投资和费用的分摊方法

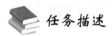

熟悉按各部门的主次地位、用水量、所需的库容、可获得的效益现值、最优等效替代方案费用现值划分以及按可分费用剩余效益法（SCRB法）划分的分摊方法。

一、按各部门的主次地位分摊

在综合利用水利工程中各部门所处的地位并不相同，往往某一部门占主导地位，要求水库的运行方式服从它的要求，其他次要部门的用水量及用水时间则处在从属的地位。在这种情况下，各个次要部门只负担为本身服务的专用建筑物的投资或可分投资，其余部分的投资则全部由主导部门承担。这种投资分摊方法适用于主导部门的地位十分明确，工程的主要任务是满足该部门所提出的防洪或兴利要求。

二、按各部门的用水量分摊

综合利用水利工程中的各个兴利部门，从水库引用的水量是各不相同的，但在一般情况下，某些兴利部门的用水是完全结合的或者部分结合的，但也有不结合的。例如，冬季电力系统负荷较高，水电站常承担较多的峰荷，而灌溉系统此时并不用水，城镇生活用水也稍有减少，即此时发电用水与灌溉用水是不结合的，与城市用水是部分结合的。春、夏季灌溉用水量较多，水库泄水发电后即把尾水引入灌溉渠道内，在此情况下两者用水是完全结合的。总之，各部门用水量也可分为两部分：一部分是共用水量（或称结合水量），另一部分是专用水量。因此，可以根据各部门所需调节水量的多少，按比例分摊共用建筑物的投资，至于专用建筑物的投资，则应由受益部门单独负担。此法比较公平，但某些部门并不消耗水量，例如，防洪部门仅要求保留一定的库容，航运要求保持一定的水深，因而运用此法具有一定的局限性。

三、按各部门所需的库容分摊

与上法相似，根据各部门所需库容的大小分摊共用建筑物的投资，专用建筑物的投资则由受益部门单独负担。但防洪库容与兴利库容在一般情况下是能部分结合的，而在某些情况下完全不能结合，也有个别情况两者完全结合，视洪水预报精度及汛后来水量与用水量等具体条件而定。至于兴利库容，常为若干个兴利部门所共用，如按所需库容大小进行投资分摊，往往防洪部门所分摊的投资可能偏多，各个兴利部门所负担的投资可能偏小，实际上防洪库容也是为各个兴利部门服务的，因此这种按所需库容大小进行投资分摊也不尽合理。

四、按各部门可获得的效益现值分摊

按各部门可获得的效益现值分摊是根据水利工程各受益部门在经济分析期内折算的效益现值占该水利工程各部门效益现值总和的比例，分摊共用工程的投资，国民经济效益大的部门分摊得多，反之则少。该方法有一定的合理性，但国民经济效益大的部门不一定是财务收入多的部门，若按各部门的财务效益进行分摊，则无财务收入的部门不需要分摊，必然加重兴利部门的负担。

五、按各部门最优等效替代方案费用现值分摊

这种方法是以各部门最优等效替代方案费用的比例作为各受益部门分摊投资的比例系数。该法的出发点是：各水利部门中最优等效替代方案费用大的部门多负担工程投资。

所谓最优替代工程方案，是指在能够同等程度满足国民经济发展要求的具有同等效益的许多方案中，选择一个在技术上可行的、经济上最有利的替代工程方案。例如，水电站的最优替代工程方案在一般情况下是凝汽式火电站；水库下游地区防洪的最优替代工程方案可能是在沿河两岸修筑堤防或在适当地区开辟蓄洪、滞洪区；地表水自流灌溉的最优替代工程方案可能是在当地抽引地下水灌溉，等等。

采用该方法最大的困难在于需要进行最优等效替代方案的设计，以估算各部门的最优等效替代措施的投资。这项工作牵涉面广，工作量大，而且往往需要有关部门的密切配合。有时因条件限制，估算的替代方案的投资费用可靠性较差，这将直接影响采用替代方案费用比例分摊法分摊投资的效果。

六、可分费用剩余效益法

欧美、日本等国家一般采用"可分费用剩余效益法"，简称 SCRB 法，其要点与计算步骤如下：

(1) 计算整个水利工程的投资、年费用和年平均效益，求出各部门的可分费用及其替代工程和专用工程的投资和年费用，见表 7.1。

表 7.1 各部门的投资、年费用和年效益表

单位：万元

项目		投资	年费用			年平均效益
			投资年回收值	年运行费	合计	
综合水利工程		20000	1635	1000	2635	3000
可分费用	发电	10000	817	600	1417	2000
	灌溉	4000	327	150	477	1000
替代工程	发电	14000	1144	1000	2144	2000
	灌溉	8000	654	100	754	1000
专用工程	发电	7000	572	520	1092	
	灌溉	2000	164	120	284	

注：投资年回收值＝投资×$(A/P, i, n)$，在本表计算中，假设 $n=50$ 年，$i=8\%$。

共用工程年费用＝综合水利工程年费用－专用工程年费用＝2635－(1092＋284)＝1259（万元）。

(2) 确定本部门及其替代工程的投资年回收值时,需事先定出利率或折现率 i 以及各部门的经济寿命 n(年),参阅表 7.1。

(3) 各部门的年效益有两种表达方式:一种是本部门的直接收益(一般在财务评价时采用,例如发电部门的电费收益);另一种是最优替代工程的年费用(一般在国民经济评价时采用),例如修建水电站,可以替代相应规模的凝汽式火电站,从而后者的年费用(包括投资年回收值、年运行费及燃料费)可以节省下来,当作该水电站的年效益。

(4) 在上述两者之中选择较小者作为本部门的选用年效益,见表 7.2 中的 1c。

(5) 各部门的选用年效益减去其可分年费用,即得剩余效益,然后求出分摊百分比,见表 7.2 中的 1e 和 1f。

(6) 整个水利工程的年费用,减去各个部门的可分年费用,即得各部门的剩余年费用,按表 7.2 中的 1f 分摊,即得 1g。

(7) 各部门的年运行费的分摊,也按上述步骤求得,见表 7.2 中的 2b 和 2c。

(8) 按上述步骤对各部门进行投资分摊,部门的可分投资加上所求得的剩余投资的分摊额,即得综合利用水利工程各部门应承担的投资额,计算结果见表 7.2 中的 3c 项。

表 7.2　用 SCRB 法进行分摊计算表

单位:万元

项　目	内　　容	发电	灌溉	合计	备　注
年费用分摊	1a. 年平均效益	2000	1000	3000	表 7.1
	1b. 替代工程年费用	2144	754	2898	表 7.1
	1c. 选用年效益	2000	754	2754	选用 a、b 中较小者
	1d. 可分年费用	1417	477	1894	表 7.1
	1e. 剩余效益	583	277	860	(1c)−(1d)
	1f. 分摊百分比	67.8%	32.2%	100%	按 1e 比例
	1g. 剩余年费用分摊	502	239	741	(2635−1894)按 1f 分摊
	1h. 总分摊额	1919	716	2635	(1d)+(1g)
年运行费分摊	2a. 可分年运行费	600	150	750	表 7.1
	2b. 剩余年运行费分摊	170	80	250	(1000−750)按 1f 分摊
	2c. 总分摊额	770	230	1000	(2a)+(2b)
投资分摊	3a. 可分投资	10000	4000	14000	表 7.1
	3b. 剩余投资分摊	4068	1932	6000	按 1f 分摊
	3c. 总分摊额	14068	5932	20000	(3a)+(3b)

七、对各种分摊方法的分析与合理性检查

综合利用水利工程各受益部门所分摊的费用,除应从分摊原则分析其是否公平合理外,还应从下列各方面进行合理性检查:

(1) 任何部门所分摊的年费用不应大于本部门最优替代工程的年费用。在某种情况下,某一部门所分摊的投资,有可能超过替代工程的投资($K_j > K_替$),而分摊的年运行费可能小于替代工程的年运行费($u_j < u_替$);在另一种情况下,也可能出现 $u_j > u_替$,此时应调整 K_j 和 $K_替$,使总的分摊结果符合 $K_j + u_j < K_替 + u_替$ 的原则。

(2) 各受益部门所分摊的费用不应小于因满足该部门需要所需增加的工程费用(即可

分离费用),最少应承担为该部门服务的专用工程(包括配套工程)的费用。

如果检查分析时发现某部门分摊的投资和年运行费不尽合理时,应在各部门之间进行适当调整。

在综合利用水利工程各部门之间进行费用分摊,应该采用动态经济分析方法,即应该考虑资金的时间价值。根据实际情况,分别定出各部门及其替代工程的经济寿命 n(年)、折现率或基准收益率 i。

在初步设计阶段,对于重要的大型综合利用工程进行费用分摊时,尽可能采用 SCRB 法,虽然计算工作量稍大些,但此法使各部门必须分摊的剩余费用尽可能减小,有利于减少费用分摊的误差。

如果兴建水利枢纽而使某些部门受到损失,为此修建专用建筑物以恢复原有部门的效益,这部分工程所需的费用,应计入综合利用工程的总费用中,由各受益部门按其所得的效益进行费用分摊。例如,在原来可以通航的天然河道上,由于修筑大坝而使航道遭受损失,为此修建过船建筑物,这部分费用应由其他受益部门分摊。但为了提高航运标准而额外增加各种专用设施,其所需费用应由航运部门负担。

筏运、渔业、旅游等部门一般可不参加综合利用工程的费用分摊,因为在水库内虽然可以增加木筏的拖运量,但却增加了过坝的困难;渔业、旅游等在水库建设中多为附属性质,因此可不分摊综合利用工程的费用,只需负担其专用设施的费用即可。

再次强调:为了保证国民经济各部门有计划的发展,合理分配国家有限的资金;为了综合开发和利用各种水利资源,充分发挥其经济效益;为了不断提高综合利用工程的经营管理水平,进一步加强经济核算,对综合利用工程必须进行费用分摊,这是当前水利工程经济评价中迫切要求解决的一个课题。

项目七技能训练题

一、单选题

1. 兴建水利枢纽而使某些部门受到损失,为此修建专用建筑物以恢复原有部门的效益,这部分工程所需的费用(   )。
   A. 不应计入综合利用工程的总费用中,由各受益部门按其所得的效益进行费用分摊
   B. 不应计入综合利用工程的总费用中,由该部门进行费用分摊
   C. 应计入综合利用工程的总费用中,由该部门进行费用分摊
   D. 应计入综合利用工程的总费用中,由各受益部门按其所得的效益进行费用分摊

2. 对综合利用水利工程的费用进行分摊的主要目的不包括(   )。
   A. 合理分配国家资金,保证国民经济各部门有计划地发展
   B. 充分合理地开发和利用水利资源和各种能源资源,使国家的总投资和年运行费用最少
   C. 协调国民经济各部门对综合利用水利工程的要求,选择经济合理的开发方式和发展规模
   D. 负担全部投资的部门愿意兴建综合利用水利工程,因为可以取得最大效益

3. 综合利用水利工程的投资和费用的分摊方法包括:按各部门的主次地位分摊、按各部门的用水量分摊、按各部门所需的库容分摊、(   )、按各部门最优等效替代方案费用现

值分摊以及按可分费用剩余效益法(SCRB法)分摊。
   A. 按各部门在国民经济中的重要性分摊
   B. 按各部门可获得的效益现值分摊
   C. 按各部门的经济承受能力分摊
   D. 按各部门对社会的影响分摊
4. 可分费用剩余效益法(SCRB法)的计算步骤不包括(　　)。
   A. 在本部门的直接收益和最优替代工程的年费用两者之中选择较小者作为本部门的选用年效益
   B. 各部门的选用年效益减去其可分年费用,即得剩余效益,然后求出分摊百分比
   C. 整个水利工程的年费用,减去各个部门的可分年费用,即得各部门的剩余年费用
   D. 确定本部门及其替代工程的投资年回收值时,需事先定出各部门的经济寿命n(年),然后按静态方法计算
5. 综合利用水利工程各受益部门所分摊的费用合理性检查不包括(　　)。
   A. 应从分摊原则分析其是否公平合理
   B. 任何部门所分摊的投资额不应大于其专用工程投资
   C. 任何部门所分摊的年费用不应大于本部门最优替代工程的年费用
   D. 各受益部门所分摊的费用不应小于因满足该部门需要所需增加的工程费用

二、判断题

1. 综合利用水利工程枢纽中的各项工程之间虽有联系,但其是独立的。(　　)
2. 综合利用水利工程的投资可划分成共用投资和剩余投资两大部分。(　　)
3. 通常把具有防洪、除涝、发电、灌溉、供水、航运、水产、旅游等多种功能与效益的水利工程称为综合利用水利工程。(　　)
4. 采用各部门替代工程的费用作为本部门相对效益,然后按其比例进行费用分摊的原则,迄今仍为各国所普遍采用。(　　)
5. 所谓剩余投资就是总投资减去各部门专用工程投资后的差值。(　　)

三、计算题

某综合利用水利工程,建设期5年,生产期50年,$i=6\%$,总投资现值34144万元,运行、更新费用总现值5910万元,用以下方法计算各受益部门应承担的投资和运行费现值。

(1) 用各受益部门效益比例进行费用分摊,各部门效益如下:

受益部门	防洪	灌溉	发电	城镇供水	合计
效益现值(万元)	12100	25590	8793	8734	55217

(2) 用各受益部门替代工程总费用比例进行费用分摊,各受益部门替代工程总费用如下:

受益部门	防洪	灌溉	发电	城镇供水	合计
替代工程费用现值(万元)	10100	19000	8793	8415	46308

(3) 根据(1)、(2)资料确定各受益部门的合理费用。

(4) 根据(3)的合理费用和下表资料,采用"可分离费用-剩余效益法"进行费用分摊,计算各受益部门应承担的投资和运行费的现值。

受益部门	防洪	灌溉	发电	城镇供水
不含该部门投资现值(万元)	20380	23576	27466	31011
不含该部门运行费现值(万元)	4913	4341	4423	4827

项目八　防洪工程经济评价

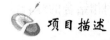 项目描述

本项目介绍洪水灾害的类型及防洪措施、防洪工程经济评价的任务和内容、防洪工程的经济效益计算以及相关案例。

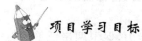 项目学习目标

通过对本项目的学习,了解防洪工程经济评价的一般知识,熟悉防洪工程经济效益计算的方法,掌握防洪工程经济评价具体方法和过程。

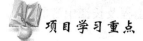 项目学习重点

防洪工程经济评价的任务和内容、防洪工程的经济效益。

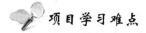 项目学习难点

防洪工程经济效益计算的方法。

任务一　洪水灾害的类型及防洪措施

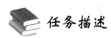 任务描述

了解洪水灾害的概念与类型,熟悉防洪措施。

一、洪水灾害的概念与类型

洪水灾害简称洪灾,主要是指河流洪水泛滥成灾,淹没广大平原和城市,或者山区山洪暴发,冲毁和淹没村镇和矿山,或者由洪水引起的泥石流压田毁地以及冰凌灾害等,均属洪水灾害的范畴。在我国,比较广泛而又影响重大的是平原地区的洪灾,如长江中下游平原、黄淮平原、松辽平原和珠江三角洲是防护的重点。

洪灾按洪水特性可分为主要由洪峰造成的和主要由洪量造成的洪水灾害;按漫溢、决堤

成灾的影响,可分为洪水漫决后能自然归槽只危害本流域的洪水灾害和不能归槽、危害其他流域的洪水灾害;按洪水与涝水的关系,可分为纯洪水灾害和先涝后洪或洪涝交错的混合型洪水灾害。

二、防洪措施

防洪是指用一定的工程措施或其他综合治理措施,防止或减轻洪水的灾害。人类在与自然的斗争中,早已掌握若干不同的防洪措施。但随着人类社会的发展和进步,这些工程措施现在更趋于完善和先进,效益更为显著,并由单纯除害发展为除害与兴利相结合的综合治理工程措施。

防治洪水的措施,可分为两大类。第一类是治标性的措施,这类措施是在洪水发生以后设法将洪水安全排泄而减免其灾害,其措施主要包括:堤防工程、分洪工程、防汛、抢险及河道整治等。第二类是治本性的措施,其中一类是在洪水未发生前就地拦蓄径流的水土保持措施,另一类是具有调蓄洪水能力的综合利用水库等。

堤防工程是在河流两岸修筑堤防,进一步增加河道宣泄洪水的能力,保卫两岸低地,这种措施最古老,也最广泛采用,在现阶段仍不失为防御洪灾的一种重要措施。例如我国黄河下游两岸大堤及长江中游的荆江大堤等。

分洪工程是在河流上(一般是在中、下游)适当地点修建分洪闸、引洪道等建筑物,将一部分洪水分往别处,以减轻干流负担。例如黄河下游的北金堤分洪工程及长江中游的荆江分洪工程等。

河道整治也是增加河道泄洪能力的一种工程措施,其内容包括:拓宽和浚深河道,裁弯取直,消灭过水卡口,消除河道中障碍物以及开辟新河道等。

水土保持是防治山区水土流失,从根本上消除洪水灾害的一项措施。水土保持分为坡面和沟壑治理两方面,一般需要采用农、林、牧及工程等综合措施。水土保持不但能根治洪水,而且能蓄水保土,有利于农业生产,是发展山区经济的一种重要措施。

蓄洪工程是在干、支流的上、中游,兴建水库以调蓄洪水。这种措施不但从根本上控制下游洪水的灾害,而且与发电、灌溉、供水及航运发展等结合,是除害兴利、综合利用水资源的根本措施。

除上述各项工程措施外,亦可采用"非工程防洪措施"。这是指在受洪水威胁的地区,采用一水一麦、种植高秆作物、加高房基等防御洪水的措施,或者加强水文气象预报,及时疏散受洪水威胁地区的人口,甚至有计划采取人工决口等措施,尽可能减轻洪水灾害及其损失。

防洪措施,常常是上述若干措施的组合,包括治本的和治标的、工程性和非工程性的措施,通过综合治理,联合运用,尽可能减免洪水灾害,并进一步达到除害兴利的目的。

【例8.1】 防汛抗旱减灾接连夺取胜利

我国是一个水旱灾害多发的国家。新中国成立以来,党和国家把治水兴水摆在关系国家事业发展全局的战略位置,确立了"蓄泄统筹,以泄为主"的重要江河治理方针,带领全国人民开展了声势浩大的江河治理和防汛抗旱工作。随着三峡水利枢纽等重要工程的相继建成,江河防洪标准不断提高、蓄滞洪区建设逐步完善、预警预报系统加快部署、抗旱服务组织全面加强。在国家防总的统一指挥下,通过多部门相互协作、水文信息精准预测、上下游水库联合调度等措施,成功抵御了北方春旱、南方夏伏旱,战胜了1954年江淮大水、1957松花江大水、1958年黄河大水、1963年海河大水、1994年珠江大水、1999年太湖大水,2010年长江大水……，为人民群众生命安全、社会稳定和国民经济发展提供了有力保障。

任务二　防洪工程经济评价的任务与内容

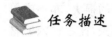任务描述

了解洪灾特点及其损失，熟悉防洪工程经济评价的任务和内容，掌握防洪工程经济评价的步骤。

一、洪灾特点及其损失

洪水灾害的最大特点是洪水在出现时间上具有随机分布的特性。年内或年际间不同频率洪水的差别很大，相应的灾情变化亦很大。在大多数情况下，一般性的或较小的洪水虽然经常出现，但并不具有危害性或危害性较小；偶遇特大洪水则危害性甚大，甚至影响本区域或全国的经济发展计划。在受洪水威胁的范围内，无论农、工、商业还是其他各种企业的动产与不动产，无论是个人的、集体的还是国家的财产，随着国民经济的发展均在逐年递增，其数量和质量均在不断变化。因此，即使同一频率的洪水，发生在不同年份其损失也不一样，有随时间变化的特性。

洪灾损失亦分直接损失和间接损失两方面，有的能用实物和货币表达，有的则不易用货币表达。在能用实物或货币表达的损失中，不少也难以估计准确。因此洪灾损失的计算，由于考虑的深度和广度不同，可能有很大差别。

洪灾的大小，与暴雨大小、雨型分布、工程标准等因素有关。在洪灾损失中，有些可以直接估算出来，而另有一些损失如人民生命安全、对生产发展的影响等，一般难以用实物或货币直接估算。能用实物或货币计算的损失，按受灾对象的特点和计算上的方便，一般可以考虑以下几个方面。

1. 农产品损失

洪水泛滥成灾，影响作物收成。农作物遭受自然灾害的面积，称作受灾面积，减产30%以上的称作成灾面积。一般可将灾害程度分为四级：毁灭性灾害，作物荡然无存，损失100%；特重灾害，减产大于80%；重灾害，减产50%～80%；轻灾害，减产30%～50%。

在估算农作物损失时，为了反映其价值的损失，有人建议采用当地集市贸易的年平均价格计算；亦有人提出用国际市场价格计算，再加上运输费用及管理损耗等费用。在计算农作物损失时，秸秆的价值亦应考虑在内，可用农作物损失的某一百分数表示。

2. 房屋倒塌及牲畜损失

在计算这些损失时，要考虑到随着整个国民经济及农村经济的发展，房屋数量增多，质量提高，倒塌率降低，倒塌后残余值回收率增大等因素。

3. 人民财产损失

包括城乡人民群众的生产设施，如机具、肥料、农药、种子、林木等以及个人生活资料，如用具、粮食、衣物、燃料等因水淹所造成的损失，一般可按某一损失率估算。20世纪50年代

在淮河流域规划时,曾拟定过损失率:长期浸水为 25%～50%,短期浸水为 5%～25%等。

4. 工矿、城市的财产损失

包括城市、工矿的厂房、设备、住宅、办公楼、社会福利设施等不动产损失以及家具、衣物、商店百货、交通工具、可移动设备等动产损失。在考虑损失时,对城市、工矿区的洪水位、水深、淹没历时等要详细调查核定,并要考虑设备的原有质量、更新程度、洪水来临时转移的可能性、水毁后复建性质等因素,以确定损失的种类、数量及其相应的损失率,不能笼统地全部按原价或新建价折算成为洪灾损失。城市、工矿企业因水灾而停工停产的损失,亦不应单纯按产值计算,一般只估算停工期间工资、管理、维修以及利润和税金等损失,而不计入原材料、动力、燃料等消耗。

5. 工程损失

包括洪水冲毁水利工程,如水库、水电站、堤防、涵闸、桥梁、码头、护岸、渠道、水井、排灌站等;冲毁交通运输工程,如公路、铁路、通信线路、航道船闸等;冲毁公用工程,如输电高压线、变电站、电视塔、自来水设施、排水设施以及淤积下水道等。所有上述各项工程损失,可用国家和地方拨付的工程修复专款来估算。

6. 交通运输中断损失

包括铁路、公路、航运、电信等因水毁中断,客、货运被迫停止运输所遭受的损失。特别是铁路中断,对国民经济影响甚大,这主要包括:

(1)线路修复费。在遭遇各种频率洪水时可按不同工程情况,估算铁路损坏长度,再以单位长度铁路造价的扩大指标进行估算。

(2)客、货运费的损失。估算不同频率洪水时运输中断的天数、设计水平年或计算基准年的客、货运量、加权运距等,再按运价、票价、运输成本等计算运输损失值。

(3)间接损失。关于铁路中断引起的间接损失,有一种情况是工矿企业的原材料、产品不能及时运进、运出,对生产和消费产生一系列的连锁反应,但这样考虑的范围很广,任意性很大。另一种情况是工矿企业和其他行业所需的原材料、物资等商品,一般均有储备,当铁路中断时,可动用储备。目前国外一般是用绕道运输的办法来完成同样的运输任务,以绕道增加的费用来计算铁路中断损失。也可以考虑按停掉那些占用运输量大、产值利润小的企业损失来计算。

7. 其他损失

主要包括水灾后国家和地方支付的生产救灾、医疗救护、病伤、抚恤等经费,洪水袭击时抗洪抢险费用,堤防决口、洪水泛滥、泥沙毁田、淤塞河道及排灌设施和土地地力恢复等损失费用。

二、防洪工程经济评价的任务和内容

防洪工程经济评价的内容和任务,就是对技术上可能的各种措施方案及其规模进行投资、年运行费、年平均效益等经济分析计算,并综合考虑其他因素,确定最优防洪工程方案及其相应的技术经济参数和有关指标。不同的防洪标准、不同的工程规模、不同的技术参数,均可视为经济分析计算中的不同方案。

防洪的目的是用一定的工程措施防止或减少洪水灾害,其所减少的灾害损失就是防洪工程的效益。对一条河流或一个区域而言,防止或减少洪灾的措施,常常有很多可能的方案可供选择。它们的投资、淹没占地、防洪能力、综合效益以及对环境的影响等均不尽相同。

在一定的条件下,需要比较分析不同方案的经济合理性。

三、防洪工程经济评价的步骤

(1) 根据国民经济发展的需要与可能,结合当地的具体条件,拟定技术上可能的各种方案,并确定相应的工程指标。

(2) 调查分析并计算各个方案的投资、年运行费、年平均效益等基本经济数据。其中包括:

① 防洪工程投资主要指主体工程、附属工程、配套工程、移民安置费用以及环境保护、维持生态平衡所需的投资。分洪滞洪工程淹没耕地和迁移居民,如果是若干年才遇到一次,且持续时间不长,则可根据实际损失情况给予赔偿,可不列入基建投资,而作为洪灾损失考虑。

② 防洪工程的年运行费主要包括工程运行后每年需负担的岁修费、大修费、防汛费等项。一般岁修费率为防洪工程固定资产值的 0.5%~1.0%,大修费率为 0.3%~0.5%,两者合计为 0.8%~1.5%。防汛费是防洪工程的一项特有费用,与防洪水位、工程标准、防汛措施等许多因素有关,一般随工程防洪标准的提高而减少。此外,年运行费还包括库区及工程的其他维护费,材料、燃料及动力费,工资及福利费等。

③ 分析计算各个方案的主要经济效果指标及其他辅助指标,然后对各个方案进行经济分析和综合评价,确定比较合理的可行方案。

任务三 防洪工程的经济效益

 任务描述

熟悉洪灾损失计算涉及的相关参数,掌握洪灾损失、防洪效益计算方法。

防洪工程的效益是指防洪工程所减免的灾害损失。与灌溉或发电工程的效益不同,它不是直接创造财富,而是把因修建防洪工程而减少的洪灾损失作为效益。因此,防洪工程效益只有当遇到原来不能防御的大洪水时才能体现出来。如果遇不上这类洪水,效益就体现不出来,有人称这种效益为"潜在效益"。

防洪工程从防御常遇洪水提高到防御稀遇洪水所需工程规模及其投资和年运行费等,均要相应大幅度地增加,虽然遇上稀遇洪水时一次防洪效益很大,但因其出现机会稀少,因此若按其多年平均值计算,比起防御常遇洪水所增加的效益可能并不很大。但工程修建后,若很快遇上一次稀遇大洪水,其防洪效益可能比工程本身的投资大若干倍;若在很长时间内甚至在工程有效使用期内遇不到这种稀遇洪水,则长期得不到较大的防洪效益,就形成投资积压,每年还得支付防汛和运行管理费等。因此,防洪效益分析是一个随机问题,具有不确定性和不准确性。

洪灾损失与淹没的范围、淹没的深度、淹没的历时和淹没的对象有关,还与决口流量、行洪流速等有关,这些因素是估计洪灾损失的基本资料。

不同频率洪水的各年损失不同,一般在经济分析中要求用年平均损失值衡量,因此需要计算工程修建前后不同频率洪水的灾害损失,求出工程修建前后的年平均损失差值。

洪灾损失一般可通过历史资料对比法和水文水利计算法确定,具体计算步骤和内容如下。

一、洪水淹没范围

根据历史上几次典型洪水资料,通过水文水利计算,求出兴建防洪工程前后河道、分蓄洪区、淹没区的水位和流量,由地形图和有关淹没资料,查出防洪工程兴建前后的淹没范围、耕地面积、迁移人口以及淹没对象等。

在进行水文水利计算时,要考虑防护地区的具体条件,如河道、地形特点,拟定防洪工程(如水库、分蓄洪工程)的控制运用方式,堤防决口、分蓄洪区行洪的水力学条件等,作为计算依据。这种方法现已被广泛应用,其优点是能进行不同方案各种典型洪水的计算,同时能考虑各种具体条件,其缺点是工作量大,有些假定可能与实际有较大的出入。

二、洪灾损失率

目前此值都是通过在对本地区或经济和地形地貌相似的其他地区若干次已经发生过的大洪水进行典型调查分析后确定的。见表8.1和表8.2。

表8.1 典型调查洪水灾害损失率表

调查单位	洪水灾情	损失率(元/亩)	备注
河南	某地区1975年8月洪水	475	受灾面积297万亩
河南	某县1982年洪水	263	受灾面积51万亩
安徽	某地区1979年洪水	560	受灾面积85.3万亩
广东	某县1979年洪水	600	
黄河水利委员会	某地区1975年8月洪水 某滞洪区1979年洪水	340 450	受灾面积1000万亩
长江水利委员会	长江流域几个分洪区调查	905~986	

表8.2 某地1975年8月洪水淹没损失统计表(成灾面积297万亩)

项 目	数 量	单 价	总 值 (万元)
一、直接损失			117350
1. 农 业			31991
粮食作物	178.84万亩	100元/亩	17884
经济作物	117.56万亩	120元/亩	14107
2. 粮食储备	27000万kg	0.4元/kg	10800
3. 水利工程			2461
堤 防			2075
小型水库	8座		386
4. 群众财产			64507
房 屋	107.8万间	500元/间	53900
家庭日用品			10394

续表

项　目	数　量	单　价	总　值（万元）
牛、骡、马	2070 头		137
猪、羊	12930 头		76
5. 冲毁铁路路基、钢轨、桥涵，损失机车、货车等			175
6. 其他（通信设备、仓库等）			7416
二、间接损失			23733
1. 生产救灾			13900
2. 工厂停产（仓库受淹、厂停产 1 个月）			7600
3. 京广路运输（中断 1 个月）			2233
三、总计			141083
平均每亩损失			475

三、洪灾损失计算

洪灾损失通常根据受淹地区典型调查材料，确定淹没损失指标，一般用每亩综合损失率表示，然后根据每亩综合损失率指标和淹没面积，确定洪灾损失值。

由于调查的是各种典型年的洪灾损失，防洪的年平均效益则为防洪措施实施前的年平均损失减去防洪措施实施后的年平均损失，可以采用频率曲线法、实际年系列平均法求出，现分述如下。

（一）频率曲线法

洪水成灾面积及其损失，与暴雨洪水频率等有关，因此必须对不同频率的洪水进行调查计算，以便制作洪灾损失频率曲线，从而求算年平均损失值。其计算步骤为：

（1）对未修建工程前和修建防洪工程后分别计算不同频率洪水时受灾面积及其相应的洪灾损失，由此即可绘制修建工程前后的洪灾损失频率曲线，如图 8.1 所示。

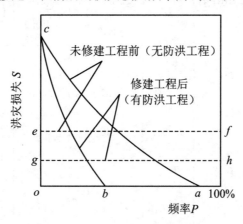

图 8.1　洪灾损失频率曲线

(2) 曲线与两坐标轴所包括的面积，即为修建工程前、后各自的多年洪灾损失（coa、cob），并求出相应整个横坐标轴（0~100%）上的平均值，其纵标即为各自的年平均洪灾损失值。如图 8.1 中的 oe，即为未修工程前的年平均值，而 og 为修建该工程后的年平均值。两者之差值（ge）即作为有、无防洪工程的年平均洪灾损失的差值，此即作为工程的防洪效益。

根据洪灾损失频率曲线，可用式（8.1）计算年平均损失值 S_0。图 8.2 中 S_0 以下的阴影面积，即为多年平均洪灾损失值，即

$$S_0 = \sum_{p=0}^{1}(P_{i+1}-P_i)(S_i+S_{i+1})/2 = \sum_{p=0}^{1}\Delta P \bar{S} \tag{8.1}$$

式中，P_i、P_{i+1} 为两相邻频率；S_i、S_{i+1} 为两相邻频率的洪灾损失；ΔP 为频率差，$\Delta P = P_{i+1} - P_i$；$\bar{S}$ 为平均经济损失，$\bar{S}=(S_i+S_{i+1})/2$。

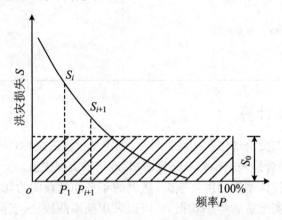

图 8.2 多年平均洪灾损失计算

【例 8.2】 某江现状能防御 200 年一遇洪水，超过此标准即发生决口。该江某水库建成后。能防御 4000 年一遇洪水，超过此标准时也假定决口。修建水库前（现状）与修建水库后在遭遇各种不同频率洪水时的损失值见表 8.3，试计算水库防洪效益。

表 8.3 洪灾损失计算表

工程情况	洪水频率(P)	经济损失(S)（亿元）	频率差（ΔP）	$\bar{S}=\dfrac{S_1+S_2}{2}$（亿元）	$\Delta P \bar{S}$（万元）	年平均损失 $\left(\sum \Delta P\bar{S}\right)$（万元）	年平均效益(B)（万元）
无水库	>0.005	0					
	0.005	33					
			0.004	37	1480	1894	
	0.001	41					
			0.0009	46	414		
	0.0001	51					
修建水库后	>0.00025	0					
	≤0.00025	33					
			0.00015	36	54	54	1840
	0.0001	39					

解 根据表 8.3 所列数据进行洪灾损失计算，由式（8.1）可求得有水库比无水库年平均

减少洪灾损失 1840(＝1894－54)万元,即年平均防洪效益 $b=1840$(万元)。

(二)实际年系列法

从历史资料中选择一段洪水灾害资料比较齐全的实际年系列,逐年计算洪灾损失,取其平均值作为年平均洪灾损失。这种方法所选用的计算时段,对实际洪水的代表性和计算成果有较大影响。

【例 8.3】 某水库 1950 年建成后对下游地区发挥了较大的防洪效益。据调查,在 1951—1990 年共发生 4 次较大洪水(1954 年、1956 年、1958 年、1981 年),由于修建了水库,这 4 年该地区均未发生洪水灾害。假若未修建该水库,估计受灾面积及受灾损失如表 8.4 所示。

表 8.4 某地区 1951—1990 年在无水库情况下受灾损失估计

年 份	1954	1956	1958	1981
受灾面积(万亩)	10	84	17	15
受灾损失(万元)	3000	25200	5100	4500

解 在这 40 年内,若未修建水库,总计受灾损失共达 37800 万元,相应年平均防洪效益约为 945 万元/年。

四、考虑国民经济增长率的防洪效益计算

随着国民经济的发展,在防洪保护区内的财产是逐年递增的,一旦遭受淹没,其单位面积的损失值也是逐年递增的。设 S_0、A 分别为防洪工程正常运行期初防洪减淹范围内单位面积的年防洪效益及年减淹面积,则年防洪效益为

$$b_0 = S_0 A \tag{8.2}$$

设防洪区内由于生产水平逐年增长,洪灾损失的年增长率(即防洪效益年增长率)为 j,则

$$b_t = b_0 (1+j)^t \tag{8.3}$$

式中,b_t 为防洪工程经济寿命期内第 t 年后的防洪效益期值;t 为年份序号,$t=1,2,\cdots,n$,n 为经济寿命,单位为年。

设计算基准年在防洪工程的正常运行期初,则在整个正常运行期(即经济寿命期)内的防洪效益现值为

$$\begin{aligned}
B &= \sum_{t=1}^{n} b_0 (1+j)^t (1+i)^{-t} \\
&= b_0 \frac{1+j}{1+i} + b_0 \frac{(1+j)^2}{(1+i)^2} + \cdots + b_0 \frac{(1+j)^n}{(1+i)^n} \\
&= \frac{1+j}{i-j}\left[\frac{(1+i)^n - (1+j)^n}{(1+i)^n}\right] b_0
\end{aligned} \tag{8.4}$$

【例 8.4】 已知某防洪工程在正常运行期初的年防洪效益 $b_0=945$(万元/年),该工程的经济寿命 $n=50$(年),社会折现率 $i=12\%$,设防洪效益年增长率 $j=0,j=3\%$ 及 $j=5\%$ 共三种情况,试分别求出在不同 j 值情况下该工程的防洪效益现值 B(计算基准年在正常运行期初)。

解 当 $j=0$ 时,则

$$B = b_0 = \left[\frac{(1+i)^n - 1}{i(1+i)^n}\right] = 945 \times 8.3045 = 7848(万元)$$

当 $j=3\%$ 时,则

$$B = \frac{1+j}{i-j}\left[\frac{(1+i)^n - (1+j)^n}{(1+i)^n}\right]b_0$$

$$= \frac{1+0.03}{0.12-0.03} \times \left[\frac{(1+0.12)^{50} - (1+0.03)^{50}}{(1+0.12)^{50}}\right]b_0$$

$$= 945 \times 11.27 = 10650(万元)$$

当 $j=5\%$ 时,则

$$B = \frac{1+0.05}{0.12-0.05} \times \left[\frac{(1+0.12)^{50} - (1+0.05)^{50}}{(1+0.12)^{50}}\right]b_0$$

$$= 945 \times 14.4 = 13608(万元)$$

任务四 防洪工程的经济评价示例

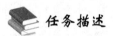

任务描述

掌握防洪工程经济评价具体方法和过程。

防洪工程一般无财务收入,因此只对其进行国民经济评价,不进行财务评价。现举例说明防洪工程经济评价的方法步骤。

设某水库以防洪为主要任务。该工程于1988年建成,总投资 $K=26327$(万元),年运行费 $u=380$(万元)。经调查,在未建水库前,下游地区遇5年一遇洪水($P=20\%$)时即发生洪灾损失。

一、计算水库的防洪效益

首先分别计算有水库和无水库当发生不同频率洪水时的洪灾损失,两者的差值即为水库的防洪效益。现将根据1982年生产水平所求出的无水库和有水库两种情况下的洪灾损失值,分别列于表8.5。

表 8.5 在不同频率洪水情况下有、无水库时洪灾损失

洪 水 频 率 (P)	33%	20%	10%	0.5%	0.1%	0.01%
无水库时损失 S_1(万元)	0	3699	7212	16135	19248	20766
有水库时损失 S_2(万元)	0	0	0	6432	16210	19248

根据表8.5所列出的在不同频率洪水情况下的洪灾损失值及式(8.1),按照表8.3的计算方法可求出水库的年平均防洪效益 $b_0=1617$(万元)(1982年生产水平)。

结合当地国民经济发展状况,取防洪效益年增长率 $j=3\%$,折现率 $i=7\%$,则水库开始

发挥防洪效益前的1988年,其年效益 $b=b_0(1+j)^6=1931$(万元)。

二、计算水库的各年的投资、年费用及年效益

若取 $i_s=12\%$(只是举例,与规范要求并不一致),则将该水库历年的投资、年运行费、年效益的现值及年值计算列于表8.6,各年投资、年运行费及年效益均发生在年末,计算基准点定在建设期初,即1984年的年初。水库建设期5年(1984—1988年),正常运行期50年(1989—2038年),计算期为55年(1984—2038年)。

表8.6 某水库防洪效益及费用现值及年值计算(社会折现率 $i_s=12\%$)

年 份	投资(万元)	年运行费(万元)	年收益(万元)
1984			
1985	2500		
1986	4000		
1987	4200		
1988	6000		
1989	5200	380	1931×1.03
1990		380	1931×1.03^2
⋮		⋮	⋮
2038		380	1931×1.03^{50}
总现值	15174	1790	12350
年值	1825	215	1485

注:1. 投资现值 $K=2500\times1.12^{-1}+4000\times1.12^{-2}+\cdots+5200\times1.12^{-5}=15174$(万元);
   投资年值 $k=$ 投资现值 $K\times(A/P,i=0.12,n=50)=15174\times0.12042=1825$(万元)。

2. 年运行费的现值 $U=380\times(P/A,i,n)(P/F,i,m=5)=380\times8.304\times0.5674=1790$(万元);
   年运行费的年值 $u=$ 年运行费的现值 $U\times(A/P,i=0.12,n=50)=1790\times0.12042=215$(万元)。

3. 防洪效益现值 $B=1931\times\left(\dfrac{1+j}{i-j}\right)\left[\dfrac{(1+i)^n-(1+j)^n}{(1+i)^n}\right][P/F,i,m=5]=12350$(万元);
   防洪效益年值 $b=B(A/P,i,n=50)=12350\times0.12042=1485$(万元)。

三、采用社会折现率 $i_s=12\%$ 进行国民经济评价

由表8.6可知,该工程在计算期内的投资现值 $K=15174$(万元),年运行费现值 $U=1790$(万元),即其费用现值 $C=K+U=15174+1790=16964$(万元);该工程的防洪效益现值 $B=12350$(万元),由此可求出该工程的经济净现值 ENPV$=B-C=12350-16964=-4614$(万元)(<0),$B/C=12350/16964=0.728$(<1.0),由此说明当社会折现率 $i=12\%$,该工程对国民经济并不有利。如果用该工程的防洪效益年值 b、投资年值 k 及年运行费的年值 u,计算上述评价指标亦可,由表8.6经济净年值 ENAV$=b-c=b-(k+u)=1485-(1825+215)=-555$(万元)($<0$),效益费用比 $b/c=1485/2040=0.728$

(<1.0),其结论是一致的。

四、采用社会折现率 $i_s=7\%$ 进行国民经济评价

本例中假设 $i_s=7\%$ 时计算结果见表 8.7。计算用的工程历年投资、年运行费及年效益等基本资料以及水库下游地区的防洪效益年增长率 $j=3\%$ 等均不变,只有社会折现率改变为 $i_s=7\%$。

表 8.7 某水库防洪效益及费用现值及年值计算(社会折现率 $i_s=7\%$)

单位:万元

年 份	投 资	年运行费	年 收 益
1984	2500		
1985	4000		
1986	4200		
1987	6000		
1988	5200		
1989		380	1931×1.03
1990		380	1931×1.03^2
⋮		⋮	⋮
2038		380	1931×1.03^{50}
总现值	17545	3739	36508
年值	1272	271	2647

注:1. 投资现值 $K=2500\times1.07^{-1}+4000\times1.07^{-2}+\cdots+5200\times1.07^{-5}=17545$(万元);
   投资年值=投资现值 $K\times(A/P,i=0.07,n=50)=17545\times0.0725=1272$(万元)。
2. 年运行费的现值 $U=380\times(P/A,i,n)(P/F,i,m=5)=380\times13.801\times0.713=3739$(万元);
   年运行费的年值 u=年运行费的现值 $U\times(A/P,i,n)=3739\times0.0725=271$(万元)。
3. 水库防洪效益的现值 $B=1931\times\left(\frac{1+j}{i-j}\right)\left[\frac{(1+i)^n-(1+j)^n}{(1+i)^n}\right](P/F,i,m=5)=36508$(万元);
   水库防洪效益的年值 $b=B(A/P,i,n)=36508\times0.0725=2647$(万元)。
4. 当社会折现率 $i=7\%$,再次对该工程进行国民经济评价。

由表 8.7 可求出该工程在计算期内的投资现值 $K=17545$(万元),年运行费的现值 $U=3739$(万元),即该工程的费用现值 $C=K+U=17545+3739=21284$(万元),该工程的防洪效益现值 $B=36508$(万元),经济净现值 $ENPV=B-C=15224$(万元)(>0),效益费用比 $B/C=36508/21284=1.715$(>1.0)。由此说明当社会折现率 $i_s=7\%$,该工程对国民经济是有利的。

五、敏感性分析

以费用和效益两项指标同时浮动分两种情况分别进行测算,计算结果见表 8.8。

表8.8 敏感性分析

单位:万元

社会折现率	敏感性因素	效益 B	费用 C	效益费用比 B/C	经济净现值 B−C
$i_s=12\%$	基本方案	12350	16964	0.728	−4614
	B 增加 15%,C 减少 15%	14203	14419	0.985	−216
	B 增加 20%,C 减少 15%	14820	14419	1.028	+401
$i_s=7\%$	基本方案	36508	21284	1.715	+15224
	B 减少 15%,C 增加 15%	31032	24477	1.268	+6555
	B 减少 20%,C 增加 15%	29206	24477	1.193	+4729

由表 8.8 计算结果可知,当防洪工程国民经济评价采用社会折现率 $i_s=7\%$,基本方案的 $B/C=1.715$,$B-C=15224$(万元);在费用 C 增加 15%、效益减少 15%~20%的情况下,$B/C=1.268\sim1.193$,$B-C=6555\sim4729$(万元),说明在效益 B 和费用 C 两项主要因素同时向不利方向浮动的情况下,其国民经济评价指标总是 $B/C>1.0$,$B-C>0$,这表明该工程当社会折现率 $i_s=7\%$ 时对国民经济总是有利的;但当社会折现率 $i_s=12\%$ 时,情况有些不同,其基本方案 $B/C=0.728(<1.0)$,$B-C=-4614$(万元)(<0),只有在效益 B 增加 20%,费用 C 减少 15%同时浮动的情况下,其国民经济评价指标 $B/C=1.028(>1.0)$,$B-C=401$(万元)(>0),才变为对国民经济有利的。

项目八技能训练题

一、单选题

1. 洪水灾害的最大特点是(   )。
A. 危害大小具有随机性
B. 危害大小不具有随机性
C. 在出现时间上不具有随机性
D. 在出现时间上具有随机性

2. 防洪工程效益是指(   )。
A. 防洪工程所减免的灾害损失,修建完成后即可提现
B. 防洪工程的效益是直接创造财富,只有当遇到能防御的洪水时才能体现出来
C. 防洪工程所减免的灾害损失
D. 防洪工程的效益是直接创造财富

3. 对防洪工程作经济评价是指(   )。
A. 国民经济评价
B. 财务评价
C. 国民经济评价与财务评价
D. 国民经济评价、财务评价与工程项目经济评价

4. 同一频率的洪水,发生在不同年份(   )。
A. 损失也不一样,有随时间变化的特性

B. 损失几乎一样,没有随时间变化的特性
C. 损失几乎一样,但有随时间变化的特性
D. 损失也不一样,没有随时间变化的特性

5. 防洪工程投资不包括(　　)。
A. 主体工程
B. 附属工程
C. 配套工程
D. 较少使用而且淹没耕地和迁移居民持续时间不长的分洪滞洪工程

二、判断题

1. 对防洪工程只进行国民经济经济评价,不进行财务评价。(　　)
2. 洪水灾害的最大特点是在出现地域上具有随机性。(　　)
3. 防洪工程不直接创造财富,而是把因修建防洪工程而减少的洪灾损失作为效益,只有当遇到能防御的洪水时才能体现出来。如果遇不上引发洪灾损失的洪水,工程的防洪效益就体现不出来,因此防洪效益也称为"潜在效益"。(　　)
4. 水土保持是防治山区水土流失,从根本上消除洪水灾害的一项措施。(　　)
5. 防洪的年平均效益为防洪措施实施前的年平均损失减去防洪措施实施后的年平均损失,只能用实际年系列平均法求出。(　　)

项目九　治涝工程经济评价

 **项目描述**

本项目介绍涝灾及治涝工程的基本知识,治涝工程经济效益的计算方法,治涝工程经济评价的任务、步骤,以及治涝工程的经济评价案例。

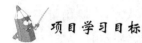 **项目学习目标**

通过对本项目的学习,了解治涝工程经济评价的一般知识,熟悉治涝工程经济效益计算的方法,掌握治涝工程经济评价具体方法和过程。

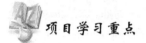 **项目学习重点**

治涝工程的经济效益的计算方法。

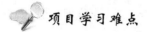 **项目学习难点**

雨量涝灾相关法。

任务一　涝灾特点及其治理标准

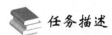 **任务描述**

了解涝渍灾害及其特点,熟悉治涝工程特点及涝灾治理标准。

一、涝渍灾害及其特点

农作物在正常生长时,植物根部土壤中必须有足够的孔隙率,以便空气、水分及养分的流通,促使作物生长。地下水位过高或地面积水时间过长,土壤中的水分接近或达到饱和时间超过了作物生长期所能忍耐的限度,必将造成作物的减产或萎缩死亡,这就是涝渍灾害。因此,搞好农田排水系统,提高土壤调蓄能力,也是保证农业稳产增产的基本措施。

内涝主要因暴雨后排水不畅、水量迅速聚集而形成,一旦农田表面积水过深,淹没时间过长,导致农作物减产或失收,一般称为涝灾。随着气候温室效应影响和水环境不断恶化,在我国南方沿江滨湖低洼圩区,洪、涝、渍灾的发生日趋频繁;在我国北方平原地区,洪、涝、渍、旱、碱等灾害也常常交替发生。

在我国南方圩区,如沿江(长江、珠江等)、滨湖(太湖、洞庭湖)的低洼易涝地区以及受潮汐影响的三角洲地区,这些地区的特点是地形平坦,大部分地面高程均在江、河(湖)的洪、枯水位之间。因为缺乏完善的农田排水系统,强降雨之后即使没有形成涝灾,也会因地下水位升高,并持续保持在较高的地下水位,土壤中含水量过多而产生渍害;每逢汛期,外河(湖)水位高于田面,圩内渍水无法自流外排,形成渍涝灾害;特别是大水年份,外河(湖)洪水经常决口泛滥,形成外洪内涝,严重影响农业生产。在南方地区,地下水的含盐量小,一般不存在土壤盐碱化问题。

我国北方平原地区,当上游洪水流经平原或圩区,超过河道宣泄能力而决堤、破圩时常引起洪灾。若暴雨后由于地势低洼平坦,排水不畅或因河道排泄能力有限,或受到外河(湖)水位顶托,致使地面长期积水,造成作物淹死,是为涝灾。成灾程度的大小,与降雨量多少、外河水位的高低及农作物耐淹程度、积水时间长短等因素有关,这类灾害可称为暴露性涝灾,其相应的损失称为涝灾的直接损失。有的由于长期阴雨和河湖长期高水位,使地下水位抬高,抑制作物生长而导致减产,是为渍灾,或称潜在性涝灾,其相应损失为涝灾的间接损失。在北方地下水矿化度高的或土壤受盐碱威胁地区,当因涝灾而引起地下水位上升至临界深度以上,常易导致土壤盐碱化,造成农作物受灾减产,是为碱灾。例如,黄淮海某些地区,由于地势平坦,夏伏之际暴雨集中,常易形成洪涝灾害;如久旱不雨,则易形成旱灾;有时洪、涝、旱、碱灾害伴随发生,或先洪后涝,或先涝后旱,或洪涝之后土壤发生盐碱化。因此,在农业生产中,做好排水工作不仅有除涝作用,同时还有降低地下水位,防止渍害或土壤盐碱化的作用,因此发展水利,服务农业,必须坚持洪、涝、渍、旱、碱综合治理,才能保证农业高产稳产。

二、治涝工程特点

治涝(又称除涝、排涝或排水治涝)的含义比较广泛,其内容视不同地区而异。排水治涝必须采取一定的工程治理措施。排水治涝工程系统主要由排水治理区的内部田间排水网系、治理区外部的承纳所排涝水的承泄区及排水枢纽三大部分组成,其中排水网系由农沟及以下的田间沟道组成。农田中由于暴雨产生的多余地面水和地下水,通过田间排水网的明沟、暗管和竖井等工程汇集于农沟,经斗、支、干沟等各级排水沟渠和排水枢纽排泄到承泄区内。在盐碱化地区,要降低地下水位至土壤不返盐的临界深度以下,达到改良盐碱地和防止次生盐碱化的要求。在渍灾易发地区,要降低地下水位至作物生长根系层的下层,才能增加土壤中空气量,有利于作物生长。因此,控制地下水位(地下水埋藏深度)是主要的治理措施之一。

治涝工程与发电、灌溉、供水等兴利工程不一样,它和防洪工程均属除害性质,其工程效益主要指工程所能减免的灾害损失,即工程建成前后对比,其减少的是多年平均涝渍灾害损失。治涝工程效益有以下特点:

(1) 修建治涝工程后,可以减免大雨年份涝灾的损失。涝灾损失和洪灾不同,它以农产品减产为主,房屋设施等财产的损失为次。涝灾损失的大小与暴雨发生季节、雨量、降雨强度、积涝水深、积水历时、农作物耐淹能力以及承泄区水位高低等因素有很大关系。

(2) 治涝工程效益与涝区自然条件、生产水平关系较大。自然条件较好、生产水平较高的地区,农业产量高、产值高,受涝时损失就大,治涝工程效益也大;反之,原来条件较差、农业基础薄弱的地区,农产品产值低,工程建成后,若短期内农业生产等其他条件仍然上不去,治涝工程效益也小。

(3) 单一治涝工程只能解决作物的稳产,要使农业高产必须辅以灌溉及其他农业技术措施,所以治涝工程应作为各地区综合治理措施之一,统筹安排,才能取得较好的综合效益。

(4) 治涝工程效益主要表现在排水治理区农业增产、农民增收上,只体现出国民经济效益,因此治涝工程没有财务效益。

三、治理标准

修建治涝工程,减免涝、渍、碱灾害,首要的是确定治理标准。合理的治理标准,应先满足减免涝、渍、盐碱灾的技术要求,其次考虑经济合理性问题。

不同作物有不同的耐涝、耐渍、耐盐允许值,因此进行治涝工程设计时,必须根据涝区的地形地质、土壤性质、水文气象、作物品种、涝灾情况等,合理确定工程治理任务、选择治理标准。现分述于下:

(一) 排水标准

治涝工程设计,必须本着遇旱有水、遇涝排水、减免渍害或改良土壤,达到农业高产稳定的要求。考虑涝区的环境条件、涝灾情况、现有治理措施等因素,正确处理大中小、近远期、上下游、泄与蓄、自排与抽排以及工程措施与其他措施等关系,合理地确定工程排涝任务与选择排涝标准。《水利水电工程水利动能设计规范》规定:排涝设计标准一般应以涝区发生一定重现期的暴雨而不受灾为准,重现期一般采用5~10年。农业生产条件较好的地区或有特殊要求的棉粮基地和大城市郊区,可以适当提高标准;条件较差的地区,可采取分期提高的办法。工程设计中除应排除地面涝水外,还应考虑农作物对降低地下水位的要求。

我国各地区降雨特性不同,应根据当地自然条件、涝渍灾害、工程效益等情况进行经济分析,合理选择治理标准。设计排涝天数应根据排水条件和作物不减产的耐淹历时和耐淹深度而定,参阅表9.1。

表9.1 几种旱作物耐淹历时及耐淹水深表

作 物	小麦	棉花	玉米	高粱	大豆	甘薯
耐淹时间(天)	1	1~2	1~2	5~10	2~3	2~3
耐淹水深(cm)	10	5~10	8~12	30	10	10

(二) 防渍标准

防渍标准是要求地下水位在降雨后一定时间内下降到作物的耐淹深度以下。作物耐渍地下水深度,因气候、土壤、作物品种、不同生长期而不同,应根据实验资料而定。缺乏资料时可参阅表9.2。

表 9.2　几种旱作物耐渍时间及耐渍地下水深度表

作　　物	小麦	棉花	玉米	高粱	大豆	甘薯
耐渍时间(天)	8~12	3~4	3~4	12~15	10~12	7~8
耐渍地下水深度(m)	1.0~1.2	1.0~1.2	1.0~1.2	0.8~1.0	0.8~1.0	0.8~1.0

(三) 防碱标准

治理盐碱措施可分为农业、水利、化学等改良措施。水利措施主要是建立良好的排水系统,控制地下水位。由于土壤脱盐和积盐与地下水埋藏深度有着密切关系,在一定的自然条件和农业技术措施条件下,为保证土壤不产生盐碱化和作物不受盐害所要求保持的地下水最小埋藏深度,即不使土壤反盐的地下水深度,常被称为地下水临界深度。其大小与土壤性质、水文气象、地下水矿化度、灌溉排水条件和农业技术措施(耕作、施肥等)有关。利用水利措施防止土壤盐碱化的标准是应控制的地下水位,即地下水的临界深度。各地环境、生产条件不同,地下水临界深度也不同,应根据实际调查和观测资料确定。有关灌区地下水临界深度,可参阅表 9.3。

表 9.3　若干灌区地下水临界深度表

地区(灌区)	河南人民胜利灌区	河北深州市	鲁北	山东打鱼张	陕西人民引洛灌区	新疆沙井子
土壤性质	中壤土	轻壤土	轻壤土	壤土	壤土	砂壤土
地下水矿化度(g/L)	2~5	3~5	3	1	1	10
临界深度(m)	1.7~2.0	2.1~2.3	1.8~2.0	2.0~2.4	1.8~2.0	2.0

总之,治涝工程设计中,在技术可行的前提下选择合理的治理标准实际上是一个经济比较问题。应根据国民经济发展规划、经济水平、生产条件、自然环境、地形特点和经济分析指标等,通过经济比较、科学论证来选定。工程标准高,工程量大,投资也大,相应的工程效益也就高;反之,工程效益也就小。目前,治涝工程设计标准有三种方法:① 同频率法,即田间工程的干、支沟和骨干河道采用相同设计标准。② 干小支大法,即骨干河道治理标准比干、支沟渠治理标准低。例如,某些地区采用干三支五法,即骨干河道按 3 年一遇标准治理,干、支沟渠按 5 年一遇标准治理。③ 实际年型法,即按某一个实际年型的降雨分布来治理河道,降雨量大的地区治理标准高,降雨量小的地区治理标准低。

任务二　治涝工程的经济效益

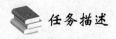
任务描述

了解治涝工程经济效益的特点,掌握治涝工程效益的计算方法。

一、治涝工程经济效益的特点

治涝工程具有排除内涝灾害的性质,其工程效益主要表现在涝灾的减免程度上,即与工程有、无对比在修建工程后减少的那部分涝灾损失,即为治涝工程经济效益。

在一般情况下,涝灾损失主要表现在农作物减产绝收方面,只有当遇到大涝年份涝区长期大量积水时,才有可能发生房屋倒塌、工程或财产损毁等情况。涝灾的大小与暴雨发生的季节、雨量强度、积涝水深、受淹历时、作物耐淹能力等许多因素有关。计算治涝工程效益或估计工程实施后内涝灾情减免程度时,均需作某些假定并采用简化方法,根据不同的假定和不同的计算方法,其计算结果可能差别很大。因此,在进行治涝工程经济效益计算时,应根据不同地区的涝灾成因、排水措施等具体条件,选择比较合理的计算分析方法。

治涝工程经济效益的大小,与涝区的自然条件、生产水平关系甚大。自然条件好、生产水平高的地区,农产品产值大,受灾时损失亦大,但治涝后效益也大;反之,原来条件比较差的地区,如治涝后生产仍然上不去,相应工程效益也就比较小。此外,规划治涝工程时,应统筹考虑排涝、除渍、治碱、防旱诸问题,只有综合治理,才能获得较大的综合效益。

二、治涝工程经济效益的计算

(一) 涝灾损失调查分析计算

治涝工程具有减灾除害性质,其工程效益主要表现为对涝、渍、碱灾害的减免程度上,通常以工程兴建前后所减免的涝、渍、碱灾害损失来表示。在计算排水效益时,一般根据修建工程前历年已发生的涝灾损失情况等有关调查资料,估算所减免的灾害损失,来推求修建工程后的排水效益。由于涝渍碱灾害损失与暴雨发生季节、暴雨量、积涝水深、积涝历时、地下水埋深、地下水矿化度、土壤性质、作物耐淹能力以及排水系统的流量和容泄区的水位因素有密切关系,因此在计算治涝工程效益时,应做实地调查和实验研究,取得上述这些基本资料后再分析计算。因此,对历史涝灾损失情况等有关调查资料和灾害损失对比实验数据资料进行认真细致的分析研究,是经济分析计算中一项重要的基础工作。涝灾损失可主要是农、林、牧、副、渔各业因受灾减产所造成的损失。此外,还包括:① 房屋倒塌破坏、禽畜死亡丢失、家具衣物等物资损坏等损失;② 水利、交通、电力、通信设施毁坏或中断所造成的损失;③ 工矿停产、商业停业及其他部门停工等所造成的损失;④ 政府为排涝救灾所支出的工程抢险、医疗救护、临时安置等费用。上述费用损失中,包括直接损失和间接损失,有的能用实物量或折合成货币价值量来表示,有的不能或难以用实物或货币来表示。

能用实物量或货币量来表示的直接损失,包括农产品遭灾的减产损失,受涝引起的房屋倒塌损坏、生产生活资料损失、各种基建工程遭受破坏以及交通电力通信设施毁坏中断损失等。间接损失包括由于农业减产而导致下年的生产及工业原料不足造成的农、副业和工业损失以及交通运输电力通信中断给其他部门带来的损失等。

不能或难以用实物或货币表示的损失,诸如由于涝灾而引起灾区人民疾病传染、精神痛苦、生命死亡、社会不安定及文化教育和生态环境方面的损失等。

1. 涝区灾情和农业减产情况的调查分析

首先,应对社会经济资料和农作物组成、产量、成本等进行调查,然后对历史上受灾年份灾情记录资料进行分析整理。在灾区范围内选择受灾程度不同的几个典型区,对各年降雨的受灾范围、成灾面积、积水深度、淹没历时和农业减产程度进行详细调查,再根据典型区调查资料估算全灾区的损失。调查的具体内容有:

(1) 社会经济和农业情况调查。搜集涝区范围内的行政区划,土地人口,经济发展状况,农业生产条件,历年收益分配,农作物种植结构、组成比例及复种指数、产量(单产、总产),生产成本,稳产高产农田面积及产量,物价水平,近期农业发展规划及远景预测设想等资料。

(2) 地质、水文、气象等资料调查。按历年不同降雨历时统计区内及边缘雨量站的降雨量、涝区河道各控制站水位流量等水文资料,同时收集农业区划土壤质地、土壤盐碱化程度、地下水矿化度以及历年地下水埋深、盐碱地面积变化等各种资料,并进行分析整理。

(3) 水利工程建设调查。收集调查历年农田基本建设,水利工程建设、管理、运用、维护及河沟淤积测量等资料。

(4) 涝、渍、碱灾情调查。搜集历年涝渍碱灾害的分布范围、受灾和成灾面积、农作物减产程度,在涝区范围内选择受灾程度不同的几个典型区或对几个有代表性的重点涝灾年做详细调查,如调查成灾的降雨、积水范围和深度,淹没历时,地下水位变化,作物减产程度及受淹减产原因等。还需调查其他灾情如旱灾、风灾、虫灾等,以便在当年灾情减产资料中扣除其他灾害影响,求得单纯涝灾(或渍灾)的灾情损失资料。

(5) 其他财产损失的调查。严重涝灾时,由于降雨大、水量多、积水深、淹没历时长等原因,常造成房屋倒塌毁坏、家具衣物等财产等受损、水井坍塌或淤死、水利工程和其他建筑设施遭受破坏等,所有其他财产损失均应进行调查分析。

(6) 涝渍灾害成因分析。涝渍灾害的成因十分复杂,它与水文气象、地形地质、土壤性质、农作物种植品种比例及生长季节、降雨量、积水深度、淹没历时、地下水位、水利工程现状及运用管理情况等密切相关。其中最主要的是降雨,短期集中暴雨和长期连续性降雨均能造成灾害。一般治理标准较低、排水条件较差的地区,较大涝渍灾大多是由长期连续性降雨所造成的;治涝标准较高、排水条件好的地区,其涝渍灾则大多是由短期集中强降雨所形成的。其次承泄区外水位过高,受外水位顶托,或地下水位偏高,常使无抽排措施的低洼地区形成严重涝渍灾。还有地形地貌、土壤地质、水利工程现状和运用管理以及其他情况,也是形成涝渍灾的原因。

2. 农业损失值和其他损失值计算

(1) 农作物减产损失分析。农作物减产损失一般可用面积、产量、产值和减产率、绝产率等方面指标来表示。其中常用的实物量表达方式有下列三种:

① 绝产面积:由于涝渍灾有轻重程度之分,治涝工程兴建后减免的实际成灾面积,并不能确切反映其效益实物量。所以,在实际工作中常用减免的农作物绝产面积来表示排水措施的效益。此法是将调查来的历年实际涝渍成灾面积及减产程度换算为绝产面积,具体可用下式计算:

$$F_c = \sum_{i=1}^{m} f_i q_i + f_c \tag{9.1}$$

式中,F_c 为换算的绝产面积;f_i 为减产 q_i 成数的受灾面积;q_i 为减产成数,由二成到八成;m 为减产等级数;f_c 为调查的实际绝产面积。

减产成灾程度一般分为轻中、重、灾和绝产四级。如有的地方规定减产二至四成为轻灾,四至六成为中灾,六至八成为重灾,八成以上为绝产。

② 绝产率:这是一个相对指标,它是绝产面积与涝灾调查区内总播种面积的一个比值。用绝产率来表示排水效益,便于在条件类似地区计算时采用。它可用由成灾面积换算得到的绝产面积除以涝灾调查区内总播种面积来推求出绝产率。其计算公式为

$$\beta' = \frac{F_c}{F} \times 100\% \tag{9.2}$$

式中,β' 为绝产率;F 为治涝区内总播种面积;其余符号同前。

③ 减产率或减产系数:这是以涝区农作物正常产量(即不受灾情况下的产量)受损失的程度或预测产量与受灾后实际产量之比来表示的一个相对指标,一般用单位面积上的损失率来表示;也可以用涝区总产量的损失百分数来表示。要注意的是,对于同一次涝灾,这两种表示方法的结果是不同的,前者是一数组,后者为一个数值。这是因为整个涝区地形条件不完全一致,受灾程度有差异形成的。所以用单位面积减产率表示的话,应随地形高程不同而不同,所以是一个数组。不过,如果涝区地形非常平坦,土壤肥力也基本一致,则单位面积减产率也可能是一个数,则与涝区总产量减产率相一致。减产率或减产系数计算的一般公式为

$$\beta = \frac{W_o - W_e}{W_o} \times 100\% \tag{9.3}$$

式中,β 为减产率或减产系数;W_o 为正常年产量或预测产量;W_e 为受灾后当年实际产量。

上式经换算可用下式表达:

$$\beta = 涝灾面积 \times \frac{农作物减产程度}{农作物播种面积}$$

如果采用产值计算时,应包括副产品(如秸秆、棉子等)的产值。

上述三种表达指标也可由试验资料推求,即假定其他因素相同,根据作物受涝与不受涝、受渍与不受渍的对比实验和调查资料,换算得出绝产率,或者由此得出产量(或产值)差,进而求出减产率。此法可以排除风、虫、旱等其他因素的影响,其精度较为可靠,但目前这方面的试验资料较少。

(2) 农业损失值计算。计算农业损失值,首先应分析农作物组成,既要拟定正常年的作物组成和产量,又要分析预测设计水平年的计划作物组成和产量。正常年系指旱、涝灾害轻微及无其他灾害的偏丰年景的作物组成和产量。根据作物组成和产量,就可求出农业总损失值。即:

$$L = \sum_{i=1}^{n} F_i \beta_i W_i P_i \tag{9.4}$$

式中,L 为农业总损失值;F_i 为第 i 种作物播种面积;β_i 为第 i 种作物减产系数;W_i 为第 i 种主(副)产品产量(kg/亩);P_i 为第 i 种作物产品的价格(元/kg);n 为作物组成品种数。

(3) 其他财产损失值计算。当涝区遇到特大涝水年份会发生其他财产损失,主要包括房屋倒塌、家具衣物等财产损失、禽畜死亡丢失、生产资料受损坏、工程建筑遭破坏、交通电力通信设施毁坏或中断等损失。要正确计算其他财产损失,也应先调查了解大涝水年份受灾地域上其他财产损失的具体情况,再根据调查资料分析估算,并以实物量或价值量表示。其中实物量可以按受灾损失的财产、设施类别进行统计,例如损失房屋(间)、牲畜(头)、公路(km)、铁路(km)等,然后将所有的其他财产损失实物量按影子价格折算为货币值(价值量)。

在大涝年份时,政府为排涝救灾支付了大量费用,其中用于排涝抢险和医疗救护方面的费用(不包括救灾的粮食、衣物、房屋等费用)也应予以计算。

有些低洼地区因涝水不能及时排除积水,影响下年农业生产和工、副业生产,由此导致

的损失也应计算在内。

（二）治涝工程经济效益的计算方法

治涝工程经济效益，即修建工程后减免的涝灾面积所带来的农业生产效益，以修建工程前后所减少的农作物涝灾损失表示。目前，推求农作物涝灾损失值主要采用涝灾频率曲线法、内涝积水量法、雨量涝灾相关法等方法。下面分别作简要介绍：

1. 涝灾频率曲线法

涝灾频率曲线法又称涝灾损失法，也叫实际年系列法，此法适用于在工程兴建前后都有长系列的多年受灾面积统计资料和相应的暴雨资料的治涝地区已建工程的除涝效益计算。因此，可以根据实际资料计算治理前和治理后多年平均涝灾面积的差值，再乘以单位面积涝灾损失率，进而推算工程的除涝效益。这种方法在计算前应收集下述资料：

(1) 涝区的长系列暴雨资料。

(2) 治涝工程兴建前，历年涝区受灾面积及其相应灾情调查资料。

(3) 涝区治理后，涝灾发生情况的统计资料。

具备了涝灾频率曲线法所需相关数据资料后，具体计算可按下述步骤进行：

(1) 对涝区的成灾暴雨进行频率分析。

(2) 根据涝区受灾面积及其相应的灾情调查资料，计算治涝工程兴建前历年的绝产面积 F_c：

$$F_c = f_c + F_h \gamma_h + F_m \gamma_m + F_l \gamma_l \tag{9.5}$$

式中，f_c 为调查的实际绝产面积；γ 为减产率；下标 h、m、l 分别表示受灾程度为重、中、轻。

(3) 以暴雨频率为横坐标，相应年份绝产面积为纵坐标，绘制涝区在工程兴建前历年的绝产面积频率曲线，见图 9.1。

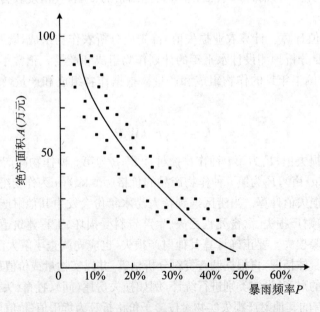

图 9.1 排涝工程兴建前暴雨频率-绝产面积关系图

(4) 根据工程兴建后历年的暴雨频率，查出相应于未建工程时的涝灾绝产面积，并与工程兴建后实际调查及统计资料相比较，其差值即为当年由于治涝工程兴建而减少的绝产面积。

(5) 以当年减淹面积乘以当年涝区受淹面积上的正常产量即为治涝工程兴建后效益的实物量,再与单位产量的价格相乘即可得工程兴建后该年所获效益的价值量。

经过实际资料分析验证,涝区绝产面积与成灾暴雨频率之间密切相关,相关系数 $r \approx 0.85$,因此,认为这种方法能够满足精度要求。

2. 内涝积水量法

造成内涝从而使农作物减产因素较为复杂,不仅与降雨强度、降雨量有关,而且与积水深度、淹没历时、地下水位情况、农作物品种、农作物生长期季节等均有密切关系。内涝积水量在一定条件下可以综合体现降雨量、积水深度、淹没历时和地下水位变化等因素,因此可作为一个综合性指标来反映涝灾程度,由它入手,通过对内涝积水量与绝产面积、减产率与降雨频率等之间关系的分析,研究农作物因内涝造成的减产率,从而计算治涝工程兴建前后所减免受灾面积,求出内涝损失,进而推算出治涝效益。这种方法既适用于已建工程,也适用于规划时测算治涝效益。

为计算工程前后各种情况的内涝损失,先作下述基本假定:

(1) 农业减产率 β 随内涝积水量 V 变化,即 $\beta = F(V)$。

(2) 内涝积水量 V 是涝区出口控制站水位 Z 的函数即,即 $V = F(Z)$,并假设内涝积水量 V 仅随控制站水位 Z 而变化,不受河槽断面大小的影响。

(3) 假定灾情频率与降水频率和控制站的流量频率是一致的。

该内涝损失计算方法一般可按下列步骤进行:

(1) 分析推求降雨量与径流深的关系曲线。通过水文观测站或径流实验站收集涝区暴雨降雨量、成灾径流深等相关水文资料,并用水文统计计算方法,如入渗分析法、径流系数法等推求涝区降雨量与成灾径流深的关系,如图 9.2 所示。

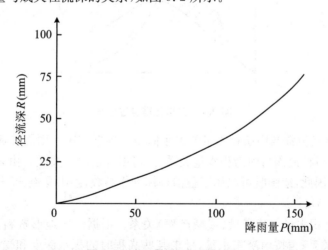

图 9.2 降雨量-径流深关系图

(2) 绘制无工程时涝区降雨产流过程线(涝区出口控制站流量过程线)。根据上述资料,用当地小流域径流公式或用排水模数公式计算成灾暴雨的洪峰流量(即降雨径流量),并结合地形地貌条件、流域形状、汇流速度等用概化方法计算无治涝工程时降雨产流过程线(又称理想流量过程线)。

(3) 推求建有工程时单位面积内涝积水量。分析涝区受涝后无治理工程时暴雨产流过程和有治理工程时实际排出涝区流量过程的关系,计算暴雨产流量与建有工程后实际排涝流量的时程差值,即为内涝积水量。对于动力提排区,可采用平均排水法作出实际排涝流量过程线(图9.3),计算降雨产流过程线与实际排涝过程线间的流量差值(图中阴影面积);对于自流排水区,可根据涝区排涝沟渠出口控制站实际排水资料作出实际排涝流量过程线(图9.4),计算降雨产流过程线与实际排涝过程线围成的阴影面积。若是规划工程,则可用有治涝工程的实测流量资料进行比照计算或根据涝区逐时段的调蓄演算求得内涝积水量。

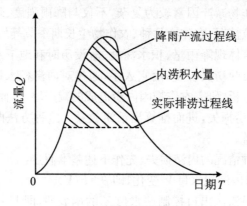

图9.3 提排区排涝过程线

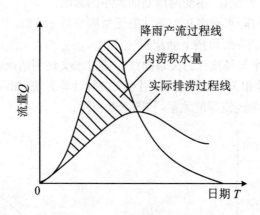

图9.4 自排区排涝过程线

(4) 绘制受涝径流深与内涝积水量的关系曲线。根据成灾暴雨的径流量及其相应的内涝积水量,可以获得径流深与内涝积水量关系,并可据以绘出相关线。由于内涝积水量与治涝工程标准有关,因此,绘图时可以用工程治理标准作参数,绘出受淹面积径流深-内涝积水量的关系图(图9.5)。

(5) 推求内涝积水量与减产量(或减产率)关系。根据涝区地形资料,求出高程与耕地(或淹没区)面积关系;再按内涝积水量,推求某些高程时的积水深度和受灾面积,并求出内涝积水量与受灾面积的关系,见图9.6,分别计算兴建工程前后受灾面积;再根据作物允许淹水深度与淹没历时的试验资料(或相当的试验资料)或调查资料,求出内涝积水量和农作物减产量(或减产率)关系(图9.7)。为使涝灾面积数据具有可比性,反映涝灾损失的涝灾面积常以绝产面积来表示,可用式(9.5)计算。

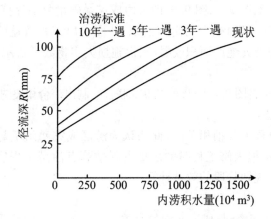

图 9.5 成灾暴雨径流深-内涝积水量关系图

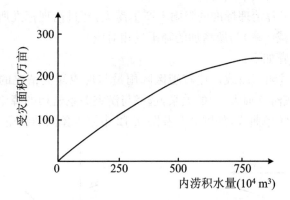

图 9.6 内涝积水量-受灾面积关系图

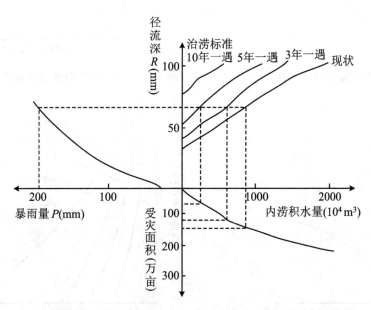

图 9.7 降雨量、径流深、内涝积水量和涝灾面积合轴相关图

(6) 综合上述图 9.2、图 9.5、图 9.6，即可由成灾暴雨量分别计算工程前后的受灾面积，推求出规划工程（或已建工程）减少的涝灾面积，从而求出工程效益的实物量和价值量。实物量以有工程时减少的涝灾绝产面积或财产、设施损失实物数量表示，价值量可用有工程时减少的产量损失价值表示。

用这种方法计算时可将图 9.2、图 9.5、图 9.6 联合绘制出综合相关图，见图 9.7，以便于应用。

3. 雨量涝灾相关法

雨量涝灾相关法也称为合轴相关图，此法认为涝区成灾暴雨量与绝产面积关系不受暴雨时程分布的影响，并根据未修工程时的历史资料估算有治涝工程后减免的涝灾损失。此方法主要用于治涝工程规划阶段的效益计算。

本法在计算中有以下基本假定：

(1) 涝灾损失（或减产率）与成灾暴雨量有关。

(2) 涝灾频率与降雨频率相对应。

(3) 小于和等于工程治理标准的降雨不产生涝灾，超过治理标准所增加的灾情（即所增加的涝灾损失或涝灾减产率）与所增加的降雨量相对应。

本法具体计算步骤如下：

(1) 绘制涝区雨量频率曲线。比较涝区降雨量与形成涝灾情况的历史资料，分析降雨量与相应涝灾面积（或涝灾损失率）的关系，选择与涝灾关系密切的降雨时段作为计算雨期，绘制涝区雨期的雨量频率曲线，如图 9.8 及图 9.12 中第Ⅳ象限曲线所示。

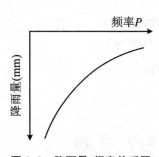

图 9.8　降雨量-频率关系图

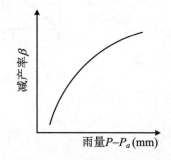

图 9.9　无工程时降雨量-涝灾减产率关系

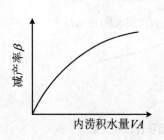

图 9.10　内涝积量-减产率关系图

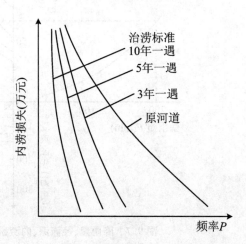

图 9.11　内涝损失-频率关系图

(2) 推求出无治理工程时成灾降雨量与减产率(或绝产率)的关系曲线。根据历史成灾暴雨频率与降雨量的相关资料,分析无工程计算雨期降雨量 P 加前期影响雨量 P_a 与相应涝灾损失(涝灾减产率或绝产率)的关系,推算并绘制无工程时雨量与涝灾减产率关系曲线,如图 9.9 及图 9.12 中第Ⅱ象限曲线所示。

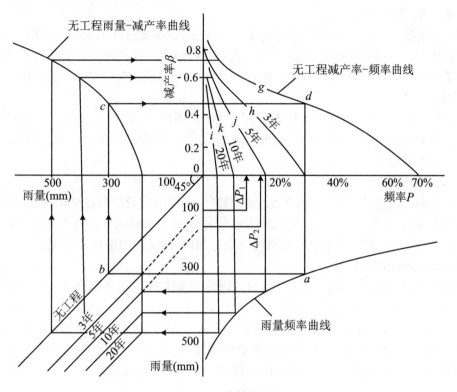

图 9.12 合轴相关图

(3) 根据各种频率下单位面积内涝积水量及雨量(或内涝积水量)与农作物减产率关系(图 9.10 即为内涝积水量-减产率关系曲线),即可求得不同治理标准下各种频率内涝农作物减产损失值,再加上对应的其他因涝财产损失值,就可绘出兴建工程前和兴建各规划治理标准工程后的内涝损失(减产率或绝产率)-频率关系曲线,如图 9.11 及图 9.12 中第Ⅰ象限曲线所示。也可按照下面第(4)~(6)条步骤绘制工程前后的各条涝灾减产率-频率关系曲线。

(4) 在图 9.12 中第Ⅲ象限从坐标原点绘出 45°线,以便把第Ⅱ、Ⅳ象限中成灾雨量的坐标联系起来。也可根据图 9.12,绘得无治理工程时的减产率(或绝产率)频率曲线。其过程为:① 在成灾雨量频率曲线上的 a 点引水平线,交 45°线于 b 点;② 由 b 点引垂线交涝灾暴雨与减产率曲线于 c 点;③ 由 c 点引水平线,与由 a 点引出的垂线相交于 d 点,d 点即为无治涝工程时减产面积频率曲线上的一个点;④ 按图 9.12 中箭头所示方向,重复上述过程得到足够的 d 点,连接这些 d 点即可得到无工程涝灾减产率(或绝产率)-频率关系曲线 g,如图 9.12 中第Ⅰ象限所示。

(5) 依据治涝工程规划标准,求出兴建 3 年一遇治理工程后涝区开始成灾的暴雨量 P_1(按排涝标准得到),与未建工程时该地区开始成灾的暴雨量 P_0 的差值 ΔP_1,即 $\Delta P_1 = P_1 - P_0$;同理类推,可求得其他治理标准工程兴建后的 $\Delta P_2、\Delta P_3、\Delta P_4$,如图 9.12 所示。

(6) 在第Ⅲ象限中,以 ΔP_i 为纵坐标,画一条平行于 45°线的直线,称为该规划治理标准的雨量转换线(即图 9.12 中第Ⅲ象限平行于 45°线的斜线),并以此线为依据,用绘制无工程时减产率-频率曲线相同方法,按图 9.12 中箭头方向,绘出在确定规划治理标准下的涝灾减产率-频率曲线 h、j、k、l,即为 3 年一遇、5 年一遇、10 年一遇、20 年一遇等四种治理标准对应的涝灾减产率-频率曲线。

(6) 分别量算图 9.12 第Ⅰ象限中曲线 g 与曲线 h、j、k、l 之间的面积,便可求出四种规划标准治理工程后可减免面积的总减产率(也可以用治涝工程兴建前后减免的年平均涝灾减产率表示),并按涝灾减产率(或绝产率)求出工程兴建后所减免涝灾损失所对应的实物量和价值量。

需要指出的是,上述介绍的三种方法可任选绝产面积、或减产量、或减产率(或绝产率)等作为计算效益的指标,计算过程完全相同,只是绝产面积和减产量是绝对量指标,减产率和绝产率是相对指标。

4. 暴雨笼罩面积法

此法有两个假定:① 涝灾是由于汛期内历次暴雨量超过设计标准暴雨量所形成的,涝灾虽与暴雨分布、地形、土壤、地下水位等因素有关,但认为这些因素在治理前后影响是相同的;② 涝灾只发生在超标准暴雨所笼罩的面积范围内,假设治理前后年涝灾面积与超标准暴雨笼罩面积的比值是相等的。

根据历年灾情系列资料,计算并绘制治理前的涝灾减产率频率曲线,统计流域内各雨量站降雨量 P 及其相应的前期影响雨量 P_a,绘制雨量($P+P_a$)和暴雨笼罩面积关系曲线。计算治理前各年超标准暴雨笼罩面积与其实际涝灾面积的比值,用此比值乘以已定排涝标准治理后历年超设计标准暴雨的笼罩面积,即可求出治理后年均涝灾面积和损失值,其与治理前平均涝灾损失的差值,即为治涝工程效益。本法可用于较大的流域面积。

另外,作物受淹减产可根据试验资料系统分析而得。试验证明,不同作物的耐淹历时和耐淹水深不同,如果超出允许耐淹时间和耐淹深度,不仅会影响作物正常生长而减产,重者甚至死亡。还证明,作物受淹减产情况不仅与淹水历时有关,而且与作物品种和生长期有关。关于淹水深度、淹没历时以及作物品种和生长期对作物产量的影响,由于各地具体情况不同,因此必须根据当地实际条件开展作物耐淹和减产试验,以便为分析涝灾减产损失提供确切资料。表 9.4 为来自山东、河北等地农作物允许淹水深度和淹没历时的调查资料,作为参考。

表 9.4 农作物允许淹水深度和淹没历时调查值

农作物品种	生 长 期	淹水深度(cm)	淹没历时(天)
高粱	孕穗期	10~15	5
	灌浆期	15~20	6~7
	乳熟期	15~20	8~19
大豆	开花期	7~10	2~3
玉米	抽穗期	8~12	1~1.5
	孕穗灌浆期	8~12	2
	成熟期	10~15	2~3

续表

农作物品种	生 长 期	淹水深度(cm)	淹没历时(天)
棉花	开花结铃期	5～10	1～2
甘薯		7～15	2～3
早稻	孕穗期	10～15	4～5
水稻	分蘖期	6～10	2～3
	拔节期	15～20	5～7
	孕穗期	20～30	8～10
春谷	孕穗期	10～15	1
	成熟期	10～15	2～3

对于上述各种内涝损失的计算方法，由于基本假设与实际情况总是有些差距，因而尚不很完善，虽计算结果不够准确，但用于不同排水治涝方案比较还是可以的。必要时可采用几种方法相互检验计算成果的合理性。

（三）治渍、治碱效益的估算

地下水埋深过小即地下水位过高时，就会形成渍灾或土地盐碱化，导致农作物减产。只有当地下水位适宜时，农作物的产量和质量都可得到提高，从而达到增产效益。治涝工程通常对排水河道采取开挖等治理措施，从而降低了地下水位，因此，治涝工程常常在发挥除涝效益的同时也带来了治渍、治碱效益。在我国北方很多地区，涝、碱灾害往往伴随而生，排水治涝同时还有防治盐碱的效益。在南方一些平原地区和很多低洼地区，涝、渍灾害时常伴随而生，治涝同时还有治渍效益。但有时治涝工程同时起到除涝、防渍和治碱作用，而各种作用又很难划分清楚，所以其工程经济效益往往是把这些作用效果一并计算在内。治涝工程的治渍、治碱效益估算方法如下：

（1）首先把治渍、治碱区划分成若干个分区，调查治理前各分区地下水埋深情况、作物种植情况和产量产值收入等情况，然后分类计算各种作物收入、全部农作物总收入和单位面积平均收入。

（2）拟定几个治渍、治碱方案，分区控制地下水埋深，计算各地下水埋深方案的农作物收入、全区总收入，其与治理前总收入的差值，即为治渍、治碱效益。

但对于未形成涝灾或盐碱灾害而主要是渍灾的地区，则治涝工程的效益应单独计算减免渍灾的损失。不同的地下水埋深对作物产量影响不同。因此，可根据观测资料，统计不同渍情程度（不同地下水埋深下）受灾面积，收集地下水埋深与作物产量关系的试验资料，从而分析计算出治涝工程减免的渍灾损失，并换算成货币值，即为治涝工程的治渍效益。为了确切计算治渍效益，各地也应开展地下水埋深与作物减产的关系试验。现将部分作物要求的地下水埋深列于表9.5，以供参考。从图9.13、图9.14的实验资料可看出，当地下水埋深达不到表9.5中的要求，农作物就会遭受渍灾而明显减产。

表 9.5 部分农作物要求的地下水埋深

作物品种	生长期要求地下水埋深(cm)	雨后短期允许地下水埋深(cm)	雨后要求降低至允许地下水埋深的相应时间(天)	备注
小麦	100～120	80 100	15 8	生长前期 生长后期
玉米		40～50	3～4	孕穗至灌浆
棉花	110～150	40～50 70	3～4 7	开花期 结铃期
高粱		30～40	12～15	开花期
甘薯	90～110	50～60	7～8	
大豆		30～40	10～12	开花期

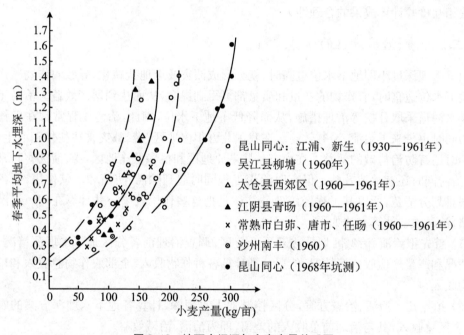

图 9.13 地下水埋深与小麦产量关系图

盐碱地改良一般以水利措施为主,辅以农业、生物等综合治理措施,则增产效果更为明显。对未形成涝渍灾害,而主要是发生土地盐碱化的地区,计算主要是测算采取防治措施前后的盐碱地面积变化、增加的产量(值)及水利治理措施应分摊的增产值等,进而推算工程治盐碱效益。在此不详细叙述。

(四) 工程总效益计算

治涝工程效益主要体现在工程对灾害损失的减免上,其次还表现在其他财产损失的减少等方面。因此,治涝工程总的经济效益应包括除涝农业效益、治渍治碱效益、其他财产损失减少值以及工程占地负效益(即田间工程占用耕地带来的农业损失)四部分。在分析计算中,对于后三项效益,我们可以认为在计算期内的数值是不变的;而除涝农业效益,是随着本

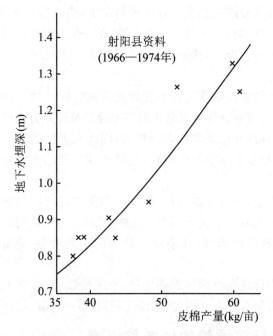

图 9.14 地下水埋深与皮棉产量关系图

地区农业经济发展水平的提高而逐年增长的。在国民经济评价中,可以将近期农业生产中等水平年产值(即设计水平年产值,也可称基准年产值)作为基数,考虑年增长率(有的书中称之为农业效益增长率或农业经济增长率)。如设年增长率为 j,第一年的产值为 b_0 元/亩,则第二年产值为 $b_0(1+j)^1$ 元/亩,第三年产值为 $b_0(1+j)^2$ 元/亩,依此类推,第 n 年产值为 $b_0(1+j)^{n-1}$ 元/亩。则该治涝工程在正常运行期内每亩平均年效益为

$$b = b_0 \frac{1+j}{i-j}\left[1-\left(\frac{1+j}{1+i}\right)^n\right]\left[\frac{i(1+i)^n}{(1+i)^n-1}\right] \tag{9.6}$$

式中,b_0 为基准年亩产值;j 为农业年增长率,假设 $j=2.5\%$;i 为社会折现率,设 $i=8\%$ 及 $i=6\%$ 两种情况;n 为正常运行期(年)。

任务三　治涝工程经济评价的任务与内容

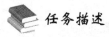任务描述

了解治涝工程经济评价的特点,熟悉治涝工程经济评价的任务与步骤,掌握治涝工程投资和年运行费的计算方法。

一、治涝工程经济评价的特点

治涝工程的目的是要求用一定工程措施和非工程措施防止或减少涝、渍、碱灾害损失。治涝工程具有除害的公益性质,其工程效益主要体现在涝灾的减免程度上,即修建工程后与

工程前比较所减少的那部分涝灾损失。在一般情况下，涝灾损失主要表现在农田受灾减产方面，其他损失如房屋财产损失、工程设施毁损等，在一般涝灾年份其所占比重较小，只有当遇到特大涝年份涝区大量积水时，其他损失才会占有较大的比重。因此，除涝农业效益是治涝工程的主要经济效益。

计算治涝工程经济效益或估算工程实施后灾情减免程度时，均须作某些假定并采用简化方法，由于这些假定与当地具体情况常常有些差异以及计算方法的不完善，根据不同的假定和不同的计算方法，其计算结果可能差别很大，因此在进行治涝工程经济分析时，应根据不同地区的涝灾成因、排水措施等具体条件，选择比较合理的计算分析方法，必要时可用其他方法予以检验。

治涝工程效益的大小，与涝区的自然环境、生产条件有密切关系。因此，拟定可行方案和选择治理标准时都应充分考虑这些因素。此外，规划治涝工程时，应统筹考虑除涝、治渍、治碱、防旱诸问题，只有综合治理，才能获得较大的工程效益，更好地促进当地农业经济发展。

治涝工程效益主要体现在治理区农业增产、农民增收上，这都表现为国民经济效益，但治涝工程管理部门没有财务收入。因此，治涝工程只进行国民经济评价，不进行财务评价。

二、治涝工程经济评价的任务与步骤

对于一个涝区，防止或减免涝、渍、碱灾害的措施，常常有多种可供选择的方案，往往它们的工程投资、排水能力、运行费用、经济效益及其对环境影响均不尽相同。在治涝工程经济分析中，对不同的治理措施、不同的治理标准、不同的工程规模、不同的技术参数，均可视为不同的方案。

（一）治涝工程经济评价的任务

对技术上可行的规划拟建治涝工程方案，进行工程投资、年运行费、治理效益等的经济分析计算，并综合考虑其他相关因素，选择合理的工程措施、治理标准和投资规模，确定最优工程方案。对于已建的治涝工程，通过经济分析，可以提出扩建、改建、配套或改进管理以进一步提高经济效益的建议。

（二）治涝工程经济评价的一般步骤

（1）根据社会经济发展需要、排水治涝任务要求，结合当地实际情况，拟定技术上可行的若干可比方案，并确定相应的工程指标。

（2）收集历年雨情、水情、灾情等基本资料，分析治区致灾的原因。

（3）计算各个方案的工程投资、年运行费和年效益以及其他经济指标。

（4）计算各个方案的经济效果指标、辅助指标及其他非经济因素，对各个比较方案进行经济分析和综合评价，确定经济上合理的最优方案。

经济效果指标有：效益费用比、内部收益率、经济净现值等；辅助指标有：年平均减涝面积、工程占地面积、盐碱地改良面积等。

（5）对可行项目最优方案进行敏感性分析，找出影响该项目方案经济评价指标的最敏感因素，为搞好工程运行管理提供重要依据。

进行经济分析和综合评价时，注意各个方案的条件具有可比性，基本资料、计算原则、研究深度应具有一致性,并以国家的有关方针、政策规程或规范作为准绳。

三、治涝工程的投资和年运行费

对于拟建工程依据排水标准进行规划设计,测算工程投资和年运行费。

(一) 工程投资计算

治涝工程投资,应包括使治涝工程能够充分发挥设计效益的全部项目的主体工程和配套工程所需投资。通常包括由最末一级固定排水沟开始,算至主干沟和主干河道的费用,再加上承泄区建设的有关费用。总之,要包括整个治理工程的所有材料、燃料、器材、设备、土方建筑物、工资、占用土地赔偿、移民迁建、施工管理、勘测设计以及不可预见费等,要做到不遗漏、不重复。主体工程一般为国家基建工程,例如主干排水渠、骨干河道、容泄区以及有关的工程设施和建筑物等;配套工程包括各级排水沟渠及田间工程等,一般为集体筹资、群众投劳,或以集体为主、国家补助修建的工程,应分别计算投资。对于支渠以下及田间配套工程的投资,一般有两种计算方法:① 根据主体工程设计资料及施工记载,对附属工程进行投资估算;当有较细项目的基建投资或各乡(镇)村的用工、用料记载的,则可进行统计分析计算;② 利用资料,通过典型区计算,再采用扩大指标的方法进行投资估算。集体投工、投料均按核算定额统计分析,基建工程和群众性工程的劳务支出,亦应按定额标准换算修正。基建工程和群众性工程的计算精度和水平要求应该一致,以便比较。治涝工程是直接为农业生产服务的排水渠系,所占农田应列入基建工程赔偿费中。具体操作中可根据规划设计概(预)算按影子价格调整计算。

(二) 年运行费测算

治涝工程年运行费,是保证该工程正常运行每年所需的经常性费用开支,其中包括定期大修费、河道清淤、维修费、材料费、燃料动力费、生产行政管理费、工作人员工资等。

由于治涝工程涉及面广、工程的公益性质以及工程管理与维护的群众性特点,加上历来人们对水利工程"重建轻管"的思想影响,使不少地方河渠失修、淤积严重、建筑物及设备维护不善,使原有工程治理标准降低,工程寿命缩短,有的排水沟渠由于逐年淤积、管理不善等原因,使用多年后排水能力明显下降,运行十余年就须重新开挖一次,使年运行费用大为增加,大大降低了工程效益。因此,今后必须大力加强治涝工程的管理和维护,做好经常性维修工作。治涝工程年运行费计算的具体操作中,在规划设计阶段可参考有关规程规定根据工程投资的一定费率进行估算,或参照类似工程并考虑经济发展水平进行测算。

对已建工程进行国民经济评价(工程后评价)时,工程投资可按实际投入统计数据计算,年运行费按历年实际运行成本统计资料求得,并分别按影子价格调整。在计算中,应注意不同时期物价的变化,使投资和年运行费的计算采用同一价格水平,使各年的费用及效益具有可比的统一基础,其费用和效益的基本计算请参阅有关规范。

任务四　治涝工程的经济评价示例

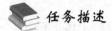

掌握治涝工程经济评价具体方法和过程。

治涝工程与防洪工程一样，都属于除害公益性的建设项目，并无财务收入，因此只作国民经济评价。现以华北某流域排涝工程为例进行建设项目经济评价。

一、基本情况

华北平原某流域，面积 1328 km²，分属 5 个县、市，共 40 个乡镇，农业人口达 56 万多人，耕地面积约 128 万亩，其中水浇地 53.4 万亩。

该地区地形封闭平缓，低洼易涝，土质黏重，地下水矿化度高，盐碱地分布较广。由于该流域上游近 1.2 万 km² 的沥水，均需由本支流下泄，而该支流泄流能力过小，再加上相邻河系常溃堤漫溢，洪涝灾害交替，新中国成立后未能及时投资治理，属于无治涝工程状态，造成该地区农业生产条件差，长期以来农业产量低而不稳。据统计，新中国成立以来到 1967 年治理前，几乎年年都有涝灾，多年平均涝灾面积达 51 万亩，约占耕地面积 40%，一般年份粮食亩产 50 kg 左右，人民生活几乎年年靠国家救济。

第一期治理工程开辟入海排水河，1967 年开工，干、支骨干排水沟渠均按 3 年一遇标准开挖，当年达到设计标准，斗沟以下的田间配套工程逐年修建，1975 年全部完工。由于排涝标准低，从 1967 年到 1977 年，就有 6 年发生涝灾。其中，最大的一年（即 1977 年）涝灾面积达 114.8 万亩，占耕地 90%。

为了进一步提高治理标准，拟实施第二期治理工程（即扩建原排涝工程），并用开挖土方平整低洼田地 500 亩，配合治碱新打井 50 眼，以改善农业生产条件。扩建工程方案有 5 年一遇、10 年一遇、20 年一遇 3 种治理标准，扩建工程建设期均为 5 年。一、二期工程的运行期均为 40 年。

二、工程费用

工程费用包括工程投资、年运行费和流动资金。

（一）工程投资

拟对 3 年一遇（一期工程）、5 年一遇、10 年一遇、20 年一遇 4 种治涝标准（4 个方案）进行比较，其工程量与投资均按原规划阶段的概预算进行分析。第一期工程投资，根据实际投资额，按 1978 年不变价格进行换算，投资进程见表 9.6。第二期工程各方案的投资，按工程规划设计概（预）算，投入的主要材料价值以口岸价为基础进行计算，再以 1990 年国家计委修订的影子价格调整，人工工资按影子工资换算，各工程方案投资计划见表 9.7。

表 9.6 第一期工程投资进程及年运行费序列

单位：万元

年序	1967	1968	1969	1970	1971	1972	1973	1974	1975	
工程投资	3971	705	396	374	330	308	575	575	575	合计 7809
年运行费		46.9	70.3	93.7	117.1	140.6	164.0	187.4	201.8	1976年及以后每年均234.3

表 9.7 第二期工程投资计划及年运行费序列

单位：万元

	年　序	第1年	第2年	第3年	第4年	第5年	合　计
工程投资	5年一遇	1620	1473	1473	1473	1473	7512
	10年一遇	2626	2391	2391	2391	2391	12190
	20年一遇	3550	3235	3235	3235	3235	16490

	年　序	第1年	第2年	第3年	第4年	第5年	第6~40年
年运行费	5年一遇		45.1	90.1	135.2	180.3	225.4
	10年一遇		73.1	146.3	219.4	292.9	365.7
	20年一遇		98.9	197.9	296.8	395.8	494.7

（二）年运行费

根据实测资料，河道泥沙淤积量大，沟渠清淤费用是工程年运行费的主要支出，参照同类工程统计资料，工程建设期中的年运行费按效益比例计算，达到设计标准后，各方案年运行费取相应工程投资的3%，见表9.6和表9.7。

（三）流动资金

流动资金即维持工程正常运行所需要的周转资金，通常按年运行费的10%计，并以工程建设期最后一年为投入时间。本例已将其计入总投资，不再单列。

三、工程效益

（一）多年平均涝灾损失分析

根据对本流域治理前后30日资料，分析不同雨期雨量与涝灾面积关系，其中30日雨量与涝灾面积和减产率的相关性较好，故选择30日作为计算雨期。根据对历年涝渍灾害和农作物减产程度的调查资料，按下列公式可以算出减产率 β：

$$\beta = 涝灾面积 \times 农作物减产程度 / 农作物播种面积$$

式中农作物播种面积本例计算中采用128万亩。现将该流域1967年治理前后涝灾面积及减产率等计算结果分别列于表9.8。

表 9.8 流域治理工程兴建前后涝灾面积及减产率分析

	年份	30日降雨量(mm)	涝灾面积(万亩)		减产程度	减产率	绝产面积(万亩)	
			当年	平均			当年	平均
治理前	1950	298	38.3		0.75	22.4	28.7	
	1951	219	37.2		0.70	20.3	26.0	
	1952	163	12.2		0.60	5.7	7.3	
	1953	354	115.0		0.78	70.1	89.7	
	1954	354	115.4		0.75	67.7	86.6	
	1955	221	16.3		0.59	7.5	9.6	
	1956							
	1957	98	10.6		0.60	5.0	6.4	
	1958	285	37.7	50.58	0.70	20.5	26.4	38.45
	1959	215	25.0		0.70	13.7	17.5	
	1960	313	78.2		0.70	42.6	54.7	
	1961	310	75.1		0.87	50.9	65.3	
	1962	245	52.7		0.81	33.3	42.7	
	1963							
	1964	519	114.6		0.85	75.8	97.4	
	1965	96	0		0	0	0	
	1966	250	30.5		0.64	15.2	19.5	
一期治理后	1967	310	3.8		0.64	1.9	2.4	
	1968	128	0.7		0.60	0.3	0.4	
	1969	348	14.5		0.66	7.5	9.6	
	1970	252	4.2		0.65	2.1	2.7	
	1971	271	31.3		0.65	15.9	20.3	
	1972	283	25.7	21.45	0.69	13.8	17.7	15.65
	1973	238	0		0	0	0	
	1974	366	40.7		0.64	20.3	26.0	
	1975	163	0		0	0	0	
	1976	203	0.2		0.70	0.1	0.14	
	1977	473	114.8		0.81	72.7	93.0	

注：1956年与1963年发生特大涝水（洪涝混合），其资料未计算在内。计算多年平均治涝效益时，有关特大涝水年效益如何处理仍是一个需要研究的问题。

(二) 年平均减免涝灾面积计算

排涝工程效益主要是减少农作物的涝灾损失。根据治涝区具体情况和已有实际资料,用雨量涝灾相关法计算除涝农业效益,其基本过程如下:

取直角坐标系原点右方为 30 日降雨频率、左方为降雨量、上方为绝产率、下方为降雨量。根据表 9.8 资料,以 30 日降雨量和频率在第Ⅳ象限点绘关系曲线,以治理前 30 日雨量与绝产率点绘关系曲线于第Ⅱ象限,借助治理前($\Delta P=0$ 时)的雨量转换线(即过原点作第Ⅲ象限角平分线),以治理前雨量频率与绝产率在第Ⅰ象限点绘关系曲线 a;同理,分别借助治理标准为 3 年一遇、5 年一遇、10 年一遇、20 年一遇的雨量转换线,依据相应的雨量频率与绝产率,在第Ⅰ象限点绘出相应的相关曲线 b、c、d、e,见图 9.15。然后用求积法量算 a、b、c、d 及 e 曲线的下包面积(即各雨量频率-绝产率曲线与坐标轴所包围面积),即得治理前及各治理方案的年均涝灾绝产率,再用此绝产率乘治理区播种总面积,推得相应的年均绝产面积,从而计算出各方案减少的受灾面积,见表 9.9。

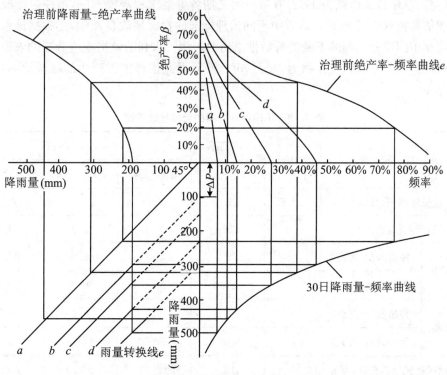

图 9.15 合轴相关图

a—3 年一遇;b—5 年一遇;c—10 年一遇;d—20 年一遇;e—治理前

表 9.9 不同治理标准的年平均涝灾面积减少值

治涝标准	治理前	一期工程	二期工程		
		3 年一遇	5 年一遇	10 年一遇	20 年一遇
平均减产率	29.4%	13.8%	6.8%	3.3%	1.7%
减产率差值		15.6	7.0	3.5	1.6
涝灾面积减少值(万亩)		19.97	8.96	13.44	15.48
年均效益(万元)		1198.2	1209.6	1814.4	2089.8

(三) 除涝效益

根据当地土质、气候条件及耐涝因素,选择适宜的农作物品种和种植比例。本项目的国民经济评价中暂采用市场价格作为农产品的影子价格来计算其除涝效益。第一期工程农作物产量以 1967 年粮食生产水平(单产 100 kg/亩),按 1978 年市场价格计算,各种作物单位面积综合产值 60 元/亩,据此计算农业效益。第二期工程以 1990 年生产水平(175 kg/亩),按当时市场价格计算,单位面积综合产值 135 元/亩。根据第(二)条计算结果,将不同治理标准下的年平均涝灾面积减少值乘以相应的单位面积综合产值,即得不同治理标准的除涝效益,见表 9.9。

(四) 治理盐碱效益

根据调查,1967 年本流域未治理前盐碱地面积达 33.5 万亩,第一期工程(三年一遇标准)全部完工后使盐碱地减为 11.5 万亩。第二期各方案工程规模不同,治理后能改良盐碱地的面积估算值列于表 9.10。该表中不同治理标准的盐碱地改良面积,是根据排水渠沟的不断加深和田间配套工程的不断完善后推求出的。假设水利治碱措施应分摊的农业效益增产值:秋作物为 10 元/亩,夏作物为 18 元/亩。然后据此推算工程产生的盐碱治理效益,结果见表 9.10。

表 9.10 不同标准方案的治理盐碱效益

治理标准		治理前	一期工程	二 期 工 程		
			3 年一遇	5 年一遇	10 年一遇	20 年一遇
盐碱地面积(万亩)		33.5	11.3	5.8	2.3	0.3
治理面积(万亩)			22.2	5.5	9.0	11.0
秋作物	种植面积(万亩)		22.2	5.5	9.0	11.0
	年均效益(万元)		220.0	55.0	90.0	110.0
夏作物	种植面积(万亩)		11.0	3.9	6.4	7.8
	年均效益(万元)		198.0	70.2	115.2	140.4
年均治理盐碱效益合计(万元)			418.0	125.2	205.2	250.4

由表 9.10 可以看出,盐碱地的低标准改良的效果较明显,高治理标准的盐碱地增产效果不大。

(五) 其他财产损失减少值

1977 年扩建前,本流域多次遇到较大涝灾,房屋倒塌、物资损坏、设施毁坏、交通电信中断、工商企业停产、居民财产受损等损失较大,排涝抢险、救灾防疫等费用支出较多。根据 1977 年调查资料,绘制雨量频率与财产损失关系曲线,可求得年均其他财产损失值及相应的工程效益。第二期工程各治理方案的相应效益以一期工程为基础进行估算。计算结果见表 9.11。

项目九 治涝工程经济评价

表 9.11 不同治理标准的其他财产损失减少值

单位：万元

治 理 标 准	治理前	一期工程	二 期 工 程		
		3年一遇	5年一遇	10年一遇	20年一遇
年均财产损失值	620	500	325	180	70
年均效益 （年财产损失减少值）		120	175	320	430

（六）工程负效益

治涝工程负效益主要指工程占用耕地损失，其中骨干工程占地已计算并列入调整后的工程投资额中，而群众举办的田间配套工程占地损失未给补偿，应从治涝工程效益中扣除，其数值可按对应面积上产值扣除生产成本后计得。一期工程后土地单位面积综合产值60元/亩，扣除50%的成本，则占地负效益按30元/亩计；二期工程后单位面积综合产值135元/亩，扣除45%的成本，占地负效益按74.25元/亩计算。假设此值不变，建设期按达到设计标准比例计算，则工程负效益计算值见表9.12。

表 9.12 不同治理方案的工程负效益

治 理 标 准	一期工程	二 期 工 程		
	3年一遇	5年一遇	10年一遇	20年一遇
工程占地（万亩）	2.8	1.6	2.5	3.4
年均负效益（万元）	84.0	118.8	185.6	252.5

（七）总效益

该排涝工程效益由治涝农业效益、治理盐碱效益、其他财产损失减少值以及工程占地负效益四部分组成。在效益计算中，治涝农业效益，是随着治理区生产发展水平的提高而逐年增长的；对于后三项效益，可以认为均不随农业经济增长而变化，在计算期内的数值是不变的。现将各治理方案除涝农业效益以及治盐碱效益、其他财产损失减少值、工程负效益的年均值合计（合称为治涝其他效益）综合于表9.13。

表 9.13 各治理方案设计水平年效益汇总表

单位：万元

治 理 标 准		一期工程	二 期 工 程		
		3年一遇	5年一遇	10年一遇	20年一遇
治涝农业效益		1198.2	1209.6	1814.4	2089.8
治涝其他效益	治盐碱效益	418.0	125.2	205.2	250.4
	财产损失减少值	120	175	320	430
	工程负效益	−84.0	−118.8	−185.6	−252.5
	其他效益合计	454.0	181.4	339.6	427.9

注：表中治涝农业效益数值是用雨量涝灾相关法直接推算得出的，暂未考虑农业经济发展的影响。

工程建设期间发挥的各种效益应分别按相应的设计水平年效益的适当比例推算。第一期工程：1968年开始发挥效益，为设计效益的20%，以后按10%逐年递增，1976年达到设计标准。第二期工程：建设期第二年开始发挥效益，达到设计效益的20%，以后逐年递增20%，第6年达到设计效益。

四、国民经济评价

（一）经济计算条件

经济评价主要依据水利部《水利建设项目经济评价规范》。本项目为社会公益性工程，只有社会效益，没有财务收入，根据《水利建设项目经济评价规范》，主要采用动态分析方法，以经济净现值、经济效益费用比和经济内部收益率为评价指标对工程进行国民经济评价。

根据《建设项目经济评价方法与参数》（第3版）中的有关规定和社会经济发展状况，同时采用6%和8%的社会折现率评价，供项目决策参考。

为统一起见，折现计算基准点定在建设期初（建设期第1年年初），各方案的投资、年运行费和年效益均按年末发生和结算，当年不计息。

第一期工程从1967年至1975年，建设期共9年；第二期工程各方案，建设期均为5年。两期工程各方案运行期均以达到设计标准起算，为40年。

在国民经济评价中暂采用市场价格作为农产品的影子价格，考虑到今后本地区的经济发展水平对农业效益的影响，根据统计资料分析，农业效益增长率取2.5%。

以下我们根据工程投资、年运行费及年均效益等经济数据指标，分别计算按3年一遇治理标准修建工程和在此基础上按5年一遇、10年一遇、20年一遇标准扩建该工程的经济现金流量和经济评价指标。

（二）编制现金流量表并计算评价指标

根据计算条件和基本经济指标，编制各治理方案的经济现金流量表，并运用经济计算方法计算相应方案经济评价指标。

1. 第一期治涝工程方案

根据经济指标计算结果，编制该方案的经济现金流量表，并根据现金流量表资料，通过经济计算求得方案的经济评价指标，结果详见表9.14和表9.15。

表9.14 第一期治涝工程经济现金流量表

单位：万元

序号	项目	建设期（年）									运行期（年）	合计
		1967	1968	1969	1970	1971	1972	1973	1974	1975	1976	1977—2015	
1	项目效益流入												
1.1	除涝农业效益		245.6	377.7	516.1	661.3	813.4	972.7	1139.4	1313.7	1496.4	1496.4×39	65896.1
1.2	其他治涝效益		90.8	136.2	181.6	227.0	272.4	317.8	363.2	408.6	454.0	454.0×39	20157.6

续表

序号	项目	建设期（年）									运行期（年）	合计
		1967	1968	1969	1970	1971	1972	1973	1974	1975	1976	1977—2015	
2	项目费用流出												
2.1	工程总投资	3971	705.0	396.0	374.0	330.0	308.0	575.0	575.0	575.0			7809.0
2.2	年运行费		46.9	70.3	93.7	117.1	140.6	164.0	187.4	201.8	234.3	234.3×39	10393.8
3	净效益流量	−3971	−415.5	47.6	230.0	441.2	637.2	551.5	740.2	945.2	1716.1	1716.1×39	67850.9
4	累计净效益流量	−3971	−4386.5	−4338.9	−4108.9	−3667.7	−3030.5	−2479.0	−1738.8	−793.1	923.0	…	67850.9

注：表中治涝农业效益数值已考虑农业经济发展的影响。

表 9.15　第一期工程方案的经济评价指标

评价指标	ENPV（万元）	EBCR	EIRR
$i_s=6\%$	13559.13	2.451	11.165%
$i_s=8\%$	8308.97	2.007	

由表 9.15 可知，第一期工程方案的经济内部收益率均大于 6% 及 8%，且在社会折现率为 6% 和 8% 情况下，方案的经济净现值均大于零，经济效益费用比均大于 1，表明该项目是合理可行的。但是，治理标准偏低，工程建设期间就有 5 年发生涝灾，完工不久（1977 年），又发生较大涝灾（受灾面积达 114.8 万亩）。为了提高排涝标准，降低涝灾损失，促进农业经济发展，必须进行扩建。

2. 第二期各扩建方案

依第一期工程方案现金流量表编制方法，编制第二期各扩建方案的经济现金流量表，见表 9.16。并根据现金流量表资料，通过计算求得相应方案的各经济评价指标，结果见表 9.17。

表 9.16　各扩建方案经济现金流量表

单位：万元

方案	序号	项目	建设期（年）					运行期（年）		合计
			1	2	3	4	5	6	7~45	
5年一遇	1	项目效益流入								
	1.1	除涝农业效益		348.0	508.3	781.6	1068.1	1368.6	1368.6×39	57450.0
	1.2	其他治涝效益		36.3	72.6	108.8	145.1	181.4	181.4×39	7618.8
	2	项目费用流出								

续表

方案	序号	项目	建设期(年)					运行期(年)		合计
			1	2	3	4	5	6	7~45	
5年一遇	2.1	工程总投资	1620.0	1473.0	1473.0	1473.0	1473.0			7512.0
	2.2	年运行费		45.1	90.1	135.2	180.3	225.4	225.4×39	9466.7
	3	净效益流量	−1620.0	−1133.8	−982.2	−717.8	−440.1	1324.6	1324.6×39	48090.1
	4	累计净效益流量	−1620.0	−2753.8	−3736.0	−4453.8	−4893.9	−3569.3	…	48090.1
10年一遇	1	项目效益流入								
	1.1	除涝农业效益		372.0	762.5	1172.3	1602.2	2052.8	2052.8×39	86021.0
	1.2	其他治涝效益		67.9	135.8	203.7	271.7	339.6	339.6×39	14263.1
	2	项目费用流出								
	2.1	工程总投资	2626.0	2391.0	2391.0	2391.0	2391.0			12190.0
	2.2	年运行费		73.1	146.3	219.4	292.6	365.7	365.7×39	15359.4
	3	净效益流量	−2626.0	−2024.2	−1639.0	−1234.4	−809.7	2026.7	2026.7×39	72734.7
	4	累计净效益流量	−2626.0	−4650.2	−6289.2	−7523.6	−8333.3	−6306.6	…	72734.7
20年一遇	1	项目效益流入								
	1.1	除涝农业效益		428.4	878.2	1350.3	1845.4	2364.4	2364.4×39	99078.3
	1.2	其他治涝效益		85.6	171.2	256.7	342.3	427.9	427.9×39	17971.8
	2	项目费用流出								
	2.1	工程总投资	3550.0	3235.0	3235.0	3235.0	3235.0			16490.0
	2.2	年运行费		98.9	197.9	296.8	395.8	494.7	494.7×39	20777.4
	3	净效益流量	−3550.0	−2819.9	−2383.5	−1924.8	−1443.1	2297.6	2297.6×39	79782.7
	4	累计净效益流量	−3550.0	−6369.9	−8753.4	−10678.2	−12121.3	−9823.7	…	79782.7

注：表中治涝农业效益数值已考虑农业经济发展的影响。

表 9.17　各扩建方案的经济评价指标

方案	治理标准	ENPV(万元)		EBCR		EIRR
		$i_s=6\%$	$i_s=8\%$	$i_s=6\%$	$i_s=8\%$	
二期工程	5年一遇	10634.14	6671.91	2.151	1.816	11.368%
	10年一遇	15550.10	9522.85	2.038	1.718	11.160%
	20年一遇	15370.90	8765.51	1.758	1.491	10.654%

根据表 9.17 数据可知,各扩建方案经济内部收益率均大于6%及8%,且在社会折现率为6%和8%情况下,各方案经济净现值均大于零,经济效益费用比均大于1,表明各扩建方案均可行。但当采用6%的社会折现率时,以治理标准为10年一遇的扩建方案净效益现值最大,为15550.10万元;当社会折现率为8%时,仍以治理标准为10年一遇的扩建方案净效益现值最大,为9522.85万元;而治理标准为5年一遇的扩建方案经济内部收益率最大,且社会折现率为6%和8%时,经济效益费用比均为最大。

为了从以上各可行的扩建方案中选择最优方案,根据《水利建设项目经济评价规范》,以排涝工程的现状为基础,依次对治理标准为5年一遇、10年一遇、20年一遇的各扩建方案两两进行比较,计算其差额经济内部收益率(ΔEIRR)、差额经济效益费用比(ΔEBCR),结果见表 9.18。

表 9.18　各扩建方案差额投资经济内部收益率和差额经济效益费用比

治理标准	治理标准提高情形	ΔEIRR	ΔEBCR	
			$i_s=6\%$	$i_s=8\%$
5年一遇				
10年一遇	5年一遇 → 10年一遇	10.840%	1.855	1.560
20年一遇	10年一遇 → 20年一遇	5.480%	0.966	0.834

从表 9.18 可知,当治理标准从5年一遇提高到10年一遇时,差额经济内部收益率为10.840%,大于现行的社会折现率6%和8%;且当社会折现率为6%和8%时,差额经济费用效益比分别为1.855和1.560,均大于1。当治理标准从10年一遇提高到20年一遇时,差额经济内部收益率为5.48%,小于现行的社会折现率6%;且当社会折现率为6%和8%时,差额经济效益费用比分别为0.966和0.834,均小于1。比较计算分析结果可以认为,治理标准为10年一遇的扩建方案为经济最优方案。

3. 敏感性分析

上述分析计算已确定治理标准为10年一遇的扩建方案为最佳方案。为了解该方案对不确定因素变动的敏感程度,提高对项目方案的决策水平,下面分析工程投资额、年运行费、年效益等因素分别发生变化时,对该扩建方案经济内部收益率(EIRR)和经济净现值(ENPV)的影响,计算结果见表 9.19 和表 9.20,同时将表 9.19 对应的计算结果绘制敏感性分析图(图 9.16)。

表 9.19 经济内部收益率(EIRR)敏感性分析表

变动因素	−20%	−10%	0	+10%	+20%	EIRR 变幅 (−20%→+20%)
工程投资额	11.742%	11.454%	11.160%	10.861%	10.557%	1.185%
年运行费	11.264%	11.213%	11.160%	11.105%	11.047%	0.217%
年经济效益	10.217%	10.758%	11.160%	11.471%	11.718%	1.501%

表 9.20 经济净现值(ENPV)敏感性分析表

单位:万元

社会折现率	变动因素	变动幅度				
		−20%	−10%	0	+10%	+20%
$i_s=6\%$	工程投资	17608.81	16579.45	15550.10	14520.74	13491.39
	年运行费	16488.54	16019.32	15550.10	15080.87	14611.65
	年经济效益	9442.92	12496.51	15550.10	18603.68	21657.27
$i_s=8\%$	工程投资	11475.63	10499.24	9522.85	8546.46	7570.07
	年运行费	10224.30	9873.58	9522.85	9172.12	8821.39
	年经济效益	4964.04	7243.45	9522.85	11802.25	14081.65

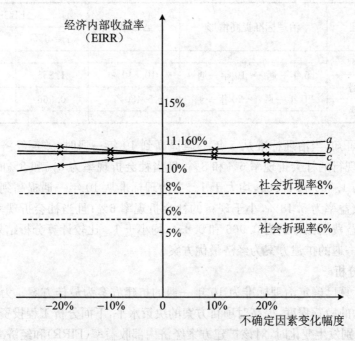

图 9.16 国民经济评价敏感性分析图

a —年经济效益 EIRR 线;b —基本情况 EIRR 线;c —年运行费额 EIRR 线;d —工程投资额 EIRR 线

比较表 9.19 数据及图 9.16 曲线倾斜度均可看出,当年效益分别下降和提高 20% 时,经济内部收益率(EIRR)分别为 10.217% 和 11.718%,变化最快,变幅最大,即年效益 EIRR 线斜率最大;而且从表 9.20 中也能看出,无论社会折现率 $i_s=6\%$ 或 8%,当年效益分别下降和提高 20%时，经济净现值(ENPV)变动额度也最大，因此确认年效益为工程项目方案最敏感因素。

五、非货币因素

该治理区域有耕地 128 万亩，人口 56 万，农业经济基础薄弱，农业生产条件差，农民生活水平低，治理前几乎年年靠国家救济。一期治理工程建成后，农业生产条件有所改善，但治理标准较低，完工不久(1977 年)，就发生大涝灾(受灾面积达 114.8 万亩)，涝灾面积达 90%，农业生产仍不稳定，除需国家支付大量的救灾费用等，还给人民带来痛苦，影响社会安定，这都无法用货币价值衡量，在决策中应充分重视这些非货币因素。

六、评价及结论

根据以上分析计算结果可以得出以下结论：

（1）第一期工程方案合理可行，但治理标准偏低，不能最大限度地降低涝灾损失、改善农业生产条件、促进农业经济稳定发展，因此必须进行扩建。

（2）第二期的各治理标准工程方案均合理可行，其中治理标准为 10 年一遇的方案为经济最优方案，其经济内部收益率 EIRR=11.160%，且在社会折现率 i_s=6%时方案经济净现值为 15550.10 万元，经济效益费用比达 2.038。

（3）对最优方案的敏感性分析表明，当工程投资、年运行费、年效益在其基本情况的 20%以内变化时，其经济内部收益率均大于社会折现率 6%和 8%，且均在 10%以上，表明该扩建方案具有较强的抗风险能力，并明确项目的最敏感因素是年效益。因此，严格控制工程运行成本，不断提高工程经济效益是运行管理好该工程方案的关键。

项目九技能训练题

一、单选题

1. 下面对治涝工程经济评价的说法不正确的是（　　）。
   A. 治涝工程不直接创造经济效益
   B. 治涝工程效益都是无形效益
   C. 治涝工程的效益体现在现在可减免的涝灾损失
   D. 一般对治涝工程只进行国民经济评价

2. 涝灾的大小与（　　）因素无关。
   A. 暴雨发生的季节
   B. 雨量强度
   C. 容泄区的大小
   D. 作物耐淹能力

3. 涝灾能用实物量或货币量来表示的直接损失不包括（　　）。
   A. 农产品遭灾的减产损失
   B. 受涝引起的房屋倒塌损坏
   C. 交通电力通信设施毁坏中断

D. 食品加工业增加的成本

4. 目前，推求农作物涝灾损失值主要采用的方法不包括（　　）。
   A. 实际调查法
   B. 涝灾频率曲线法
   C. 内涝积水量法
   D. 雨量涝灾相关法

5. 较大的流域面积的治涝工程效益计算方法是（　　）。
   A. 雨量涝灾相关法
   B. 涝灾频率曲线法
   C. 暴雨笼罩面积法
   D. 内涝积水量法

二、判断题

1. 洪灾和涝灾成因相同，效益计算方式也相同。（　　）
2. 排水治涝工程系统主要由排水治理区的内部田间排水网系、治理区外部的承纳所排涝水的承泄区及排水枢纽三大部分组成。（　　）
3. 治涝工程没有财务效益。（　　）
4. 治涝工程总的经济效益包括除涝农业效益、治渍治碱效益、其他财产损失减少值、以及工程占地负效益四部分。（　　）
5. 除涝农业效益是治涝工程的主要经济效益。（　　）

三、计算题

某次暴雨使某地形成涝灾，杂交水稻受灾面积20000亩，其中重灾面积占30%，减产七成；中灾面积占30%，减产五成；轻灾面积占25%，减产二成；绝产面积15%。求这次涝灾杂交水稻绝产面积。若每亩产值（含主副产品）1000元/亩，计算这次暴雨涝灾损失值。

项目十　灌溉工程经济评价

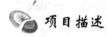 项目描述

本项目介绍灌溉工程类型和灌水方法的基本知识,灌溉工程经济效益的计算方法,灌溉工程经济评价的任务、步骤,以及灌溉工程的经济评价案例。

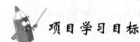 项目学习目标

通过对本项目的学习,了解灌溉工程经济评价的一般知识,熟悉灌溉工程经济效益计算的方法,掌握灌溉工程经济评价具体方法和过程。

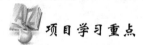 项目学习重点

灌溉工程经济效益的计算方法。

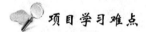 项目学习难点

以灌溉保证率为参数推求多年平均增产效益。

任务一　灌溉工程的类型和灌水方法

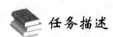 任务描述

了解灌水方法,熟悉灌溉工程类型。

一、灌溉工程的类型

按照不同的分类方法可将灌溉工程划分为不同的类型。灌溉工程按照用水方式,可分为自流灌溉和提水灌溉;按照水源类型,可分为地表水灌溉和地下水灌溉;按照水源取水方式,又可分为无坝引水、低坝引水、抽水取水和由水库取水等。

灌溉工程的类型取决于水源的水文地理、农业生产条件及科学技术发展水平等方面。当灌区附近水源丰富,河流水位、流量均能满足灌溉要求时,即可选择适宜地点作为取水口,

修建进水闸引水自流灌溉。在丘陵山区当灌区位置较高,当地河流水位不能满足灌溉要求时可从河流上游水位较高处引水,借修筑较长的引水管渠以取得自流灌溉的水头,此时修建引水工程一般较为艰巨,通常在河流上筑低坝或闸,抬高水位,以便引水自流灌溉。与无坝引水比较,虽然增加了拦河闸坝工程,但可缩短引水管渠,经济上可能是合理的,应做方案比较,才能最终确定。若河流水量丰富,但灌区位置较高时,则可考虑就近修建提灌站。这样,引水管渠工程量小,但增加了机电设备投资及其年运行费,一般适用于提水水头较大而所需提水灌溉流量较小的山区、丘陵区。当河流来水与灌溉用水不相适应时,即河流的水位及流量均不能满足灌溉要求时,必须在河流的适当地点修建水库提高水位并进行径流调节,以解决来水和用水之间的矛盾,并可综合利用河流的水利资源。采用水库取水,必须修建大坝、溢洪道、进水闸等建筑物,工程量较大,且常带来较大的水库淹没损失。对于地下水丰富地区,应以井灌提水为主;或井渠结合相互补充供水灌溉。

对某一灌区,可以综合各种取水方式,形成"蓄、引、提"相结合的灌溉系统。在灌溉工程规划设计中,究竟采用何种取水方式,应通过不同方案的技术经济分析比较,才能最终确定最优方案。

二、灌水方法

根据灌溉用水输送到田间的方法和湿润土壤的方式,灌溉方法大致可分为地面灌溉、渗灌和滴灌以及喷灌几大类。

(一)地面灌溉

这是目前应用最广泛的一种灌溉方式。水进入田间后,靠重力和毛细管作用浸润土壤。按湿润土壤方式的不同,又可分为畦灌、沟灌、淹灌和漫灌四种方式。畦灌是指用田埂将灌溉土地分隔成一系列的小区,灌水时将水引入,使水沿畦长方向流动,在流动过程中靠重力和毛细管作用湿润土壤,本法适用于密植作物;沟灌是指在作物行距间开挖灌水沟,水在流动过程中靠毛细管作用湿润土壤,其优点为不破坏作物根部附近的土壤结构,不导致田面板结,能减少土壤蒸发损失,本法适用于宽行距的中耕作物;淹灌是指用田埂将灌溉土地分成许多格田,灌水时使格田保持一定的水深,靠重力作用湿润土壤,本法主要用于水稻;漫灌是指田间不构筑任何沟埂,灌水时任其在地面上漫流,借重力作用渗入土壤,漫灌均匀性差,水量浪费大。

(二)渗灌和滴灌

渗灌又称地下灌溉,系在地面下铺设管道系统,将灌溉水引入田间耕作层中,靠毛细管作用自下而上湿润土壤;优点是灌水质量好,蒸发损失少,少占耕地,便于机耕;缺点是造价高,检修困难。滴灌是利用一套低压塑料管道系统将水直接输送到每棵果树或作物的根部,水由滴头直接滴注在根部的地表土,然后浸润作物根系;其主要优点是省水,自动化程度高,使土壤湿度保持在最优状态;缺点是需要大量塑料管,投资大;本法适用于果园。

(三)喷灌

利用专门设备将压力水喷射到空中散成细小水滴,像天然降雨般地进行灌溉;其优点为地形适应性强,灌水均匀,灌溉水利用系数高,尤其适合于透水性强的土壤;缺点是基建投资较高,喷灌时受风的影响大。

由于我国水资源短缺,应提倡采用节水灌溉,尽量提高水的利用率。

【例 10.1】 农村水利工程繁荣兴盛

新中国成立后,农村水利得到空前重视,广大群众在党和政府的带下,兴修农田水利,改善农村人居环境,推动农业水价改革,掀起了一轮又一轮的建设高潮和创新变革。农村水利事业的高速发展,不论在工程数量上还是在效益发挥上,均超过了历史上任何一个时期。

1. 耕地灌溉面积逐步扩大

1949 年以来,党和政府把农田水利建设作为整个国民经济恢复的重要环节和任务来抓,1958 年的"大跃进"和人民公社运动,农田水利建设更是一马当先,截至 1965 年,我国耕地灌溉面积已从 1949 年的 159290 km² 增长至约 320360 km²。1966 年开始的"文化大革命",把整个国民经济推到了崩溃边缘,农田水利事业也遭受大量损失,建设进展缓慢。1978 年农村联产承包责任制实行后,部分农田水利设施无人负责,导致损坏失修情况日益加剧,耕地灌溉面积增速缓慢,至 1988 年,全国耕地灌溉面积约 483370 km²,仅比 1977 年增长了 1500 km²。进入 21 世纪后,我国逐步进入了"以工补农""以城带乡"的经济社会发展新阶段,农田水利建设和改革步伐全面加速,截至 2018 年底,全国共有耕地灌溉面积 682720 km²,占全国耕地面积的 50.7%(图 10.1)。

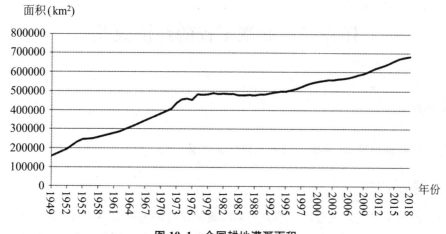

图 10.1 全国耕地灌溉面积

2. 灌区建设稳步推进

农耕文化始终伴随着华夏文明的发展,战国末期修建的都江堰灌区、秦汉时期修建的河套灌区一直沿用至今。1978 年,我国共有万亩以上灌区共 5249 处,其中 50 万亩(1 km² ≈ 1500 亩)以上灌区 74 处,30 万~50 万亩灌区 74 处。改革开放后,灌区建设以巩固提升、完善配套为主,灌区规模和数量稳步推进,截至 2018 年底,全国已建成设计灌溉面积万亩及以上的灌区 7881 处,其中 50 万亩以上灌区 175 处,30 万~50 万亩灌区 286 处。灌区增速约为 17 处/年,50 万亩以上灌区为 1 处/年,30 万~50 万亩灌区为 3 处/年(图 10.2)。

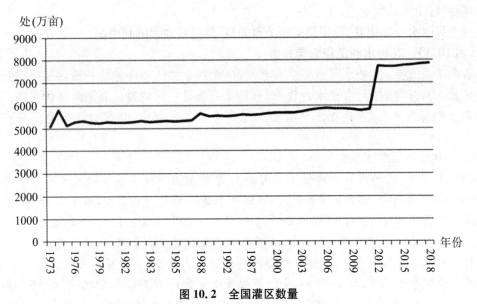

图 10.2　全国灌区数量

注：2011 年前灌区统计口径为耕地灌溉面积达到万亩以上，2012 年灌区统计口径调整为设计灌溉面积 2000 亩及以上灌区。

任务二　灌溉工程的经济效益

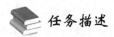 任务描述

了解灌溉效益的特性，掌握灌溉效益的计算方法。

一、灌溉效益

灌溉工程的国民经济效益是指灌溉与未灌溉相比所增加的农、林、牧产品按影子价格计算的产值。前面已经提到，灌区开发后农作物的增产效益是水利和农业两种措施综合作用的结果，应该对其效益在水利和农业之间进行合理的分摊。一般说来，有两大类计算方法：一类是对灌溉后的增产量进行合理分摊，从而计算出水利灌溉分摊的增产量，常用分摊系数 C 表示部门间的分摊比例；另一类是从产值中扣除农业生产费用，求得灌溉后增加的净产值作为水利灌溉分摊的效益。

由于我国幅员辽阔，各地气象、水文、土壤、作物构成及其他农业生产条件相差甚大，因此灌溉效益也不尽相同。我国南方及沿海地区，雨量充沛，平均年降雨量一般在 1200 mm，旱作物一般不需要进行灌溉，这类地区灌溉工程的效益主要表现为：

（1）提高灌区原有水稻种植面积的灌溉保证率。

（2）作物的改制，如旱地改水田等。

（3）由于水利条件的改善以及农业技术措施的提高，可能引起新的作物品种的推广等。

在西北地区，由于雨量少，蒸发量大，平均年降雨量一般仅为 200 mm。干旱是这类地区

的主要威胁,因此发展灌溉是保证农作物高产、稳产的基础条件。

二、灌溉效益的计算方法

(一) 分摊系数法

灌区开发以后,农业技术措施一般亦有较大改进,此时应将灌溉效益进行合理分摊,以便计算水利工程措施的灌溉效益,其计算表达式为

$$B = \varepsilon \left[\sum_{i=1}^{n} A_i (Y_i - Y_{0i}) V_i + \sum_{i=1}^{n} A_i (Y'_i - Y'_{0i}) V'_i \right] \tag{10.1}$$

式中,B 为灌区水利工程措施分摊的多年平均年灌溉效益(元);A_i 为第 i 种作物的种植面积(亩);Y_i 为采取灌溉措施后第 i 种作物单位面积的多年平均产量(kg/亩);Y_{0i} 为无灌溉措施时,第 i 种作物单位面积的多年平均年产量(kg/亩);V_i 为相应于第 i 种农作物产品的价格(元/kg);Y'_i、Y'_{0i} 为有、无灌溉的第 i 种农作物副产品如棉籽、棉秆、麦秆等单位面积的多年平均年产量(kg/亩);V'_i 为相应于第 i 种农作物副产品的价格(元/kg);i 为表示农作物种类的序号;n 为农作物种类的总数目;ε 为灌溉效益分摊系数。

计算时,多年平均产量应根据相似灌区调查材料分析确定。若利用试验小区的资料,则应考虑大面积上的不均匀折减系数。当多年平均产量调查有困难时,也可以用近期的正常年产量代替。因采取灌溉工程措施而使农业增产的程度,各地区变幅很大,在确定相应数值时应慎重。对于各种农作物的副产品,亦可合并以农作物主要产品产值的某一百分数计算。

现将灌溉效益分摊系数的计算方法简要介绍如下。

1. 根据历史调查和统计资料确定分摊系数

对具有长期灌溉资料的灌区,进行深入细致的分析研究后,常常可以把这种长系列的资料划分为三个阶段:

(1) 在无灌溉工程的若干年中,农作物的年平均单位面积产量,以 $Y_无$ 表示。

(2) 在有灌溉工程后的最初几年,农业技术措施还没有来得及大面积展开,其年平均单位面积的产量,以 $Y_水$ 表示。

(3) 农业技术措施和灌溉工程同时发挥综合作用后,其年平均单位面积产量,以 $Y_{水+农}$ 表示,则灌溉工程的效益分摊系数为

$$\varepsilon = \frac{Y_水 - Y_无}{Y_{水+农} - Y_无} \tag{10.2}$$

2. 根据试验资料确定分摊系数

设某灌溉试验站,对相同的试验田块进行下述不同试验:

(1) 不进行灌溉,但采取与当地农民基本相同的旱地农业技术措施,其单位面积产量为 $Y_无$(kg/亩)。

(2) 进行充分灌溉,即完全满足农作物生长对水的需求,但农业技术措施与上述基本相同,其单位面积产量为 $Y_水$(kg/亩)。

(3) 不进行灌溉,但完全满足农作物生长对肥料、植保、耕作等农业技术措施的要求,其单位面积产量为 $Y_农$(kg/亩)。

(4) 使作物处在水、肥、植保、耕作等灌溉和农业技术措施都是良好的条件下生长,其单位面积产量为 $Y_{水+农}$(kg/亩)。当 $Y_水 + Y_农 = Y_{水+农}$,则

灌溉工程的效益分摊系数

$$\varepsilon_{水} = \frac{Y_{水} - Y_{无}}{(Y_{水} - Y_{无}) + (Y_{农} - Y_{无})} \tag{10.3}$$

农业措施的效益分摊系数

$$\varepsilon_{农} = \frac{Y_{农} - Y_{无}}{(Y_{水} - Y_{无}) + (Y_{农} - Y_{无})} \tag{10.4}$$

且

$$\varepsilon_{水} + \varepsilon_{农} = 1.0$$

我国东部半湿润半干旱实行补水灌溉的地区，灌溉项目兴建前后作物组成基本没有变化时，灌溉效益分摊系数大致在 0.2~0.6，平均为 0.4~0.45。丰、平水年和农业生产水平较高的地区取较低值，反之取较高值；我国西北、北方地区取较高值，南方、东南地区取较低值。在年际间亦有变化，丰水年份水利灌溉作用减少，而干旱年份则水利灌溉作用明显增加。在具体确定灌溉工程的效益分摊系数时，应结合当地情况，尽可能选用与当地情况相近的试验研究数据。

（二）扣除农业生产费用法

本法是从农业增产的产值中，扣除农业技术措施所增加的生产费用（包括种子、肥料、植保、管理等所需的费用）后，所求得农业增加的净产值作为水利灌溉效益；或者从有、无灌溉的农业产值中，各自扣除相应的农业生产费用，分别求出有、无灌溉的农业净产值，其差值即为水利灌溉效益。

（三）以灌溉保证率为参数推求多年平均增产效益

灌溉工程建成后，当保证年份及破坏年份的产量均有调查或试验资料时，则其多年平均增产效益 B 可按式(10.5)进行计算，

$$\begin{aligned} B &= A[Y(P_1 - P_2) + (1-p_1)\alpha_1 Y - (1-P_2)\alpha_2 Y]V \\ &= A[YP_1 + (1-P_1)\alpha_1 Y - (1-P_2)\alpha_2 Y - YP_2]V \\ &= A[YP_1 + (1-P_1)\alpha_1 Y - Y_0]V \end{aligned} \tag{10.5}$$

式中，A 为灌溉面积（亩）；P_1、P_2 为有、无灌溉工程时的灌溉保证率；Y 为灌溉工程保证年份的多年平均亩产量（kg/亩）；$\alpha_1 Y$、$\alpha_2 Y$ 分别为有、无灌溉工程在破坏年份的多年平均亩产量（kg/亩）；α_1、α_2 分别为有、无灌溉工程在破坏年份（非保证年份）的减产系数；Y_0 为无灌溉工程时多年平均亩产量（kg/亩）；V 为农产品价格（元/kg）。

当灌溉工程建成前后的农业技术措施有较大变化时，均须乘以灌溉工程效益分摊系数 ε。

减产系数 α 取决于缺水数量及缺水时期，一般减产系数和缺水量、缺水时间存在如图 10.3 的关系。图 10.3 中缺水系数 β 为

$$\beta = \frac{缺水量}{作物在生育段的需水量} \tag{10.6}$$

减产系数 α 为

$$\alpha = 该生育阶段缺水后实际产量 / 水分得到满足情况下的产量 \tag{10.7}$$

以上两个系数均可通过调查或试验确定。

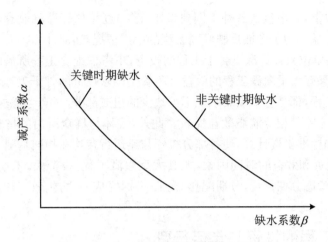

图 10.3 减产系数 α 与缺水系数 β 的关系

任务三 灌溉工程经济评价的任务与内容

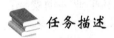 任务描述

理解固定资产与折旧的概念,熟悉水利工程固定资产与折旧的形成或计算方法,了解水利工程固定资产分类折旧年限的规定。

一、灌溉工程经济评价的任务

灌溉工程经济评价的任务是对技术上可能的各种灌溉工程方案及其规模进行效益、投资、年运行费等方面的综合分析,结合政治、社会等非经济因素,确定灌溉工程的最优开发方案,其中包括灌溉标准、灌区范围、灌溉面积、灌水方法等各种问题。

灌溉工程的经济效果,主要反映在有无灌溉或者现有灌溉土地经过工程改造后农作物产量和质量的提高以及产值的增加。由于农业生产有其自身的特点,因而进行灌溉工程经济分析时应注意下列几个问题:

(1) 农作物产量与质量的提高,是水、肥料、种子、土壤改良以及其他农业技术和管理措施综合作用的结果。因此不能把农业增产的效益全部算在灌溉的账上,应在水利部门与农业等其他部门之间进行合理的分摊,对综合措施或综合利用工程的费用,也应在有关受益部门之间进行分摊。

(2) 农作物对灌溉水量和灌水时间的要求以及灌溉水源本身,均直接受气候等因素变化的影响。由于水文气象因素每年均不相同,因此灌溉效益各年亦有差异,故不能用某一代表年来估算效益。例如,在干旱年份,农作物需要灌溉,其增产效益十分显著,因此在干旱年份灌溉的效益很大;在风调雨顺年份即使没有灌溉也可获得丰收,这一年的灌溉效益就很小;在丰水多雨年份,某些作物根本不需要灌溉,因而这一年可能没有灌溉效益。由上述可知,估算灌溉效益时不能采用某一保证率的代表年作为灌溉工程的年效益,必须用某一代表时段(例如 15 年以上,其中包括各种不同典型水文年)逐年估算灌溉效益,求出其多年平均值作为灌溉的年效益。为了全面反映灌溉工程的增产情况,还应计算特大干旱年的效益。

(3) 过去有些单位只计算灌溉骨干工程的投资,不考虑配套工程所需的投资,这样就少算了投资项目,结果夸大了灌溉工程的效益。不管是国家投资的骨干工程,还是集体和群众出工出料的配套工程,都是整个灌溉系统不可缺少的组成部分,只有考虑这两部分所需的投资与年运行费后,才能与相应灌溉效益比较。此外,集体与群众所出的材料和劳务支出,必须按规定的价格和标准工资计算,使各部分投资与年运行费均在相同基础上进行核算。

(4) 要考虑投资和效益的时间因素,尤其大型灌溉工程,投资大,工期长。为了减少资金积压损失,应该考虑分期投资,分期配套,施工一片,完成一片,生效一片,尽快提前发挥工程效益。

二、灌溉工程的投资与年运行费

灌溉工程的投资与年运行费是指全部工程费用的总和,其中包括渠道工程、渠系建筑物和设备、各级固定渠道以及田间工程等部分。进行投资估计时,应分别计算各部分的工程量、材料量以及用工量,然后根据各种工程的单价及工资、施工设备租用费、施工管理费、土地征收费、移民费以及其他不可预见费,确定灌溉工程的总投资。在规划阶段,由于尚未进行详细的工程设计,常用扩大指标法进行投资估算。

灌溉工程的投资构成,一般包括国家及地方的基本建设投资、农田水利事业补助费、群众自筹资金和劳务投资。过去在大中型灌溉工程规划设计中,国家及地方的基建投资一般只包括斗渠口以上部分,进行灌溉工程经济分析时,尚应考虑以下几个部分的费用:

(1) 斗渠口以下配套工程(包括渠道及建筑物)的全部费用:过去曾按面积大小及工程难易程度,由国家适当补助一些农田水利事业费,实际上远远不及配套工程所需,群众投资及投工都很大。今后应通过典型调查,求得每亩实际折款数。

(2) 土地平整费用:灌区开发后,一种情况是把旱作物改为水稻,土地平整要求高,工程量大;另一种情况是原为旱作物,为适应畦灌、沟灌需要平整地形,可平整为缓坡地形,因而工程量较小。平整土地所需的单位投资,亦可通过典型调查确定。

(3) 工程占地补偿费:通过典型调查,求出工程占地亩数。补偿费用有两种计算方式:一是造田,按所需费用赔偿;二是按工程使用年限内农作物产值扣除农业成本费后求出赔偿费。

灌溉工程的年运行费主要包括:① 维护费,一般以投资的百分数计,土建工程为 $0.5\% \sim 1.0\%$,机电设备为 $3\% \sim 5\%$,金属结构为 $2\% \sim 3\%$;② 管理费,包括建筑物和设备的经常管理费;③ 工资及福利费;④ 水费;⑤ 灌区作物的种子、肥料等;⑥ 材料、燃料、动力费,当灌区采用提水灌溉或喷灌方法时,必须计入该项费用,该值随灌溉用水量的多少与扬程的高低等因素而定。

灌溉工程的流动资金,是指工程为维持正常运行所需的周转资金,一般按年运行费的某一百分数取值。

任务四　灌溉工程的经济评价示例

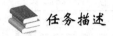任务描述

理解年运行费、年费用和流动资金的概念,熟悉它们之间的关系。

灌溉工程一般无财务收入或收入很低,故只对其进行国民经济评价,不作财务评价。现举例说明灌溉工程经济评价的方法步骤。

某水利枢纽的开发目标为防洪、发电、灌溉、供水。水库于 1981 年开工,计划在 5 年内建成。按影子价格调整后投资为 2.25 亿元,1986 年起工程投产。水库总库容 $\overline{V}_{总}=28.17$ 亿 m^3,其中防洪库容 $\overline{V}_{洪}=11.87$ 亿 m^3,发电库容 $\overline{V}_{电}=6.30$ 亿 m^3,灌溉库容 $V_{灌}=8.84$ 亿 m^3,供水(包括工业和生活用水)库容 $\overline{V}_{供}=4.12$ 亿 m^3,发电、灌溉、供水共用库容 $\overline{V}_{共}=4.30$ 亿 m^3,死库容 $\overline{V}_{死}=1.34$ 亿 m^3。估计水库的平均年运行费为 420 万元。

位于水库下游的灌溉工程,计划灌溉面积 200 万亩,工程于 1984 年开工,7 年内建成。按影子价格调整后投资为 9600 万元,计划于 1986 年开始灌溉,灌溉面积逐年增加,至 1991 年达到设计水平,每年灌溉 200 万亩。灌溉工程年运行费估计为 192 万元。灌溉工程的生产期为 40 年(1991—2030 年)。

本灌区的主要作物为冬小麦、棉花和玉米,有关指标见表 10.1。

在计算农作物的产值时,尚应计入 15% 的副产品的产值。经调查和对实际资料分析,取灌溉效益分摊系数 $\varepsilon=0.50$。

表 10.1　灌区作物的有关指标

作　　物	冬小麦	棉花	春玉米	夏玉米
种植面积	60%	30%	10%	60%
无灌溉工程时年产量(kg/亩)	195	26	162.5	146
有灌溉工程时设计年产量(kg/亩)	300	40	250	225
作物影子价格(元/kg)	0.504	3.80	0.354	0.354

注:冬小麦收获后即种植夏玉米。

一、水库投资分摊计算

(1) 水库投资分摊,可按各部门使用的库容比例进行分摊。死库容可从总库容中先予扣除,共用库容从兴利库容中扣除,则灌溉工程应分摊的水库投资比例为 $\beta_{灌}$,即

$$\beta_{灌}=\frac{(V_{灌}+V_{电}+V_{供})-V_{共}}{V_{总}-V_{死}}\times\frac{V_{灌}}{(V_{灌}+V_{电}+V_{供})}=\frac{V_{灌}-\dfrac{V_{灌}}{V_{灌}+V_{电}+V_{供}}V_{共}}{V_{总}-V_{死}}$$

$$= \frac{8.84 - \frac{8.84}{8.84 + 6.30 + 4.12} \times 4.3}{28.17 - 1.34} = 0.256$$

（2）1981—1985年各年灌溉部门应分摊的投资，如表10.2所示。

表 10.2　灌溉部门各年应分摊的投资

单位：亿元

年　份	1981	1982	1983	1984	1985	合计
水库总投资	0.30	0.70	0.80	0.30	0.15	2.25
灌溉部门应分摊投资	0.0768	0.1792	0.2048	0.0768	0.0384	0.576

二、灌溉工程年运行费计算

（1）水库年运行费分摊，根据上述原则按各部门使用的库容比例进行分摊。已知水库的年运行费为420万元，则灌溉应分摊水库的年运行费为$420 \times 0.256 = 108$（万元）。

（2）灌区达到设计水平年后年运行费为192万元。在投产期（1986—1990年）内，灌区年运行费按各年灌溉面积占设计水平年灌溉面积的比例进行分配，再加上灌溉分摊水库部分的年运行费后即为灌溉工程的年运行费，如表10.3所示。

表 10.3　灌溉工程各年年运行费

年　份	1986	1987	1988	1989	1990	1991	1992	…	2030
灌溉面积（万亩）	35	70	105	140	175	200	200	…	200
年运行费（万元）	141	175	208	242	276	300	300	…	300

三、灌溉工程国民经济效益计算

（1）根据灌区各种作物的种植面积比例，由式（10.1）可计算设计水平年的灌溉效益为

$$B = \varepsilon \left[\sum_{i=1}^{n} A_i (Y_i - Y_{0i}) V_i + \sum_{i=1}^{n} A_i (Y_i' - Y_{0i}') V_i' \right]$$

$= 0.5 \times [200 \times 60\% \times (300 - 195) \times 0.504 + 200 \times 30\% \times (40 - 26) \times 3.80$
$\quad + 200 \times 10\% \times (250 - 162.5) \times 0.354 + 200 \times 60\% \times (225 - 146) \times 0.354]$
$\quad \times (1 + 15\%)$

$= 7766$（万元）

（2）灌区投产后达到设计水平前的各年灌溉效益分别如表10.4所示。

表 10.4　灌区各年灌溉面积及灌溉效益

年　份	1986	1987	1988	1989	1990	1991
灌溉面积（万亩）	35	70	105	140	175	200
灌溉效益（万元）	1359	2718	4078	5437	6796	7766

四、国民经济评价

灌溉工程在计算期内历年投资、年运行费及年效益汇总于表10.5。其中1981年至

1985年为水库建设期；灌区建设期从1984年至1990年，其中1986年至1990年为灌区投产期，1991年至2030年为灌溉工程生产期，全部工程投入正常运行。

表10.5 灌溉工程历年投资、年运行费和效益汇总表

单位：万元

年份	投资			年运行费	年效益
	分摊水库投资	灌区投资	合计		
1981	768		768		
1982	1792		1792		
1983	2048		2048		
1984	768	3600	4368		
1985	384	2000	2384		
1986		1000	1000	141	1359
1987		1000	1000	175	2718
1988		1000	1000	208	4078
1989		500	500	242	5437
1990		500	500	276	6796
1991				300	7766
1992				300	7766
⋮				⋮	⋮
2030				300	7766

取社会折现率 $i_s=7\%$ 和 $i_s=12\%$（只用于举例说明，与规范不符）两种情况，以工程开工的1981年年初作为基准年点，计算期 $n=50$ 年，分别计算经济评价指标经济净现值（ENPV）和经济内部收益率（EIRR），作国民经济评价。

(1) 当 $i_s=7\%$，计算过程如下：

① 投资现值

$$I_p = 768 \times 1.07^{-1} + 1792 \times 1.07^{-2} + 2048 \times 1.07^{-3} + 4368 \times 1.07^{-4}$$
$$+ 2384 \times 1.07^{-5} + 1000 \times 1.07^{-6} + 1000 \times 1.07^{-7} + 1000 \times 1.07^{-8}$$
$$+ 500 \times 1.07^{-9} + 500 \times 1.07^{-10}$$
$$= 11384（万元）$$

② 年运行费现值

$$U_p = 141 \times 1.07^{-6} + 175 \times 1.07^{-7} + 208 \times 1.07^{-8} + 242 \times 1.07^{-9}$$
$$+ 276 \times 1.07^{-10} + 300 \frac{1.07^{40}-1}{0.07 \times 1.07^{40}}$$
$$= 2625（万元）$$

③ 效益现值

$$B_p = 1359 \times 1.07^{-6} + 2718 \times 1.07^{-7} + 4078 \times 1.07^{-8} + 5437 \times 1.07^{-9}$$
$$+ 6796 \times 1.07^{-10} + 7766 \frac{1.07^{40}-1}{0.07 \times 1.07^{40}}$$

$$= 64019 \text{(万元)}$$

④ 经济净现值

$$\text{ENPV} = B_p - (I_p + U_p) = 64019 - (11384 + 2625) = 50010 \text{(万元)}$$

(2) 当 $i_s = 12\%$，用同样方法可求得经济净现值。

$$\text{ENPV} = B_p - (I_p + U_p) = 28331 - (9384 + 1206) = 17741 \text{(万元)}$$

(3) 求经济内部收益率 EIRR。

当 $\text{ENPV} = B_p - (I_p + U_p) = 0$ 时，经试算可求得

$$i = \text{EIRR} = 24.9\% (> i_s = 7\% \text{ 及 } i_s = 12\%)$$

因此，本工程经国民经济评价后认为是有利的。

若已知农业供水水费收入，则可按现行价格（财务价格）计算灌溉工程的投资、年运行费和年效益，再按本书中所介绍的方法进行财务评价。若财务净现值 FNPV<0，财务内部收益率 FIRR<i_c（i_c 为基准收益率），则应提出改善财务措施，例如提高水费标准，降低贷款利率，或者由国家或地方进行财务补贴等，以便使本工程财务上可行。

项目十技能训练题

一、单选题

1. 灌溉工程的投资构成，一般包括（　　）。
   A. 农田水利事业补助费、群众自筹资金和劳务投资
   B. 国家及地方的基本建设投资、农田水利事业补助费、群众自筹资金和劳务投资
   C. 国家及地方的基本建设投资、农田水利事业补助费
   D. 国家及地方的基本建设投资、群众自筹资金和劳务投资

2. 灌溉工程按照水源取水方式，又可分为无坝引水、（　　）、抽水取水和由水库取水等。
   A. 自流灌溉　　　B. 提水灌溉　　　C. 低坝引水　　　D. 沟灌

3. 下列（　　）不属于灌溉效益的计算方法。
   A. 实际年系列法
   B. 分摊系数法
   C. 扣除农业生产费用法
   D. 以灌溉保证率为参数推求多年平均增产效益

4. 灌溉工程的年运行费主要包括维护费、管理费、工资及福利费、（　　）、灌区作物的种子、肥料等。
   A. 斗渠口以下配套工程的全部费用　　　B. 土地平整费用
   C. 水费　　　　　　　　　　　　　　　D. 工程占地补偿费

5. 灌溉工程的经济效果，主要反映在（　　）或者现有灌溉土地经过工程改造后农作物产量和质量的提高以及产值的增加。
   A. 灌溉标准提高　　　　　　　　　　　B. 有无灌溉
   C. 灌区范围扩大　　　　　　　　　　　D. 灌水方法改进

二、判断题

1. 地面灌溉是目前应用最广泛的一种灌溉方式。（　　）
2. 灌溉效益分摊系数的计算就是根据试验资料确定分摊系数。（　　）
3. 大型灌溉工程投资大、工期长，应统筹考虑，不应分期投资，分期配套。（　　）
4. 灌溉工程的投资构成，一般包括国家及地方的基本建设投资、农田水利事业补助费、群众自筹资金和劳务投资。（　　）
5. 灌溉工程的流动资金，是指工程为维持正常运行所需的周转资金，一般按年运行费的某一百分数取值。（　　）

三、计算题

试对本灌溉工程进行财务评价。已知如按现行价格计算，水库总投资为 2 亿元，年运行费（经营成本）400 万元，水库下游的灌溉工程的投资为 8500 万元，年运行费（经营成本）180 万元。该工程的财务收益为灌溉水费收入，冬小麦灌溉水费 10 元/亩、棉花 12 元/亩、玉米 5 元/亩，设基准收益率 $i_s=6\%$。问财务净现值（FNPV）等于多少？财务内部收益率（FIRR）等于多少？

项目十一　水力发电工程经济评价

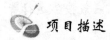 **项目描述**

本项目介绍水、火电站的投资、年运行费构成,水电站的经济效益计算方法,水电站的国民经济评价和财务评价的任务、方法和案例。

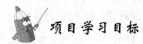 **项目学习目标**

通过对本项目的学习,了解水力发电工程经济评价的一般知识,熟悉水力发电工程经济效益计算的方法,掌握水力发电工程经济评价具体方法和过程。

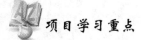 **项目学习重点**

水电站的国民经济评价和财务评价的方法。

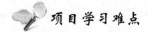 **项目学习难点**

水力发电工程经济效益计算的方法。

电力资源有水电、火电、核电、风力发电、太阳能发电、潮汐发电等形式,一般电力系统是把若干座不同类型的发电站(水电站、火电站、核电站、风电站、抽水蓄能电站、太阳能电站、潮汐电站等)用输电线、变电站、供电线路联络起来成为一个电网,统一向许多不同性质的用户供电,满足各种负荷要求。由于各种电站的动能经济特性不同,不同类型电站在统一的电力系统中运行,可以使各种能源得到更充分合理的利用,电力供应更加安全可靠,供电费用更加节省。现简要介绍水、火电站的主要经济特性。

任务一　电站的投资与年运行费

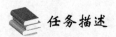 **任务描述**

掌握水电站的工程投资与年运行费的构成,熟悉火电站的工程投资与年运行费构成。

一、水电站的工程投资与年运行费

(一) 水电站的工程投资

水电站工程投资是指水电站工程达到设计效益时所需要的全部支出费用,一般包括水电站永久性工程建筑物(如大坝、溢洪道、输水隧洞等)、机电设备的购置和安装、库区移民安置和临时工程及有关的输、配电网等费用投资。投资内容包括:① 主体工程、附属工程、临建工程及机电设备工程的投资;② 配套工程(含输变电配套和水源配套工程)的投资;③ 开发性移民工程的投资和淹没、浸没、挖压占地、移民迁建所需费用;④ 处理工程的不利影响,保护或改善生态环境的费用;⑤ 勘测、规划、设计、试验等前期工作费用;⑥ 预备费;⑦ 其他费用。一般永久性建筑工程约占投资的 32%～45%,主要与当地地形、地质、水文、建筑材料和施工方法等因素有关;机电设备的购置和安装占投资的 18%～25%,其中主要为水轮发电机组和升压变电站;临时工程占投资的 15%～20%,其中主要为施工队伍的房屋建设投资和施工机械的购置费等;库区移民安置费和水库淹没损失补偿费以及其他费用占 10%～35%,这与库区移民的安置数量、水库淹没的具体情况与补偿标准等因素有关,随着国民经济的发展,该项费用所占比例逐年增加。

关于远距离输变电工程投资分两种情况,对于实行电网统一核算的水电建设项目(发供电统一计算的建设项目),应计入电站和输、变、配电设施的投资;对于实行独立核算的水电建设项目(只发电不供电建设项目)的投资,一般不计入电站工程投资,而是单列为一个工程项目。由于水电站一般远离负荷中心地区,输变电工程的投资有时可能达到水电站本身投资的 30%以上,当与火电站进行经济比较时,应考虑输变电工程费用。

进行财务评价时,建设项目总投资包括固定资产投资、固定资产投资方向调节税、建设期贷款利息及流动资金,其所形成的资产分为固定资产、无形资产、递延资产及流动资产。

对多目标综合开发项目的工程投资需进行费用分摊,分摊原则包括以下几个方面:

(1) 水电开发为主兼有水利开发,且水利设施增加的费用和相应的效益均较小,费用不作分摊,全部计入水电建设项目。

(2) 以水利开发为主兼有水电开发时,水电按收益比例分摊共用设施的投资。

(3) 水电开发和水利开发各占相当比重时,应进行合理的费用分摊。检查费用分摊的合理性在于任何一个受益部门所承担的投资,应不大于本部门等效最优替代工程的投资。各受益部门所承担的投资应不小于可分离投资。各受益部门所承担的投资必须具有合理的经济效果。经过合理性检查,如发现分摊结果未尽合理,可进行适当调整,直至合理为止。

另外,年运行费及折旧费的分摊,比照上述原则和方法进行。

(二) 水电站的年运行费

为了维持水电站正常运行每年所需的各种费用,统称为水电站的年运行费,包括大修费,材料、燃料及动力费,工资及福利费,维修费,水费,其他费用等。对发供电统一计算的建设项目,还需计算供电年运行费,一般按电网单位供电年运行费乘以本电站售电量计算。

在进行财务分析和国民经济评价时的差别在于财务分析采用现行价格,国民经济评价采用影子价格。国民经济评价以财务分析的年运行费为基础,用国民经济评价投资与财务分析投资的比率调整。

1. 大修费

为了恢复固定资产原有的物质形态和生产能力,对遭到损耗的主要组成部件进行周期性的更换与修理所需的费用,统称为大修费。为了使水电站主要建筑物和机电设备经常处于完好状态,一般水电站每隔 2～3 年需进行一次大修理,由于大修理所需费用较多,因此每年从电费收入中提存一部分费用作为专用基金供大修理时集中使用。

$$大修费 = 固定资产原值 \times 大修费率 \qquad (11.1)$$

大修费率取 0.5%～1%,大中型水电站取小值。

2. 材料、燃料及动力费

材料费是指水电站运行、维修和事故处理等所耗用材料、备用品、低值易耗品等的费用,其中包括各种辅助材料及其他生产用的原材料费用。一般根据项目所在地区类似工程近期的实际资料计算。燃料及动力费系指水电站本身运行所需的燃料及厂用电等动力费。

3. 工资及福利费

工资及福利费是指水电站生产和管理部门人员的工资、福利费及各种津贴和奖金,包括标准工资、附加工资、工资性津贴和非工作时间工资。可按电厂职工编制计算。

$$工资 = 定员总人数 \times 年平均工资额 \qquad (11.2)$$

定员总人数按有关部门编制的定员标准规定,与水力发电工程项目的规模有关。工资标准采用水电站所在地同类工程上一年度的统计值,并考虑工资上涨等因素后分析确定。

职工福利是指职工公费医疗费用、困难补助等,按一般按职工工资总额的 14% 计算。

4. 维修费

维修费是指对水库和水电站建筑物及机电设备进行经常性的检查、维护与保养,包括对一些零星小零件进行修理或更换所需的费用。

5. 水费

水费是指不分摊大坝等公用投资的水电站,按当地规定向水库或上游梯级水库缴纳的水费。即因水电厂与水库管理处隶属于不同的行政管理系统,因此水电厂发电所用的水量应向水库管理处或其主管单位缴付水费。发电专用水的水价应与诸部门(发电、灌溉、航运等)综合利用水量的水价有所不同,汛期内水电站为了增发电量减少无益弃水量的水价应更低廉些。

6. 其他费用

其他费用是指不属于以上各项的其他费用,一般包括行政管理费、办公费、差旅费、科研教育经费、劳保费、保险费等。

在进行水电站的财务评价时,年运行费除了计算上述各项外,还应按政策规定和实际情况计入税金及附加和保险金,而国民经济评价中不计入税金及附加和保险金。

水电站应交纳的税金有产品税、增值税、地方税、企业所得税等。产品税包括发电环节和供电环节两部分,地方税包括城市维护建设税和教育费附加两部分,所得税是指项目按销售利润的某一固定比例征收的税金。

以上各种年运行费,可根据电力工业有关统计资料结合本电站的具体情况计算求出。当缺乏资料时,水电站年运行费可按其投资或造价的 1%～2% 估算,大型电站取较低值,中小型电站取较高值。

(三) 水电站的年费用

为了综合反映水电站所需的费用(包括一次性投资和经常性年运行费)的大小,常用年费用表示。

(1) 当进行静态经济分析时,水电站年费用为年折旧费与上述年运行费之和,其中

$$固定资产年折旧费 = 固定资产原值 \times 年综合折旧费率 \tag{11.3}$$

根据资本保全原则,当项目建成投入运行时,其总投资形成固定资产、无形资产、递延资产和流动资产四部分,因此从水电站总投资中扣除后三部分后即得固定资产原值。关于年综合折旧率,当采用直线折旧法并不计其残值时,则

$$年综合折旧费率 = 1/固定资产综合折旧年限 \tag{11.4}$$

式(11.4)中,折旧年限一般采用经济使用年限(即经济寿命)。设水电站主要建筑物的经济寿命为 50 年,则其折旧率为 2%;设水电站机电设备的经济寿命为 25 年,则其折旧率为 4%,其余类推。根据水电站各固定资产原值及其折旧年限,可求出其综合折旧年限。

根据现行财税制度,水电站发电成本主要包括年折旧费与年运行费两大部分,此即为水电站的年费用。

(2) 当进行动态经济分析时,水电站年费用 $NF_水$ 为水电站固定资产原值本利年摊还值(资金年回收值)与年运行费之和,即

$$年费用 NF_水 = 水电站固定资产原值 \times (A/P, i, n) + 年运行费 \tag{11.5}$$

当进行国民经济评价时,式(11.5)中固定资产原值与年运行费均应按影子价格计算,i 为社会折现率;当进行财务评价时,则按财务价格计算,i 为行业基准收益率;n 为水电站的经济寿命;$(A/P, i, n)$ 为本利摊还因子(或称资金回收因子)。

二、火电站的工程投资和年运行费

(一) 火电站的工程投资

火电站工程投资应包括火电厂、煤矿、铁路运输、输变电工程及生态环境保护等设施的投资。火电厂本身单位 kW 投资比水电站少,主要由于其土建工程及移民安置费用比水电站少得多。据统计,在火电厂投资中土建部分占 24%~36%,机电设备部分占 43%~54%,安装费用占 15%~18%,其他费用占 3%~8%。关于煤矿投资,各地区由于受煤层地质构造及其他条件的影响,吨煤投资差别较大,火电厂单位 kW 装机容量年需原煤 2.5 吨左右,相应煤矿投资为火电厂单位 kW 投资的 40%~50%。火电厂厂址可以选建在负荷中心地区,这样可以节省输变电工程费用;或者修建在煤矿附近(一般称为坑口电厂),这样可以节省煤炭铁路运输费用,均根据技术经济条件而定。有关火电输变电工程及铁路运输的投资合计折算为火电厂单位 kW 投资的 50%~60%。此外,火电厂及煤矿对附近地区污染比较严重,应考虑生态环境保护措施的要求。据初步估计,火电厂的消烟、去尘、除硫设施等投资,约为火电厂本身投资的 25%。综上所述,仅就火电厂本身投资而言,为同等装机容量水电站投资的 1/2~2/3,但如包括煤矿、铁路运输、输变电工程及生态环境保护措施在内的总投资,一般与同等装机容量的水电站投资(亦包括输变电工程等投资)相近。

(二) 火电厂的年运行费

火电厂的年运行费包括固定年运行费和燃料费两大部分,固定年运行费主要与装机容量的大小有关,燃料费主要与该年发电量的多少有关。现分述如下。

(1) 固定年运行费。主要包括火电厂的大修理费、维修费、材料费、工资及福利费、水费

(冷却用水等)以及行政管理费等。以上各种固定年运行费可以根据电力工业有关统计资料结合本电站的具体情况计算求出。由于火电厂汽轮发电机组、锅炉、煤炭运输、传动、粉碎、燃烧及除灰系统比较复杂,设备较多,因而运行管理人员亦比同等装机容量的水电站要增加若干倍。当缺乏资料时,火电厂固定年运行费可按其投资的6%左右估算。

(2) 燃料费。火电厂的燃料费 $u_燃$,主要与年发电量 $E_火$(kW·h)、单位发电量的标准煤耗 e(千克/(kW·h))及折合标准煤的到厂煤价 $p_燃$(元/kg)等因素有关,即

$$u_燃 = E_火 e p_燃 \tag{11.6}$$

必须说明,如果火电站的投资中包括了煤矿及铁路等部门所分摊的投资,则燃料费应该只计算到厂燃煤所分摊的年运行费;如果火电站的投资中并不考虑煤矿及铁路等部门的投资,仅指火电厂本身的投资,则燃料费应按照当地影子煤价(国民经济评价时)或财务煤价(财务评价时)计算。

(三)火电站的年费用

(1) 当进行静态经济分析时,火电站年费用主要为固定资产折旧费与上述固定年运行费和燃料费三者之和,即

$$年费用 = 固定资产年折旧费 + 固定年运行费 + 年燃料费 \tag{11.7}$$

火电站固定资产年综合折旧率一般采用4%。

$$火电站固定资产 = 火电站总投资 \times 固定资产形成率$$

固定资产形成率一般采用0.95,或从其总投资中扣除无形资产、递延资产和流动资金后求出。

(2) 当进行动态经济分析时,火电站年费用 $NF_火$ 为火电站固定资产原值本利年摊还值(资金年回收值)与固定年运行费与燃料费三者之和,即

$$年费用 NF_火 = 火电站固定资产原值 \times (A/P, i, n)$$
$$+ 固定年运行费 + 年燃料费 \tag{11.8}$$

式中,$A/P, i, n$ 为本利摊还因子(资金回收因子);n 为火电站经济寿命,一般采用25年;i 为社会折现率(国民经济评价时)或行业基准收益率(财务评价时)。

任务二 水电站的经济效益

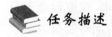

熟悉水电站工程国民经济效益的计算方法,掌握水电站工程财务效益的计算方法,熟悉水电站工程利润的计算方法。

水电站工程的经济效益是指水力发电工程项目产生各种有利影响的总称,包括经济效益,社会效益,生态、环境效益等。一般建设项目的社会效益和环境效益应尽可能作定量计算,不能进行定量计算的必须作定性描述。而建设项目的经济效益包括发供电效益、综合利用效益和多种经营效益,是必须按货币量作定量计算的。

一、水电站工程的国民经济效益

水电站工程的国民经济效益主要是向电网或向用户提供的电力和电量。在水电建设项目国民经济评价中,水电站工程的国民经济效益可以用两种方式表示:① 用同等程度满足电力系统需要的替代电站(如火电站)的影子费用作为水电站的国民经济效益;② 用水电站的影子电费收入作为水电站的国民经济效益。因此,水电站工程的国民经济效益就可用下列两种方法之一来计算。

(一) 最优等效替代法

最优等效替代法是指在满足同等电力、电量需求条件下选择技术可行的若干替代方案,取年费用最小的方案为替代方案中的最优方案,将最优等效替代方案所需的年费用作为水电建设项目的年发电效益。实际工作中一般是依据拟建工程供电范围的能源条件选择其他水电站、火电站、核电站、风电站及太阳能电站等方案,或上述几种不同形式电站的组合方案作为拟建水电站的替代方案,在保证替代方案和拟建水电站电力、电量基本相同的前提下,计算出替代方案的费用,其值即为水利工程的发电效益。亦可通过电源优化,比较有无拟建水电站时整个电力系统的费用节省来计算发电效益。

在目前的电力系统运行中,水电站一般负担电网的调峰、调频(维持电网规定的周波水平)和电力系统事故备用等,可提高电网生产运行的经济性、安全性和可靠性,取得电网安全与联网错峰等经济效益。由于兴建水电站后,可相应少建火电站,因而减少火力发电所需燃料用量和相应的开采与运输费用,产生替代效益。水电站的替代方案应是修建在电力系统运行中具有调峰、调频能力并可作为电力系统事故备用容量的发电站。一般认为,为了满足设计水平年电力系统的负荷要求,如果不修建某水电站,则必须修建其替代电站,两者必居其中之一。换句话说,如果修建某水电站,则可不修建其替代电站,所节省的替代电站的影子费用(包括工程投资与运行费),可以认为这就是修建水电站的国民经济效益。由于火电站的厂用电较多,为了向电力系统供应同等的电力和电量,因此替代电站的发电出力 $N_火$ 应为水电站发电出力 $N_水$ 的1.1倍,即 $N_火=1.1N_水$;替代电站的年发电量 $E_火$ 应为水电站年发电量 $E_水$ 的1.06倍,即 $E_火=1.06E_水$。因此根据设计水电站的装机容量和年发电量,即可换算出替代电站的装机容量和年发电量及其所需的固定年运行费和燃料费,根据式(11.8),即可求出替代电站的年费用 $NF_火$,这就是水电站的国民经济效益 $B_水$,即 $B_水=NF_火$。此法为国内外广泛采用。

(二) 影子电价法

即按水力发电项目向电网或用户提供的有效电量乘以影子电价计算。其计算表达式为

$$水电站国民经济效益 B_水 = 水电站年供电量 E_水 \times 影子电价 S_电 \quad (11.9)$$

用此法计算水电站的国民经济效益比较简单,直截了当,容易理解,但是困难在于如何确定不同类型电量(峰荷电量、基荷电量、季节性电量等)的影子电价 $S_电$[元/(kW·h)]。影子电价可根据电力系统增加单位负荷所增加的容量成本和电量成本之和计算确定;或在有关部门尚未制定出各种影子电价之前,可参照国家发改委颁布的《建设项目经济评价方法与参数》(第3版)中作为投入物的电力影子价格,结合电力系统和电站的具体条件,考虑输配电等因素分析确定影子电价;或者根据供电范围内用户愿意支付的电价分析确定。

对于具有综合利用效益的水电建设项目,应以具有同等效益的替代建设项目的影子费用,作为该水电建设项目的效益;或者采用影子价格直接计算该水电建设项目的综合利用效益。

(三)水电站工程的财务效益

在水力发电工程建设项目的财务评价中,通常用供发电量销售收入所得的电费,作为水电站工程的财务效益,一般按下列两种情况进行核算。

1. 实行电网统一核算的水力发电工程建设项目

实行电网统一核算,也就是实行发、供电统一核算,这样的水力发电项目财务效益核算公式为

$$电网销售收入所得电费 = 总有效电量 \times (1-厂用电率) \times (1-网损率) \times 售电单价 \quad (11.10)$$

式中,有效电量为根据系统电力电量平衡得出的电网可以利用的水电站多年平均年发电量;厂用电率根据建设项目的具体情况计算或参照类似工程的统计资料分析确定;网损率根据当地电网当年实际综合网损率,适当考虑在建设期间改进管理工作、减少网损等因素确定;售电单价为应采用"新电新价"的售电价,或采用满足还贷条件反推的售电价;反推电价为根据贷款本息偿还条件,测算满足本建设项目还贷需要的电网销售电价。

$$水电站分摊效益 = 电网销售收入所得电费 \times 水电站发电成本 / 售电成本 \quad (11.11)$$

2. 实行独立核算的水力发电工程建设项目

实行独立核算,也就是"只发不供"独立核算,这种水力发电项目的财务效益核算公式为

$$销售收入所得电费 = 上网总电量 \times 上网电价 \quad (11.12)$$

其中

$$上网总电量 = 总有效电量 \times (1-厂用电率) \times (1-配套输变电损失率)$$

$$上网电价 = 发电单位成本(按上网电量计) + 发电单位税金$$
$$+ 发电单位利润或采用满足还贷条件反推的售电价$$

总有效电量是指根据系统电力电量平衡得出的电网可以利用的水电站多年平均年发电量。

当采用多种电价制度时,销售收入所得电费为按不同电价出售电量所得的总售电收入。

此外,还应根据贷款本息偿还条件,测算为满足本建设项目还贷需要的电网销售电价。必要时还应根据水电站发电量的峰、谷特性或在丰、枯水季节,分析实行多种电价的现实性与可行性。

水力发电建设项目的实际收入,主要是发电量销售收入所得的电费,有时还有从综合利用效益中可以获得的其他实际收入。

(四)水电站工程的利润

水电站工程利润的计算公式为

$$售电利润 = 售电收入 - 售电成本 - 税金及附加 \quad (11.13)$$

$$税后利润 = 售电利润 - 所得税 \quad (11.14)$$

式(11.13)中,售电利润按发电和供电两个环节分配。售电成本即水电生产和销售的总成本,包括发电成本和供电成本。

(1) 发电成本是指水电站达到设计规模后正常运行年份全部支出的费用,包括折旧费、年运行费、摊销费和利息支出。对"只发不供"的水电站只计算发电成本。

固定资产折旧费,是指水电站在生产运行过程中对固定资产磨损和损耗的补偿费,其计算公式为

固定资产折旧费
$$=(固定资产投资×固定资产形成率+建设期借款利息)×综合折旧率 \quad (11.15)$$

式中,建设期是指从工程开工到全部竣工的时间,其中包括发电站机组陆续投入运行的投产期。水电站工程固定资产形成率一般在0.95左右。建设期借款利息是指水力发电建设项目在建设过程中所支付的固定资产投资的利息。综合折旧率是指水力发电建设项目各类固定资产折旧率的加权平均值,一般为2.5%~3.0%。

(2) 供电成本是将水电站发供的电力电量输送到用户配电变压器之前所需要的输电、变电、配电等全部费用。单位供电成本可采用电网部门上一年度的实际统计数据分析计算。对于独立核算的水电站,供电成本指配套的输变电部分资产运行管理所需要的全部费用。供电成本及售电量的计算公式为

$$供电成本 = 售电量×单位供电成本 \quad (11.16)$$
$$售电量 = 供电量×(1-网损率) \quad (11.17)$$

水力发电工程年售电收入、年运行费、成本、税金、利润的关系见图11.1。

任务三　国民经济评价的任务与内容

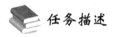

熟悉水力发电工程国民经济评价的任务,掌握水力发电工程国民经济评价的方法。

一、国民经济评价的任务

水力发电工程项目国民经济评价是水电建设项目经济评价的核心部分,它是从电力系统或从国家整体出发,考察本项目的效益与费用,用影子价格和社会折现率计算本项目对国民经济带来的净效益,以评价水电建设项目经济上的合理性。

水力发电工程经济评价的任务主要有:

(1) 促进电源结构的合理化,对水电产业政策起导向作用;随着国民经济的快速发展,对电力的要求也越来越高。对开发电力能源之一的水电工程进行经济评价,便于国民经济各部门,特别是水电与其他电力能源之间,按比例协调发展,使电源结构合理化,从而达到维护国家和人民利益、促进水电事业不断发展的目的。

(2) 促进水电建设项目决策的民主化、科学化。水电工程的经济评价,为一个流域或一个地区的水力资源的开发规模、河流梯级开发方案、开发形式提供科学决策的依据。

(3) 评价和选择地区供电电源、河流梯级水电站开发方案、水电站正常蓄水位、死水位及其装机容量等主要参数。水电站的效益与水电站的正常蓄水位、死水位及其装机容量等

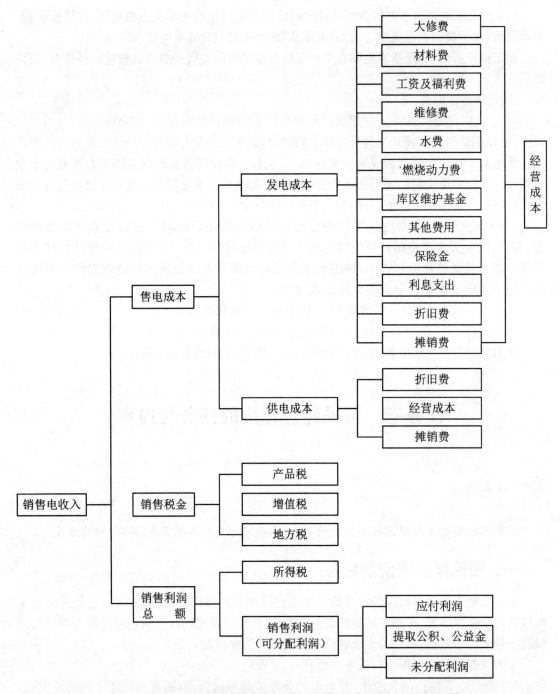

图 11.1　水力发电工程年售电收入、年运行费、成本、税金、利润关系图

有关。随着正常蓄水位的增高，水电站的调节库容、保证出力、装机容量及平均年发电量等动能指标将增加，但当正常蓄水位增高到一定高程后，由于弃水量递减，因而上述指标的增长率均呈递减趋势；另一方面，随着正常蓄水位的增高，水电站工程量、水库淹没损失与移民安置数量以及工程造价等均呈递增趋势，因此在效益与费用之间必能找到一个最佳的方案。如在正常蓄水位方案比较时，首先根据河流梯级开发布置确定其上、下限值，并在此范围内拟定若干个比较方案，然后对各方案计算水电站及系统中火电站补充动能经济指标，最后按

系统年费用 $NF_{系}$ 最小准则进行经济比较,结合政治、社会、技术、环境等因素综合选择最佳方案。

(4) 评价工程方案的经济效果。在同等程度地满足国民经济发展需求的各预选方案中,不同的方案有不同的结构形式、尺寸和技术要求,采用适当的经济指标,对各方案进行经济效果评价,以确定出技术上可行、经济上合理的水电工程建筑方案。

(5) 评价已建水电站的经济效果。对已建水电站进行全面的重新评价,找出经济上存在的问题,以便挖潜改造,加强和改善经营管理,提高水电站的经济效益。

二、国民经济评价的内容

水力发电工程国民经济评价的指标有:① 经济内部收益率 EIRR;② 电力系统年费用 $NF_{系}$;③ 经济效益费用比 EBCR(或简记为 B/C);④ 经济净现值 ENPV;⑤ 经济净现值率 ENPVR 等。下面介绍经济内部收益率 EIRR 和效益费用比 B/C 方法在水力发电工程国民经济评价中的应用。

(一) 效益费用比[EBCR(或 B/C)]

1. 评价指标计算方法

经济效益费用比以水力发电工程项目效益现值与项目费用现值之比表示,其评价指标计算表达式为

$$\text{EBCR} = \frac{B}{C} = \frac{\sum_{t=1}^{n} B_t (1+i)^{-t}}{\sum_{t=1}^{n} C_t (1+i)^{-t}} \qquad (11.18)$$

式中,EBCR 或 B/C 为项目经济效益费用比;B_t 为第 t 年经济效益流入量,可用影子电费等年收入表示,发生在年末;C_t 为第 t 年经济费用(影子费用)流出量,包括净投资(造价)、设备更新费、年运行费等,均发生在年末;n 为计算期,以年为计算单位;t 为计算期各年序号,基准点序号为 0。

根据上式求出的水电项目经济效益费用比(EBCR 或 B/C)大于或等于 1.0 时,即认为该项目方案经济上合理可行。当若干可比方案分析比较时,可认为经济效益费用比值最大(即 EBCR 或 B/C=max)者为经济上最有利的方案。

还可利用效益费用比法经济分析原理计算分析若干个可比方案的差额效益费用比(ΔBCR 或 $\Delta B/\Delta C$),对该组方案进行优劣排序。其差额效益费用比计算式为

$$\Delta \text{BCR} = \frac{\Delta B}{\Delta C} = \frac{\sum_{t=1}^{n} (B_{甲} - B_{乙})_t (1+i)^{-t}}{\sum_{t=1}^{n} (C_{甲} - C_{乙})_t (1+i)^{-t}} \qquad (11.19)$$

式中,ΔBCR 或 $\Delta B/\Delta C$ 为方案差额效益费用比;$(B_{甲} - B_{乙})_t$ 为甲、乙两方案第 t 年的效益收入差额,可用影子电费等年收入表示,发生在年末;$(C_{甲} - C_{乙})_t$ 为甲、乙两方案第 t 年运行费用支出(影子费用)差额,包括净投资(造价)、设备更新费、年运行费等,均发生在年末;其他符号意义同上。

当由上式求得的差额效益费用比(ΔBCR 或 $\Delta B/\Delta C$)大于 1.0,表明前一方案(即甲方案)优于后一方案(即乙方案);反之,若 ΔBCR 或 $\Delta B/\Delta C$ 小于 1.0,表明后一方案(即乙方

案)好于前一方案(即甲方案)。

2. 计算方法应用举例

在国民经济评价中,水电建设项目的年效益,已如上述,可以采用能同等程度满足电力系统的电力和电量需要的替代电站(一般指凝汽式火电站)的年费用表示,或者采用水电站多年平均年供电量的影子电费收入表示。现拟用上述两种水电站年效益的表示方法,计算上述某水电站3个正常蓄水位方案的效益费用比(EBCR 或 B/C),从中选择 EBCR 或 B/C = max 者作为经济上最有利的方案。

当水电站的必需容量和多年平均年发电量求出后,可以计算替代电站相应的各项动能经济指标。例如,某水电站的必需容量 $N_水 = 20$(万 kW),多年平均年发电量 $E_水 = 7.0$(亿 kW·h),则替代电站相应的必需容量 $N_火 = 1.1 N_水 = 22$(万 kW),相应的平均年发电量 $E_火 = 1.06 E_水 = 7.42$(亿 kW·h),其余类推。根据表11.1,已知水电站各正常蓄水位方案的年费用 $NF_水$ 分别为 5040 万元、6112 万元和 7317 万元,用替代电站年费用 $NF_火$ 表示的水电站年效益 $B_水 = NF_火$ 分别为 8375 万元、9806 万元和 10876 万元(表 11.1),各方案相应的效益费用比 $B/C = B_水/NF_水$,分别为 1.485、1.604、1.486,再次表示正常蓄水位第二方案在经济上仍然比较有利。由于本课题是研究同一工程不同规模的经济比较问题,因此尚需计算各正常蓄水位相邻方案之间的效益与费用的差额 $\Delta B_水$ 与 $\Delta NF_水$ 及其差额效益费用比 $\Delta B_水/\Delta NF_水$。

表 11.1 对某水电站水库正常蓄水位方案进行经济比较(效益费用比 B/C 法)

序号	项目 内容	符号	单位	方案一	方案二	方案三	备注
1	正常蓄水位高程	$Z_{蓄水}$	米	100	105	110	假设
2	水电站必需容量	$N_水$	万 kW	20	25	28	
3	水电站平均年发电量	$E_水$	亿 kW·h	7.0	7.5	8.2	
4	水电站年费用	$NF_水$	万元	5640	6112	7317	
5	替代电站必需容量	$N_火$	万 kW	22	27.5	30.8	$N_火 = 1.1 N_水$
6	替代电站平均年发电量	$E_火$	亿 kW·h	7.42	7.95	8.69	$E_火 = 1.06 E_水$
7	替代电站投资	$K_火$	万元	33000	41250	46200	$K_火 = N_火 × 1500$ 元/kW
8	替代电站固定年运行费	$u_火$	万元	1320	1650	1848	(7)×4%
9	替代电站投资现值	$K_火$	万元	35706	44633	49989	基准年在建设期末
10	替代电站资金年回收值	$R_火$	万元	3345	4181	4683	$R_火 = K_火(A/P, r_0, n_火)$
11	替代电站燃料费	$u_{燃}$	万元	3710	3975	4345	(6)×0.05 元/(kW·h)
12	替代电站年费用	$NF_火$	万元	8375	9806	10876	(8)+(10)+(11)
13	水电站年效益	$B_水$	万元	8375	9806	10876	$B_水 = NF_火$
14	水电站效益费用比	$B_水/C_水$		1.485	1.604	1.486	B/C=(13)/(4)

续表

序号	项目 内容	符号	单位	方案 方案一	方案二	方案三	备注
15	水电站年效益差额	$\Delta B_水$	万元	1431	1070		(13)相邻方案差额
16	水电站年费用差额	$\Delta NF_水$	万元	472	1205		(4)相邻方案差额
17	水电站差额效益费用比	$\Delta B_水/\Delta C_水$		3.032	0.888		(15)/(16)
18	水电站年效益(影子电费收入)	$B'_水$	万元	10780	11550	12628	(3)×0.154元/(kW·h)
19	水电站效益费用比	$B'_水/C_水$		1.911	1.890	1.726	(18)/(4)
20	水电站年效益差额	$\Delta B'_水$	万元	770	1078		(18)相邻方案差额
21	水电站差额效益费用比	$\Delta B'_水/\Delta C_水$		1.631	0.895		(20)/(16)

由表 11.1 可知,从三个供选方案的效益费用比 $B_水/C_水$ 及差额效益费用比 $\Delta B_水/\Delta C_水$ 中,可以认为第二方案在经济上最为有利。此外,当用水电站影子电费年收入作为水电站的年效益,用同法求出各方案的效益费用比 $B'_水/C_水$ 及其差额效益费用比 $\Delta B'_水/\Delta C_水$,仍可判断第二方案在经济上最为有利。

(二) 经济内部收益率(EIRR)

1. 评价指标计算方法

经济内部收益率是反映建设项目对国民经济贡献的相对指标,它是使得工程建设项目在计算期内的经济净现值累计等于零的折现率。其评价指标计算表达式为

$$\sum_{t=1}^{n}(B-C)_t(1+\text{EIRR})^{-t}=0 \tag{11.20}$$

式中,EIRR 为项目经济内部收益率;B 为国民经济效益流入量,可用影子电费等年收入表示,发生在年末;C 为经济费用(影子费用)流出量,包括净投资(造价)、设备更新费、年运行费等,均发生在年末;$(B-C)_t$ 为第 t 年的经济净效益流量;n 为计算期,以年为计算单位;t 为计算期各年序号,基准点序号为 0。

根据式(11.20)求出的水电项目经济内部收益率(EIRR)大于或等于社会折现率 i_s 时,即认为该项目经济评价合理可行。社会折现率按国家发改委颁布的《建设项目经济评价方法与参数》(第 3 版)有关规定选取,现行的社会折现率 i_s 为 8%。

2. 计算方法应用举例

设某水电站工程(以上述应用案例中的第二方案为例)的建设期 $m=9$(年)(1991—1999 年),生产期 $n=50$(年)(2000—2049 年),因此计算期为 59 年(1991—2049 年)。现将该水电站在建设期内各年的影子投资 C_1、机电设备中间更新费 C_2、年运行费 C_3 以及装机容量、年发电量、影子电费年收入 B 等指标分别列于表 11.2 中。

表 11.2 对某水电站水库正常蓄水位进行国民经济评价

年份	投资 C_1 (万元)	机电设备中间更新费 C_2 (万元)	年运行费 C_3 (万元)	装机容量 (万 kW)	年发电量 (万 kW·h)	影子电费收入 B (万元)	净效益(万元) ($B-C$)
1991	2738						−2738
1992	3652						−3652
1993	5478						−5478
1994	6390						−6390
1995	7303						−7303
1996	7760						−7760
1997	5478		274	10	3.0	4620	−1132
1998	4566		411	15	4.5	6930	1953
1999	2281		548	20	6.0	9015	6186
2000			685	25	7.5	11550	10865
2001—2020			685×20	25	7.5×20	11550×20	10865×20
2021			685	25	7.5	11550	10865
2022		3804	685	25	7.5	11550	7061
2023		3804	685	25	7.5	11550	7061
2024		3804	685	25	7.5	11550	7061
2025			685	25	7.5	11550	10865
2026—2049			685×24	25	7.5×24	11550×24	10865×24
合计(1991—2049)	$\sum=45646$	$\sum=11412$					$\sum=505524$

依据表 11.2 中列出的各年净效益,将计算基准点选在建设期初(即 1991 年年初),采用试算内插法计算 EIRR,即设 $i_1=15\%$,$ENPV_1=3047.77$ 万元;又设 $i_2=18\%$,$ENPV_2=-2521.74$ 万元,则

$$\text{EIRR} \approx i^* = 15\% + (18\%-15\%) \times \frac{|3047.77|}{|-2521.74|+|3047.77|} = 16.624\%$$

所求该水力发电项目工程方案的经济内部收益率 EIRR=16.624%,明显大于规定的社会折现率 $i_s=8\%$,故本水电建设项目在经济上是可行的。

(三)敏感性分析

由于上例中水电建设项目所采用的数据,一般来自预测和估算,有一定的不确定性。现对工程投资额、年运行费、年售电收益减少或增加及建设工期提前或推迟 1 年等情况分别进行敏感性分析,根据变动情况下的经济数据,采用试算内插法求出各种情况下的经济

内部收益率 EIRR 值,计算结果见表 11.3,并根据计算结果绘制敏感性分析图,如图 11.2 所示。

表 11.3　经济内部收益率(EIRR)敏感性分析表(以影子电价计算年售电收益)

变动幅度	−20% (工期推迟 1 年)	−10%	0	+10%	+20% (工期提前 1 年)	EIRR 变幅 (−20%→+20%)
工程投资额	18.841	17.790	16.624	15.383	13.996	4.845%
年运行费	16.791	16.717	16.624	16.565	16.487	0.304%
年售电收入	12.938	15.130	16.624	17.747	18.591	5.653%
建设工期	14.950	/	16.624	/	18.120	3.170%

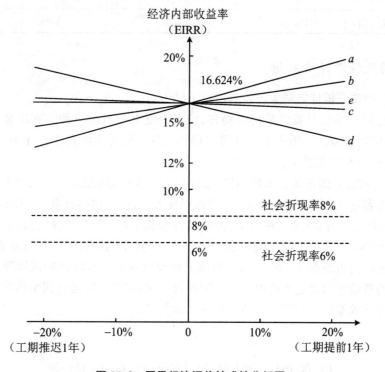

图 11.2　国民经济评价敏感性分析图

a—年售电收入 EIRR 线;b—建设工期 EIRR 线;c—年运行费 EIRR 线;
d—工程投资 EIRR 线;e—基本情况 EIRR 线

由比较表 11.3 数据在各种因素变动状态下 EIRR 的变动幅度情况和图 11.2 中各曲线之倾斜度可知,当年售电收益分别降低和增加 20% 时,经济内部收益率(EIRR)分别为 12.938% 和 18.591%,变化最快,变幅最大,达 5.653%,即经济内部收益率(EIRR)与年售电收益的关系最为敏感;而且从表 11.4 中也能看出,无论社会折现率 i_s=6% 或 8%,当年售电收益分别降低和增加 20% 时,经济净现值(ENPV)变动额度也最大,因此可以确认年售电收入为该工程项目方案的最敏感影响因素。

表 11.4　经济净现值(ENPV)敏感性分析表(以影子电价计算年售电收益)

社会折现率	变动因素	变动幅度					EIRR 变幅
		−20% (工期推迟1年)	−10%	0	+10%	+20% (工期提前1年)	(−20%→+20%)
$i_s=6\%$	工程投资额	84596.84	81001.76	77406.68	73811.60	70216.51	10785.24
	年运行费	78837.71	78122.19	77406.68	76691.16	75975.64	2862.07
	年售电收入	53304.14	65355.41	77406.68	89457.94	101509.21	48205.07
	建设工期	71291.72	/	77406.68	/	83680.44	12388.72
$i_s=8\%$	工程投资额	50966.88	47739.01	44511.15	41283.28	38983.60	11983.28
	年运行费	45480.83	44995.99	44511.15	44026.30	43541.46	1939.37
	年售电收入	28193.50	36347.33	44511.15	52674.97	60838.79	32645.29
	建设工期	39120.61	/	44511.15	/	50075.44	10954.83

(四) 国民经济评价结论

根据以上经济分析计算结果可以得出以下结论：

(1) 从表 11.1 中的计算结果可以得知，该水力发电项目的三种方案均合理可行，且根据表 11.1 中的经济效益费用比 EBCR 值可得到三种可比方案的优劣排序中第二种方案排在最前，第一种方案排在最末。

(2) 第二种方案(即正常蓄水位高程 $Z_{蓄}=110$ m、水电站必需容量 $N_水=25$ 万 kW，加火电站补充必需容量 3.3 万 kW 的方案)为经济最优方案，经济内部收益率 EIRR=16.624%。

(3) 对最优工程方案(第二种方案)的敏感性分析表明，当工程投资额、年运行费、年售电收入变化±20%及建设工期提前或推迟 1 年等不利情况下，该工程项目方案的经济内部收益率均大于社会折现率 6%和 8%，表明该工程项目方案具有较强的抗风险能力，并明确该项目方案的最敏感因素是年售电收入。因此，在严格控制工程运行成本的前提下，不断提高水力发电经济效益是运行管理好该工程方案的关键。

任务四　财务评价的任务与内容

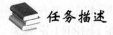任务描述

熟悉水力发电工程财务评价的任务，掌握水力发电工程财务评价的方法。

一、财务评价的任务

水力发电工程项目财务评价，是指依据国家现行财税制度和现行市场价格，从核算单位的角度出发，分别测算工程项目的实际收入和支出，进行资金流程的平衡分析，全面考察其

获利能力和清偿贷款能力等财务状况,以评判建设工程项目财务上的可行性。

水力发电工程项目财务评价的主要任务,是站在水力发电企业的角度,结合本企业实际情况和电力行业形势,根据国家现行的财经政策和税收制度,以及工程项目投入物与产出物的当时市场价格,分别测算水力发电项目的工程投资、运营成本(售电成本)、销售收入(售电收入),计算本企业的税费支出、营业利润,分析本水电项目的财务偿债能力和盈利能力,并作财务敏感性分析,以判断本项目的财务可行性和经济有利性。

二、财务评价的内容

水力发电工程项目财务分析评价主要内容有:投资资金筹措方案确定、项目运营财务支出和财务收入测算、项目偿债能力和盈利能力评价、项目不确定性分析等。

水力发电工程项目运营支出即建设项目运营支出的财务费用,主要包括固定资产投资、流动资金、产品成本(年运行费)、应交纳税金及建设期借款利息等。固定资产投资是指水力发电工程(水电站工程)本身和与其配套的输变电工程等的投资,应根据施工进度计划,确定各分年度的投资,并根据资金的不同来源分别计算贷款利息。流动资金是水电站建成投产后用于维持正常生产所需的周转资金,一般分为自有流动资金(应不少于总额的30%)和流动资金借款两部分,其借款利息可列入发电成本内。水电站发电成本为电厂全年运行时所支出的费用,其中包括折旧费、修理费、材料费、工资及职工福利基金、库区维护基金及水费等项。发电成本扣除上述折旧费、借款利息等费用后称为经营成本。供电成本是指水电站的供电量送到用户所需输电、变电、配电、售电费用的总和。水电站的发电成本和电网的供电成本两者组成售电成本。

对于实行电网统一核算的水力发电项目,单位供电成本可采用电网上一年度的实际统计数据;对于实行独立核算的水力发电项目,其供电成本只计算水力发电厂到电力主网的配套输变电费用。其中固定资产折旧费,是指水电站工程和输变电设备等固定资产在生产运行过程中对固定资产磨损和损耗的补偿费,其计算公式可简化为

$$\text{固定资产折旧费} = (\text{固定资产投资} + \text{建设期借款利息}) \times \text{年综合折旧率} \quad (11.21)$$

式中,建设期是指从工程开工到全部竣工的时间,其中包括发电站机组陆续投入运行的投产期(也称运行初期,包括试运行期);建设期借款利息是指水力发电建设项目(包括配套的输变电工程)在建设过程中按财务规定应计入的借款利息;年综合折旧率是指水力发电工程项目各类固定资产年折旧率的加权平均值,一般为2.5%~3.0%。

电力工业应交纳的税金有产品税、增值税、地方税、企业所得税等。产品税包括发电环节和供电环节两部分,地方税包括城市维护建设税和教育费附加两部分,所得税是指项目按销售利润的某一固定比例征收的税金。

(一)财务经济指标分析测算

1. 筹资方式的确定

水力发电工程项目资金的筹措方式主要有自有资金、银行借款、租赁融资、企业融资、债券融资、股权融资等方式。

2. 运营成本的计算

水力发电项目的运营成本(售电成本)包括发电成本和供电成本两部分,发电成本又包括发电资产折旧费、发电设备修理费、材料燃料动力费、发电运行工资等,供电成本包括供电

经营成本和供电资产折旧费等两部分。

3. 销售收入的计算

水力发电项目的销售收入(售电收入),主要是销售水力发电量所得的电费收入,有时还有综合利用效益中可以获得的收益分摊额等,售电收入计算公式为

$$售电收入 = 有效售电量 \times 综合售电单价 \tag{11.22}$$

4. 销售税费的计算

水力发电企业销售税费主要包括电力产品税、增值税、地方税和企业所得税等。

对于水电产品增值税,独立核算的水力发电企业生产销售电力产品,按照现行增值税有关规定向其机构所在地主管税务机关申报纳税;具有一般纳税人资格或具备一般纳税人核算条件的非独立核算的水力发电企业生产销售电力产品,按照增值税一般纳税人的计算方法计算增值税,并向其机构所在地主管税务机关申报纳税。附带说明一下,不具有一般纳税人资格且不具有一般纳税人核算条件的非独立核算的发电企业生产销售的电力产品,由发电企业按上网电量,依核定的定额税率计算发电环节的预缴增值税,且不得抵扣进项税额,向发电企业所在地主管税务机关申报纳税。计算公式为

$$预征税额 = 上网电量 \times 核定的定额税率$$

水电产品应缴地方税包括城市维护建设税和教育费附加两部分。

水电企业所得税是水力发电项目按售电实现利润的某一固定税率征收的税金。

5. 销售利润的计算

水力发电企业售电利润实现值可以按以下两种情况分别计算。

(1) 实行独立核算的水电项目的计算公式为

$$实现利润 = 销售收入 - 发电成本 - 配套输变电成本 - 发电环节税金 \tag{11.23}$$

(2) 实行电网统一核算的水电项目的计算公式为

$$实现利润 = 销售收入 - 售电成本 - 销售税金 \tag{11.24}$$

式(11.24)中,实现利润按发电和供电两个环节分配,当水力发电建设项目固定资产投资中包括配套的输变电投资时,利润分配比例一般为:发电占70%,供电占30%;否则,按发电占60%和供电占40%比例分配。水电企业售电收入、运行成本、销售税金、售电利润等之间的关系可参阅图11.1。

(二) 财务评价指标分析计算

1. 偿债能力指标

水力发电企业偿债能力(或清偿能力,即偿还贷款能力)分析主要是考察分析计算期内企业各年财务状况及还债能力,主要评价指标是借款偿还期和资产负债率。

(1) 借款偿还期。借款偿还期(或称贷款偿还期、贷款偿还年限)分析,主要是计算企业还贷资金量、贷款利息额及贷款偿还时间,并与行业贷款偿还期标准值比较分析,以判断企业偿还贷款能力的强弱。

① 还贷资金。还贷资金是指用于偿还贷款的资金,主要包括还贷利润、还贷折旧和还贷税金等三部分。

(a) 还贷利润。销售利润扣除企业留利后即可作为还贷利润。目前尚无统一的企业留利标准。

(b) 还贷折旧。从水力发电资产折旧费中扣除15%的能源交通基金及10%的国家预算

调节基金后,再提取还贷折旧,按规定在电站建成后 3 年内提取 80%,第 4 年起提取 50%。投产期内的还贷折旧费,按投产容量与总装机容量的比例确定。

(c) 还贷税金。还贷税金包括产品税金及其附加的城市维护建设税和教育费的减免部分,一般为应交纳税金的 33%。附带说明一下,贷款偿清后不再减免税金。

② 贷款利息。贷款利息自借款取得支用之日起计算,按复利年息计算。在设计阶段,当年贷款均假定在年中支用,按半年计息,以后年份按全年计息。

③ 贷款偿还年限。贷款偿还年限即借款偿还期,是指水力发电项目投产运行后可供还款的各项资金(即可以用作偿还贷款的企业利润、折旧费、减免的税金以及其他收益额),用以偿清固定资产投资借款本金和利息所需的时间,一般从借款开始年算起。其计算表达式为

$$I_d = \sum_{t=1}^{P_d}(R_p + D_l + T_l + R_o) \quad (11.25)$$

式中,I_d 为水力发电项目固定资产投资借款本金和利息之和;P_d 为借款偿还期或贷款偿还年限(从借款开始年计算,以年计);R_p 为年可用于偿还贷款的利润额;D_l 为年可用于偿还贷款的折旧费;T_l 为年可用于偿还贷款的减免税金;R_o 为年可用于偿还贷款的其他收益。

借款偿还期可用财务平衡表逐年计算,其中每年应付固定资产借款利息近似计算公式为

本年度贷款利息累计 =(上年度末贷款本息累计+本年度贷款×1/2)×6% (11.26)

本年度贷款本息 = 本年度贷款+历年贷款利息累计 (11.27)

本年度末贷款本息累计 = 上年度末贷款本息累计+本年度贷款本息 (11.28)

贷款偿还期还可编制借款还本付息计算表,通过下式求出:

$$\text{借(贷)款偿还期} = \begin{pmatrix}\text{借款偿还后开始}\\\text{出现盈余年份数}\end{pmatrix} - 1 + \left(\frac{\text{当年偿还借款额}}{\text{当年可用于还款资金额}}\right) \quad (11.29)$$

当计算出的借款偿还期(贷款偿还年限)能满足贷款方要求的期限(即项目建设贷款偿还期小于或等于贷款方要求还款期限)时,该水电项目在财务上是可行的。

(2) 资产负债率。资产负债率是指水电项目负债总额与资产总额的比率,它是反映项目各年所面临的财务风险程度和偿债能力的指标。其计算表达式为

$$\text{资产负债率} = \frac{\text{负债总额}}{\text{资产总额}} \times 100\% \quad (11.30)$$

式中,

资产总额 = 负债总额 + 所有者权益

负债是水电企业所承担的能以货币计量、需以资产或劳务等形式偿付或抵偿的债务,所有者权益为企业业主对水电项目投入的资金(即资本金)以及形成的资本公积金、盈余公积金和未分配利润。一般要求资产负债率不超过 70%(70% 被认为是企业资产负债率的心理警戒线)。

2. 盈利能力指标

财务盈利能力分析,常采用财务内部收益率、财务净现值、投资利润率和投资利税率等指标,现分述如下。

(1) 财务内部收益率(FIRR)。财务内部收益率是指计算期内各年净现金流量现值累计等于零时的折现率,是用来反映项目盈利能力的一个重要动态指标,其表达式为

$$\sum_{t=1}^{n} (C_\mathrm{I} - C_\mathrm{O})_t (1+\mathrm{FIRR})^{-t} = 0 \tag{11.31}$$

式中，C_I 为现金流入量，主要指各年销售收入（售电收入）；C_O 为现金流出量，主要指各年固定资产投资、更新改造投资、经营成本支出（年运行费）、销售税金支付等；$(C_\mathrm{I}-C_\mathrm{O})_t$ 为第 t 年的净现金流量；n 为计算期，包括建设期与生产期。

财务内部收益率可根据水电项目的现金流量采用试算内插法求得。当求出的财务内部收益率大于行业财务基准收益率 i_c 时，说明本工程项目有财务盈利能力，在财务上有利可行。

(2) 财务净现值（FNPV）。财务净现值是按行业基准收益率 i_0，将计算期内各年的净现金流量折算到建设期初的现值之和，它也是反映项目在计算期内盈利能力的动态评价指标，其表达式为

$$\mathrm{FNPV} = \sum_{t=1}^{n} (C_\mathrm{I} - C_\mathrm{O})_t (1+i_c)^{-t} \tag{11.32}$$

当财务净现值大于 0 时，可认为本工程项目在财务上是合理可行的。

(3) 投资回收期（P_t）。投资回收期是指水电项目的净效益抵偿全部投资（包括固定资产投资和流动资产等）所需要的时间，它是考察水电项目在财务上的投资回收能力的主要静态评价指标。它以年计算，一般从建设开始年起算，若从运行投产年起算，应予以注明。其计算表达式为

$$\sum_{t=1}^{P_t} (C_\mathrm{I} - C_\mathrm{O})_t = 0 \tag{11.33}$$

式中，P_t 为投资回收期，以年计算；其他符号意义同前。

投资回收期可根据财务现金流量表（全部投资）推算出，即推求出净现金流量累计值等于零时的年数。计算公式为

$$投资回收期 = \left(\begin{array}{c}累计净现金流量值\\开始出现正值年份数\end{array}\right) - 1 + \left(\frac{上年累计净现金流量绝对值}{当年净现金流量 + 上年累计净现金流量绝对值}\right) \tag{11.34}$$

如果所求得投资回收期小于或等于行业基准投资回收年限，表示该水电项目投资能够在规定时间内收回，则该项目在财务上是可行的。

(4) 投资利润率。投资利润率是指项目达到设计生产能力后的一个正常生产年份的年利润总额与项目总投资的比率，它是反映项目单位投资盈利能力的指标，也反映了项目单位投资效果，故也可称为投资效果系数。其计算公式为

$$投资利润率 = \frac{年利润总额或年平均利润总额}{总投资额} \times 100\% \tag{11.35}$$

式中，

年利润总额 = 年售电总收入 − 年售电总成本 − 年售电税金

总投资额 = 固定资产投资（不包括更新改造投资）+ 建设期贷款利息 + 流动资金

将水电项目的投资利润率应与部门（电力工业）或行业（水力发电）的投资平均利润率比较，以便判别本项目单位投资利润率是否达到部门或行业的平均水平。

(5) 投资利税率。投资利税率是指项目达到设计生产能力后的一个正常生产年份的年利税总额与总投资的比率，其计算公式为

$$投资利税率 = \frac{年利税总额或年平均利税总额}{总投资额} \times 100\% \quad (11.36)$$

式中，

$$年利税总额 = 年售电总收入 - 年售电总成本$$

将水电项目的投资利税率与部门或行业的投资平均利税率比较，可用以判别本项目单位投资对国家积累的贡献是否达到本部门或行业的平均水平。

三、财务评价实例

上述对水力发电工程项目财务评价进行了基本理论阐述，下面以某水力发电工程项目为例说明水电建设项目的财务评价。

某水电建设项目以发电为主，兼有防洪任务。本电站装机容量为 30 万 kW，多年平均年发电量（有效电量）为 7.5 亿 kW·h，投产后承担电网的调峰、调频和事故备用等任务。

（一）资金筹措和工程进度

本水电项目总投资为 6 亿元，按发电、防洪两大受益部门进行投资分摊，水电站应分摊的固定资产投资为 4.6 亿元，全部使用建设银行的贷款，年利率 6%；防洪部门分摊的投资由国家财政拨款解决。电站竣工后核定固定资产投资为 45446 万元，流动资金 200 万元，在流动资金中，自有流动资金 60 万元，借款流动资金 140 万元，由工商银行贷款，年利率 8%。

本电站自 1991 年年初开始建设，至第 7 年年末有 2 台机组共 10 万 kW 开始投产；第 8 年年末、第 9 年年末亦分别投产 2 台机组；至第 9 年年末全部装机容量 30 万 kW 建成；自第 10 年（2000 年）起进入生产期正式投入电网运行。本工程建设期 9 年（含投产期 3 年），生产期 50 年，故计算期为 59 年。

本项目实行独立核算的水力发电项目，投资中已计入配套的输变电部分的投资。下面举例分别说明如何计算成本、销售收入、税金、利润以及贷款偿还年限、财务内部收益率、财务净现值、投资利润率等财务指标。

（二）成本计算

1. 发电成本

发电成本包括折旧费、修理费、材料费、工资等。

(1) 折旧费＝（固定资产投资＋建设期借款利息）×综合折旧率＝固定资产原值×综合折旧率＝58000×2.5%＝1450（万元）。

(2) 修理费＝固定资产×综合修理费率＝58000×0.5%＝290（万元）。

(3) 材料费及其他费用分别按 0.78 元/kW 和 1.6 元/kW 计算（参阅《水电建设项目设计阶段成本计算暂行规定》），合计 71 万元。

(4) 工资按本水电站定员 100 人，每人每年平均工资按 6000 元计算，职工福利基金按职工工资总额的 11% 计提，合计 67 万元。

(5) 流动资金借款利息＝140×8%＝12（万元）。

(6) 水库库区维护基金按厂供电量的 1 元/10^3 kW 时计提，水电站供电量＝发电量×（1－厂用电率）＝75000×（1－0.4%）＝74700 万 kW 时，故库区维护基金为 75 万元。

以上六项合计，即为发电成本＝1450＋290＋71＋67＋12＋75＝1965（万元），其中经营成本＝290＋71＋67＋12＋75＝515（万元）（约占固定资产投资的1.1%）。

2. 供电成本

供电成本包括经营成本和折旧费两项，可分别按配套的输变电工程固定资产的2.0%和3.3%估算，经营成本＝7000×2.0%＝140（万元），折旧费＝7000×3.3%＝231（万元），两项合计即供电成本＝140＋231＝371（万元）。

3. 售电成本

售电成本包括发电成本和供电成本两部分，故售电成本＝1965＋371＝2336（万元），其中经营成本＝515＋140＝655（万元），折旧费＝1450＋231＝1681（万元）。

（三）销售收入、税金、利润

1. 销售收入（售电收入）

由于本水力发电工程项目实行独立核算，即"只发不供"的独立核算，故销售收入（售电收入）只计算发电效益。已知厂用电率采用0.4%，输变电损失率采用3.5%，上网电价暂按还贷要求定为0.20元/(kW·h)。则代入公式(11.12)计算：

$$\begin{aligned}
上网电量 &= 厂供电量 \times (1 - 配套输变电损失率) \\
&= 年发电量 \times (1 - 厂用电率)(1 - 配套输变电损失率) \\
&= 7.5 \times 10^8 \times (1 - 0.4\%)(1 - 3.5\%) \\
&= 720855 \times 10^3 (kW \cdot h) \\
销电收入 &= 上网电量 \times 上网电价 \\
&= 720855 \times 10^3 \times 0.20 \\
&= 14417.1 \times 10^3 (元) \\
&= 14417.1 (万元)
\end{aligned}$$

2. 销售税金

水力发电企业销售税金主要包括电力产品税、城市维护建设税及教育费附加等，即销售税金＝产品税＋城市维护建设税＋教育费附加等。具体计算如下：

(1) 产品税＝厂供电量×税率＝$7.5 \times 10^8 \times (1-0.4\%) \times 0.01$＝747（万元）。

(2) 城市维护建设税：因本电站远离县城，税额为产品税的1%，即7.5万元。

(3) 教育费附加：税额为产品税的1%，亦为7.5万元。

以上三项税金合计，即售电税金＝747＋7.5＋7.5＝762（万元）。

3. 销售利润（售电利润）

$$\begin{aligned}
售电利润 &= 售电收入 - 售电成本 - 销售税金 \\
&= 14418 - 2336 - 762 = 11320 (万元)
\end{aligned}$$

（四）贷款偿还年限

1. 还贷资金

还贷资金是用于偿还贷款的资金，包括下列三部分。

(1) 还贷利润。销售利润扣除企业留利后即可作为还贷利润。关于销售利润计算，参见表11.5。由于目前尚无统一的企业留利标准，暂按年人均6000元的标准作为企业留利额，即企业留利额＝6000×100＝60（万元）。关于逐年还贷利润，见表11.6。

表 11.5 利润计算表

单位:万元

序号	项 目	建设期(年)			生产期(年)		备 注
		7	8	9	10	11~59	
一	年末装机容量(万 kW)	10	20	30	30	30	根据装机进度计划
	年发电量(亿 kW·h)	1.50	3.75	6.25	7.50	7.50	
二	上网电量(亿 kW·h)	1.442	3.604	6.007	7.209	7.209	扣除厂用电及输变电损失
	售电收入	2884	7208	12014	14418	14418	上网电量×0.2元/(kW·h)
三	售电成本	1219	1624	2029	2336	2336	发电成本+供电成本
	(1) 发电成本	1033	1377	1720	1962	1962	
	(2) 供电成本	186	247	309	371	371	指配套输变电部分
四	销售税金	152.0	381.0	635.0	762.0	762.0	
	(1) 产品税	149.0	373.5	622.5	747.0	747.0	供电量×0.01元/(kW·h)
	(2) 城市维护建设税	1.50	3.75	6.25	7.50	7.50	产品税×1%
	(3) 教育费附加	1.50	3.75	6.25	7.50	7.50	产品税×1%
五	售电利润	1513	5203	9350	11320	11320	(二)−(三)−(四)

表 11.6 偿还贷款资金汇总表

单位:万元

序号	项 目	建设期(年)			生产期(年)		备 注
		7	8	9	10	11~59	
一	还贷利润	1483	5163	9300	11260	11260	(1)−(2)
	(1) 销售利润	1513	5203	9350	11320	11320	
	(2) 企业留利	30	40	50	60	60	
二	还贷折旧	505	672	840	631	631	前三年折旧费剩余80%,以后50%
	(1) 电站折旧费	841	1120	1400	1681	1681	包括配套输变电工程
	(2) 折旧中提取能源交通基金	126	168	210	252	252	电站折旧费×15%
	(3) 折旧中提取国家预算基金	84	112	140	168	168	电站折旧费×10%
三	还贷税金	102	255	425	510	510	(3)+(1)+(2)
	(1) 产品税减免部分	100	250	417	500	500	应纳税金×67%
	(2) 城市维护建设税减免部分	1.0	2.5	4.0	5.0	5.0	
	(3) 教育费附加减免部分	1.0	2.5	4.0	5.0	5.0	
四	偿还贷款资金合计	2090	6090	10565	12401	12401	(一)+(二)+(三)

(2) 还贷折旧。从电站折旧费中扣除15%的能源交通基金及10%的国家预算调节基金后,再提取还贷折旧,按规定在电站建成后3年内提取80%,第4年起提取50%。关于逐年

还贷折旧费见表 11.6。投产期内的还贷折旧费，按投产容量与总装机容量的比例确定。

(3) 还贷税金。还贷税金包括产品税金及其附加的城市维护建设税和教育费的减免部分，一般为应交纳税金的 33%，故还贷税金＝供电量×0.01×67%×(1+1%+1%)＝7.5×10^8×(1−0.4%)×0.00683＝510（万元）。关于逐年还贷税金见表 11.6。附带说明，贷款偿清后不再减免税金。

2. 贷款利息

贷款自支用之日起计息，按复利年息计算。在设计阶段，当年贷款均假定在年中支用，按半年计息，以后年份按全年计息，参见表 11.7。

表 11.7 贷款本息计算表

单位：万元

年份(t)	贷款本金 (1)	贷款利息累计 (2)	贷款本息 (3)	贷款本息累计 (4)	备 注
1	2738	82	2820	2820	
2	3652	279	3931	6751	
3	5478	569	6047	12798	
4	6390	960	7350	20148	$(2)_t=\left[(4)_{t-1}+\frac{1}{2}(1)_t\right]\times 6\%$
5	7303	1428	8731	28879	
6	7760	1966	9726	38605	$(3)_t=(1)_t+(2)_t$
7	5478	2481	7959	46564	$(4)_t=(4)_{t-1}+(3)_t$
8	4566	2931	7497	54061	年利率 $i=6\%$
9	2281	3312	5593	59654	
合计	45646	14008	59654		

3. 贷款偿还年限

贷款偿还年限是指项目投产后可以用作偿还贷款的利润、折旧费、减免的税金以及其他收益额，用来偿还固定资产投资借款本金和利息所需的时间，一般从借款开始年算起。由表 11.7 可知，在建设期第 9 年年末，贷款本金和利息累计为 59654 万元；由表 11.6 可知，自建设期第 7 年开始，由于部分机组投产，故于第 7、8、9 年各年年末分别偿还贷款 2090 万元、6090 万元、10565 万元，从第 10 年起进入正常运行的生产期，每年年末可偿还贷款 12401 万元。

假设贷款偿还年限为 P_d，即从贷款第 1 年算起，至第 P_d 年偿清全部借款的本金和利息，即

$$59654-2090(1+i)^2-6090(1+i)-10565-\sum_{t=10}^{P_d}12401(1+i)^{9-t}=0$$

经试算，当贷款年利率 $i=6\%$，$P_d=12$ 年，即本项目开始施工后第 12 年即可偿清所借贷款的本金和利息。

（五）财务盈利能力分析

财务盈利能力分析，常采用财务内部收益率、财务净现值、投资利润率和投资利税率等

指标,现分述如下。

1. 财务内部收益率(FIRR)

财务内部收益率是指计算期内各年净现金流量现值累计等于零时的折现率,是用来反映项目盈利能力的一个重要动态指标,可根据水电项目的现金流量采用试算内插法求得。根据本例的经济数据基本资料及表 11.5 至表 11.7 中的有关数据代入式(11.35)中,可试算求出 $FIRR=14.049\%$,大于水电行业基准收益率 $i_c=10\%$(税后标准),说明本工程项目具有较强的财务盈利能力,在财务上合理可行。

2. 财务净现值(FNPV)

财务净现值是按行业基准收益率 i_c,将计算期内各年的净现金流量折算到建设期初的现值之和,它也是反映项目在计算期内盈利能力的动态评价指标,根据本例的经济数据基本资料,将表 11.5 至表 11.7 中的有关数据代入式(11.36),将计算基准年点设定在建设期初(即 1991 年年初),则计算期 $n=59$(年),当折现率为 $i_c=10\%$,则可求出 $FNPV=17893.23$(万元)(>0),说明本工程项目具有较强的盈利能力,认为本项目在财务上是合理可行的。

3. 投资回收期(P_t)

投资回收期是指水电项目的净效益抵偿全部投资(包括固定资产投资和流动资产等)所需要的时间,它是考察水电项目在财务上的投资回收能力的主要静态评价指标。

设该工程项目投资回收期从建设开始年起算,根据表 11.8 中现金流量数据,代入公式计算得

表 11.8　财务现金流量表(投资回收期计算表)

单位:万元

序号	年份	贷款本息	现金流出量 C_O	售电利润	现金流入量 C_I	净现金流量 C_I-C_O	净现金流量累计 $\sum(C_I-C_O)$
		(1)	(2)=(1)	(3)	(4)=(3)	(5)=(2)+(4)	(6)=$\sum$(5)
1	1991	2820	2820	0	0	-2820	-2820
2	1992	3931	3931	0	0	-3931	-6751
3	1993	6047	6047	0	0	-6047	-12798
4	1994	7350	7350	0	0	-7350	-20148
5	1995	8731	8731	0	0	-8731	-28879
6	1996	9726	9726	0	0	-9726	-38605
7	1997	7959	7959	1323	1323	-6636	-45241
8	1998	7497	7497	5203	5203	-2294	-47535
9	1999	5593	5593	9350	9350	3757	-43778
10	2000			11320	11320	11320	-32458
11	2001			11320	11320	11320	-21138

续表

序号	年份	贷款本息 C_O (1)	现金流出量 C_O (2)=(1)	售电利润 C_I (3)	现金流入量 C_I (4)=(3)	净现金流量 C_I-C_O (5)=(2)+(4)	净现金流量累计 $\sum(C_I-C_O)$ (6)=$\sum$(5)
12	2002			11320	11320	11320	−9818
13	2003			11320	11320	11320	1502
14	2004			11320	11320	11320	12822

$$投资回收期 = \left(\begin{array}{c}累计净现金流量值\\开始出现正值年份数\end{array}\right) - 1 + \left(\frac{上年累计净现金流量绝对值}{当年净现金流量 + 上年累计净现金流量绝对值}\right)$$

$$= 13 - 1 + \frac{9818}{1502+9818} = 12.87 (年) \approx 12 年 11 月 = 155 (月)$$

所求得本工程项目的(税后)投资回收期为12.87年(也就是说,本工程项目开始施工后第12年的11月份即可收回项目的全部工程投资),所计算的投资回收期小于或等于行业基准投资回收期,表示该水电项目投资能够在规定时间内收回,则该项项目在财务上是可行的。

4. 投资利润率

投资利润率是指项目达到设计生产能力后的一个正常生产年份的年利润总额与项目总投资的比率,它是反映项目单位投资盈利能力的指标。由表11.6、表11.7可知,正常生产年份年利润=11320(万元),固定资产投资=45646(万元),建设期贷款利息=14008(万元),流动资金=200(万元),由此可得

$$总投资额 = 固定资产投资(不包括更新改造投资) + 建设期贷款利息 + 流动资金$$
$$= 45646 + 14008 + 200 = 59854 (万元)$$

$$投资利润率 = \frac{正常生产年份年利润额}{总投资额} \times 100\% = \frac{11320}{59854} \times 100\% = 18.976\%$$

本水力发电工程项目的投资利润率应与本部门(电力工业)或本行业(水力发电)的投资平均利润率比较,以便判别本水电项目单位投资利润率是否达到部门或行业的平均水平。

5. 投资利税率

投资利税率是指项目达到设计生产能力后的一个正常生产年份的年利、税总额与总投资的比率。由表11.5、表11.6可知,正常生产年份年利润=11320(万元),正常生产年份销售税金=762(万元),固定资产投资=45646(万元),建设期贷款利息=14008(万元),流动资金=200(万元),由此可得

$$正常生产年份年利税总额 = 11320 + 762 = 12082 (万元)$$

$$投资利税率 = \frac{正常生产年份年利税总额}{总投资额} \times 100\% = \frac{12082}{59854} \times 100\% = 20.186\%$$

本水力发电工程项目的投资利税率与本部门或本行业的投资平均利税率比较,可用以判别本水电项目单位投资对国家积累的贡献是否达到本部门或行业的平均水平。

项目十一技能训练题

一、单选题

1. 在水电建设项目国民经济评价中，可以用下列哪些方法表示水电站的国民经济效益（　　）。
   A. 用同等程度满足电力系统需要的替代电站的影子费用、用水电站的影子电费收入
   B. 用同等程度满足电力系统需要的替代电站的实际费用、用水电站的影子电费收入
   C. 用同等程度满足电力系统需要的替代电站的影子费用、用水电站的影子实际收入
   D. 用同等程度满足电力系统需要的替代电站的实际费用、用水电站的影子实际收入

2. 当进行动态经济分析时，火电站年费用为（　　）。
   A. 固定年运行费与燃料费两者之和
   B. 基本折旧费与固定年运行费和燃料费三者之和
   C. 固定年运行费和燃料费两者之和
   D. 固定资产原值的本利年摊还值（资金年回收值）、固定年运行费与燃料费三者之和

3. （　　）不属于盈利能力指标。
   A. 财务内部收益率
   B. 财务净现值
   C. 借款偿还期
   D. 投资利税率

4. 火电厂的固定年运行费不包括（　　）。
   A. 大修费　　　　B. 维修费　　　　C. 燃料费　　　　D. 工资及福利费

5. 水力发电工程经济评价的任务不包括（　　）。
   A. 促进水电建设项目决策的民主化、科学化
   B. 评价工程方案的经济效果
   C. 评价水电部门可以承担工程投资分摊的最大值
   D. 评价已建水电站的经济效果

二、判断题

1. 对水力发电工程只进行财务评价，不进行国民经济评价及不确定性分析。（　　）
2. 以水利开发为主兼有水电开发时，水电按收益比例分摊共用设施的投资。（　　）
3. 当进行动态经济分析时，水电站年费用 $NF_水$ 为水电站固定资产原值本利年摊还值（资金年回收值）与年运行费之和。（　　）
4. 火电站工程投资包括火电厂、输变电工程等设施的投资。（　　）
5. 水电站工程的国民经济效益采用影子电价法，即按水力发电项目向电网或用户提供的有效电量乘以影子电价计算。（　　）

三、计算题

1. 某水电厂的装机容量为 4×1500 kW，固定资产2000万元，年综合折旧率3.2%，大修理基金按折旧额的40%提取，向水库交发电水费25.0万元，材料费2.5万元，工资总额规

模 7.5 万元,福利基金按工资的 14% 提取,其他费用 3 万元,试求该厂年发电总成本。若年发电量为 3500 万 kW·h,有效系数为 1,厂用电率为 0.6%,计算单位发电成本和单位供电成本。

2. 某水力发电工程,拟定了两个不同规模的建设方案,资料见表 11.9,用内部收益率法进行方案比较,若 $i_s=10\%$,应推荐哪个方案?

表 11.9 两个方案的有关经济指标及相关参数

方案	工程投资(万元)		运行费率(%)	装机容量(kW)	有效电量(MW·h)	厂用电率(%)	上网电价(元/(MW·h))	生产期(年)
	第1年	第2年						
甲	550	550	4.0	3500	18000	0.8	影子电价 180.6	40
乙	700	700	3.5	4000	20000	0.8		

项目十二　城镇供水工程经济评价

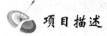 **项目描述**

本项目介绍城镇供水工程的基本知识、供水价格的构成、经济评价的主要指标以及城镇供水工程的经济评价案例。

 项目学习目标

通过对本项目的学习,了解城镇供水工程经济评价的基本知识,熟悉供水价格的构成,掌握城镇供水工程经济评价具体方法和过程。

 项目学习重点

城镇供水工程经济评价具体方法和过程。

 项目学习难点

供水价格的构成。

任务一　城镇供水工程经济评价概述

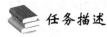 **任务描述**

了解供水的内容,熟悉供水工程的投资和年运行费的构成,掌握城镇供水工程经济效益估算方法。

城镇供水工程是关系国计民生的一项基础设施,以社会效益为主,兼顾经济效益,具有公益性和经营性双重性质。近年来,随着经济社会的发展和人民生活水平的提高,乡镇和城市的生活、工业用水量逐年增加,一些城市、村镇供水紧张,缺水严重,原有的供水工程因水源不足或规模较小已不能满足用水需求,必须兴建水源工程、输水系统或远距离调水供水系统。按照以人为本的主导思想,国家加大了供水投资力度,鼓励对供水实行融资机制,实现可持续运行。因此,必须重视城镇供水工程的经济评价,优选城镇供水工程方案,以提高供水工程的运营效益。城镇用水可分为工矿企业用水、居民生活用水、环境用水三部分。

一、供水的内容

(一) 生活用水

生活用水主要指家庭生活、环境、公共设施等用水。其中,家庭生活用水量约占50%,机关、医院、宾馆、学校、商业等部门的用水量约占50%左右。目前我国城市生活用水量的标准还是比较低的,人均用水量为60~100 L/天,远远低于发达国家的人均用水量300~500 L/天。随着城市人口的增加和生活水平的提高,城市生活用水量平均每年递增3%~5%。

今后城市生活用水量的预测,可以现状为基础,适当考虑生活水平提高和人口增长等因素,拟定合理的用水标准进行估算。当缺乏资料时,可参照国家推荐的用水标准拟定,参阅表12.1。

表12.1 不同发展阶段的城市生活用水标准

单位:L/天

城 市 人 口	现状	近期	远期
小城市(10~50万人)	60~70	70~90	90~120
中城市(50~100万人)	70~80	80~100	100~150
大城市(100万人以上)	80~120	120~180	180~250

(二) 工业用水

工业用水主要指工矿企业在生产过程中用于制造、加工、冷却、空调、净化等部门的用水。根据生产中的用水情况,工业用水大体上可分为4类。

1. 冷却水

冷却水是指在工业生产过程中用来冷却生产设备的水。在火力发电、钢铁冶炼和化工等工业生产中的冷却用水量很大,在某些滨海城市大量采用海水作为冷却水,以弥补当地淡水资源的不足。在城市工业区冷却水量一般占工业总用水量的70%左右。

2. 空调水

空调水主要是指用于调节生产车间的温度和湿度的水。在纺织工业、电子仪表工业、精密机械工业生产中均需要较多的空调水。

3. 产品用水

产品用水包括原料用水和洗涤用水。原料用水是把水作为产品的原料,成为产品的组成部分;洗涤用水是把水作为生产介质,参与生产过程,水用过后即被排放出来,水中往往有许多杂质,污染比较严重的工业废水,必须进行水质优化处理,确保城市环境卫生。

4. 其他用水

其他用水包括场地清洗用水、车间用水、职工生活用水等。

工业用水量是否合理的评价标准,一般有以下几种:

(1) 单位产品用水量。常表示某些工厂单位产品的用水量,例如,m^3/t 钢,m^3/t 纸等。国外先进工厂炼钢用水指标为 $4\sim15\ m^3/t$ 钢,我国钢厂一般为 $40\sim80\ m^3/t$ 钢,吨钢用水量差距是比较大的。但是,随着技术水平的提高,这种差距将逐步缩小。

(2) 单位产值用水量:这是一个综合用水指标,我国广泛采用以万元产值用水量(m^3/万元)表示,该指标与工业结构、生产工艺、技术水平等因素有关。

(3) 工业用水量重复利用率:工业用水的循环利用,提高循环利用率是节约用水和保护水源的有效措施,它比较科学地反映出各工厂、各行业用水的水平,又可以和别的部门、地区、乃至与其他国家进行比较。应该指出,节约用水有着很大的经济效益、环境效益和社会效益。随着城市的发展,新增水源及其供水工程的费用越来越高,而节约用水,提高工业用水的重复利用率所需的投资,往往为新建供水工程投资的 1/10~1/5。此外节约用水还可以减少工业废水量和生活污水量,减少对环境的污染,因而其环境效益也是十分明显的。

二、供水工程的投资与年运行费

(一) 投资

城镇供水工程投资包括水源工程投资、水厂工程投资、水处理设施工程投资和供水管网工程投资。

(1) 水源工程投资。若为地下水源,取水工程多为水井(少数为截潜流工程),若为地表水水源,可取自河道或水利枢纽,有时还需一级泵站。后者一般指引水渠道投资。

(2) 水厂工程投资。水厂工程包括二级泵站、水塔和蓄水池等项投资。

(3) 水处理设施工程投资。水处理设施工程投资包括引水、沉淀、过滤及消毒等项投资。引水渠道过长,可另列投资。

(4) 供水管网工程投资。供水管网工程投资指自来水厂引水至用户所需管道的投资。

(二) 年运行费

城镇供水工程在运行中所需的燃料动力费、材料费、维修费(包括大修理费)、工资及管理行政费和补救赔偿费等,构成年运行费(经营成本)。若城镇供水工程属于综合利用工程的组成部分,年运行费也应分摊。

三、城市供水工程经济效益估算

城市供水效益主要反映在提高工业产品的数量和质量以及提高居民的生活水平和健康水平。其效益不仅仅有经济效益,还具有更重要的社会效益,目前尚无更完善的计算方法,根据《水利建设项目经济评价规范》,城市供水项目的效益是指有、无项目对比可为城镇居民增供生活用水和为工矿企业增供生产用水所获得的国民经济效益。其计算方法有以下几种:

(一) 最优等效替代工程法

为满足城市居民生活和工业用水需求,往往在技术上有各种可能的供水方案,例如河湖地面水、当地地下水、由水库输水、从外流域调水或海水淡化等。此方法以等效替代措施中最优方案的年费用 NF 替代为某供水工程的年效益,见式(12.1)。例如"引黄济青"工程的年效益以引用当地径流和海水淡化两项替代措施的年费用表示。设 K_t 为替代方案在施工期($t_0 \sim t_b$)第 t 年的投资,u 为替代方案的年运行费,T 为计算基准年,可选择在施工期末 t_b。

设社会折现率 $i=8\%$，经济适用期限 $n=40$ 年，则"引黄济青"工程年效益可用下列公式计算：

$$B = NF_{替} = \sum_{t=t_0}^{t_b} K_t(1+i)^{T-t}\left[\frac{i(1+i)^n}{(1+i)^n-1}\right] + u \tag{12.1}$$

经计算，替代方案中引用当地径流工程的年费用 $NF_1=3798$（万元），多年平均供水量 $W_1=6410$（万 m^3）；海水淡化工程的年费用 $NF_2=21718$（万元），多年平均供水量 $W_2=10290$（万 m^3）。因此，引黄济青工程的年效益 $B=NF_1+NF_2=25516$（万元/年），相应单位供水量的效益 $b=1.53$（元/m^3）。

此法适用于具有多种供水方案的地区。该方法能够较好地反映替代工程的劳动消耗和劳动占用，避免了直接进行供水经济效益计算中的困难，替代工程的投资与年运行费是比较容易确定和计算的，因此本方法为国内外广泛采用。

（二）影子水价法

影子水价法是指以项目城镇供水量乘以项目区的影子水价计算供水效益的一种方法。影子水价可通过研究测算区域供水成本分析确定或采用城镇用户可接受的水价。本法适用于已进行水资源影子价格分析研究的地区。这里的影子水价是指以水作为产出物的影子价格，通过分解本地区的供水边际成本计算，不以某一供水工程的分解成本计算。在国家和地区未明确颁布影子水价的情况下，可通过测算城镇用水户可接受的水价作为按用户支付意愿方法测算的影子水价。

由于商品水市场具有区域性、垄断性和无竞争性等特点，不能采用传统的成本分解法求出影子水价，当求出某地区的影子水价后即可根据供水工程的供水量估算其经济效益。

此法计算供水效益的关键是影子水价的确定。

根据城镇供水项目的特点，影子水价的确定可采用以下方式：

(1) 在拟建项目所在地没有测算合理的影子水价时，中小型供水项目可直接采用拟建供水项目所在地现行的综合供水水价。

(2) 大型项目可采用分解成本法测算。

此法计算项目效益十分简便。目前在我国大部分地区未开展影子水价的测算工作，故此法在计算供水项目效益时就受到一定的限制。

附带说明一下，在国民经济评价阶段，应按影子价格计算供水工程的经济效益；在财务评价阶段，应按现行价格及有关规定计算供水工程实际财务收益。

（三）分摊系数法

此法的关键问题在于如何确定分摊系数。一般采用供水工程的投资（或固定资金）与工矿企业（包括供水工程，下同）的投资（或固定资金）之比作为分摊系数，或者按供水工程占用的资金（包括固定资金和流动资金）与工矿企业占用资金之比作为分摊系数。

根据统计资料，在"引黄济青"工程供水范围内综合万元产值的耗水量为 110 m^3，相应供水量 1.67 亿 m^3 的工业产值为 151.8 亿元。净效益（利润与税金）占工矿企业产值的比例平均为 17.7%，而供水工程占用资金约为供水范围内工矿企业总占用资金的 8%，因此供水工程的年平均效益为 2.15 亿元，相应单位水量的供水效益 $b=2.15/1.67=1.28$（元/m^3）。

本方法仅适用于供水方案已优选后对供水工程效益的近似计算，否则会形成哪个方案占用资金（或投资）愈多，其供水效益愈大的不合理现象。

应按供水在生产中的地位分摊总效益,求出供水效益。现在把供水工程作为整个工矿企业的有机组成部分之一,按各组成部分占用资金的大小比例所确定的分摊系数,没有反映水在生产中的特殊重要性,没有体现水利是国民经济的基础产业,因此用此法所求出的供水效益可能是偏低的。

【例 12.1】 人民治理黄河 70 年城镇供水效益分析

1. 人民治黄 70 年城镇供水经济效益

人民治黄 70 年黄河工业、城镇综合生活总供水量为 3084.04 亿 m^3,产生的总经济效益为 23603.46 亿元,其中:1996 年前为 1500.78 亿元,1996—2015 年为 22102.68 亿元(表12.2)。

表 12.2 人民治黄 70 年黄河城镇供水经济效益表(2015 年价格水平)

时段	供水量(亿 m^3)	供水效益(亿元)
1996 年前	883.06	500.78
1996—2015 年	2200.98	22102.68
合计	3084.04	23603.46

2. 城镇供水社会效益及生态效益

有效保障了黄河流域及相关地区的供水安全,促进了经济社会的发展。黄河流域煤炭、石油、天然气等能源资源十分丰富,在我国经济社会发展战略格局中占有十分重要的地位。黄河为陇东、宁东、鄂尔多斯市、山西省、陕北等国家重点能源基地和长庆油田、中原油田、胜利油田等提供水源保障,使这些地区煤炭、电力、煤化工、石油等支柱产业得到迅猛发展,为保障国家能源安全作出了巨大贡献。黄河还为流域内 66 个地市(州、盟)340 个县(市、旗)1.14 亿人提供水源保障,对社会稳定、经济社会发展、环境和卫生条件改善等起到了积极作用,提高了人民生活质量。多次实施引黄济津、入冀应急调水,有效缓解了流域外河北、天津的工农业生产和城市生活用水的紧张局面,改善了河北省沧州、衡水地区农村缺水地区的人畜饮水水质和水源条件,促进了这些地区经济社会的发展。

任务二 供水水价问题

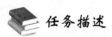 任务描述

熟悉供水生产成本费用、税金和利润的相关知识,掌握供水价格核定。

由于城镇供水工程财务评价的关键在于合理确定水价,2003 年 7 月,国家发改委和水利部联合制定了《水利工程供水价格管理办法》(以下简称《水价办法》),《水价办法》明确规定,水利工程供水价格是指水利工程的管理单位或供水经营者通过拦、蓄、引、提等水利工程设施销售给用水户的天然水的价格。

根据《水利工程供水价格核算规范(试行)》规定,水利工程供水价格由供水生产成本、费

用、利润和税金构成。现分述如下:

一、供水生产成本费用

供水生产成本费用如按经济用途分类,则包括生产成本和生产费用,即:
$$供水生产成本费用 = 供水生产成本 + 供水生产费用 \tag{12.2}$$

(一) 供水生产成本

供水生产成本是指正常供水生产过程中发生的职工薪酬、直接材料、其他直接支出、制造费用以及水资源费等。即:
$$供水生产成本 = 职工薪酬 + 直接材料 + 其他直接支出$$
$$+ 制造费用 + 水资源费 \tag{12.3}$$

1. 职工薪酬

职工薪酬是指水利工程供水运行和生产经营部门职工获得的各种形式的报酬以及其他相关支出。包括职工工资(指工资、奖金、津贴、补贴等各种货币报酬)、工会经费、职工教育经费、住房公积金、医疗保险费、养老保险费、失业保险费、工伤保险费、生育保险费等社会基本保险费。

2. 直接材料

直接材料包括水利供水工程运行和生产经营过程中消耗的原材料、原水、辅助材料、备品备件、燃料、动力以及其他直接材料等。

3. 其他直接支出

其他直接支出指水利供水工程运行维护过程中发生的除职工薪酬、直接材料以外的与供水生产经营活动直接相关的支出,包括供水工程实际发生的工程观测费、临时设施费等。

4. 制造费用

制造费用包括供水经营者所属生产经营、服务部门的固定资产折旧费、租赁费(不包括融资租赁费)、修理费、机物料消耗、低值易耗品、运输费、设计制图费、监测费、保险费、办公费、差旅费、水电费、取暖费、劳动保护费、试验检验费、季节性修理期间停工损失以及其他制造费用。

5. 水资源费

征收水资源费是水行政主管部门代表国家对水资源进行权属管理的体现。水资源费根据取水口所在地县级以上水行政主管部门确定的水资源费征收标准和多年平均取水量确定。

(二) 供水生产费用

供水生产费用是指供水经营者为组织和管理供水生产经营而发生的合理销售费用、管理费用和财务费用等期间费用。即:
$$供水生产费用 = 销售费用 + 管理费用 + 财务费用 \tag{12.4}$$

(1) 销售费用是指供水经营者在供水销售过程中发生的各项费用。包括运输费、资料费、包装费、保险费、展览费、广告费、租赁费(不含融资租赁费)、销售服务费、代收水费手续费、销售部门职工薪酬、差旅费、办公费、折旧费、修理费、物料消耗、低值易耗品摊销等。

(2) 管理费用是指供水经营者的管理部门为组织和管理供水生产经营所发生的各项费

用,包括供水经营者管理机构经费、咨询费、审计费、诉讼费、排污费、绿化费、土地(水域、岸线)使用费、土地损失补偿费、技术转让费、技术开发费、无形资产摊销、开办费摊销、业务招待费、坏账损失、存货盘亏(减盘盈)、毁损和报废等。其中,供水经营者管理机构经费包括管理人员职工薪酬、差旅费、办公费、折旧费、修理费、物料消耗、低值易耗品摊销等。

(3) 财务费用是指供水经营者为筹集资金而发生的费用,包括在生产经营期间发生的利息支出(减利息收入)、汇兑净损失、金融机构手续费以及筹资发生的其他财务费用。

(三) 各类用水生产成本分摊系数计算

具有多种功能的综合利用水利工程的共用资产和共同费用,应在各种不同功能之间进行分摊。分摊顺序是:首先在公益服务和生产经营之间进行分摊,再扣除其他生产经营应分摊的部分,得出供水应分摊的资产和生产成本、费用。具体来讲,分摊顺序是,首先在防洪治涝等公益性功能与供水、水产、发电、旅游、航运等生产经营性功能之间分摊;然后在生产经营性功能分摊的共用资产和共同费用部分扣除供水功能外其他功能应分摊的费用。

(1)《水利工程供水价格核算规范(试行)》规定,公益服务和生产经营活动的共用资产和共同费用应根据工程类型选取相应的分摊办法,具体如下:

① 库容比例法(主要适合于具有防洪公益服务和生产经营功能的水库工程),公式为

$$\text{生产经营分摊比例} = \text{兴利库容}/(\text{兴利库容}+\text{防洪库容}) \tag{12.5}$$

② 工作量比例法(主要适合于具有排涝公益服务与生产经营功能的机电排灌站等水利工程),公式为

$$\text{生产经营分摊比例} = [\text{供水工时}(\text{或供水量})] /[\text{供水工时}(\text{或供水量})+\text{排涝工时}(\text{或排涝量})] \tag{12.6}$$

③ 过水量比例法(主要适合于具有行洪排涝公益服务与生产经营功能的河道、涵闸等水利工程),公式为

$$\text{生产经营分摊比例} = [\text{供水总量}(\text{或供水时间})]/[\text{过水总量}(\text{或总利用时间})] \tag{12.7}$$

(2) 供水与水产、发电、运输、旅游等其他经营项目共同发生的支出,应当按类分别核算成本、费用;不能单独核算的,按照其他经营项目收入的一定比例扣减供水总成本。

(3) 水利工程供水按供水对象分为农业用水和非农业用水。农业用水是指由水利工程供应的粮食作物、经济作物用水和水产养殖用水;非农业用水是指由水利工程供应的工业、自来水厂、水力发电和其他用水。不同供水对象水价实行分类核算。

① 对于供水生产过程中发生的直接生产成本,应分别计入各类供水生产成本。

② 不同供水对象的共用资产和共同费用,应综合考虑收入、成本、费用、供水量、供水保证率等因素,可以采用供水保证率法或其他科学合理的方法进行分摊。农业供水和非农业供水的分摊按下列公式计算:

$$\text{农业供水分配系数} = (A \times A')/(A \times A' + B \times B') \tag{12.8}$$

$$\text{非农业供水分配系数} = (B \times B')/(A \times A' + B \times B') \tag{12.9}$$

式中,A 为年农业供水量;B 为年非农业供水量;A' 为农业供水保证率;B' 为非农业供水保证率。

$$\text{农业供水生产成本、费用} = \text{供水经营者供水生产成本、费用} \times \text{农业供水分配系数} \tag{12.10}$$

非农业供水生产成本、费用
＝供水经营者供水生产成本、费用×非农业供水分配系数 (12.11)

二、税金

税金是指按税法规定应交纳并可计入水价的税金。根据我国税收法规,供水经营者应交纳行为税、流转税和所得税,但其中部分税种可以减免。

(1) 行为税中的房产税、车船使用税、印花税等,均应交纳,并应计入水价。

(2) 流转税一般包括营业税和增值税。根据2008年国务院修订通过的《中华人民共和国增值税暂行条例》,自来水项目增值税率为13%;其他项目增值税率为17%。国家税务总局明确规定,"供应和开采未经加工的天然水,不征收增值税"。此外,规定农业的排灌水免征营业税。水利工程的增值税为价外税,一般不计入产品价格,对于地方和部门有另外规定的可计入产品价格。水利工程需缴纳城市建设维护税和教育费附加,以增值税、营业税为依据计提。城市建设维护税按照纳税人(工程)所在地实行差别税率,市区为7%,县城、建制镇为5%,其他地区为1%。教育费附加的计税依据是纳税人缴纳增值税、营业税的税额,附加率为3%。

(3) 根据2007年全国人民代表大会通过的《中华人民共和国企业所得税法》,水利水电工程企业所得税税率为25%。对于国家或地方政府有另外规定减征或者免征的按规定执行。

三、利润

农业供水价格按补偿供水生产成本、费用的原则核算,不计利润和税金。

非农业供水价格在补偿供水生产成本、费用和依法计税的基础上,按供水净资产计提利润。净资产利润率按国内商业银行长期贷款年利率加2至3个百分点核算。国内商业银行长期贷款利率一般按五年贷款期的利率确定。

非农业供水利润按下列公式核算:

非农业计价供水净资产＝供水净资产×非农业供水分配系数 (12.12)

式中,供水净资产包括实收资本、资本公积、盈余公积和未分配利润。因政策性原因造成净资产账面价值严重偏低的,供水净资产可不计未分配利润。

非农业供水利润
＝非农业供水净资产×[国内商业银行长期贷款利率＋(2%～3%)] (12.13)

四、供水价格核定

水利工程供水价格按照供水对象分为农业用水价格和非农业用水价格。根据目前《水利工程供水价格管理办法》的规定:水利工程供水价格由供水生产成本、费用、利润和税金构成。农业用水价格按补偿供水生产成本、费用的原则核定,不计利润和税金,而且暂不增收水资源费;非农业用水价格在补偿供水生产成本、费用和依法计税的基础上,按供水净资产计提利润,利润率按国内商业银行长期贷款利率上浮2至3个百分点确定。

下面从不同角度就供水价格核定分述如下:

(一) 供水量

供水价格核定应在计算单位供水成本、费用的基础上进行,这就涉及供水量的确定,根据《水利工程供水价格核算规范(试行)》,水利工程供水量确定有以下规定。

(1) 水利工程供水一般按产权分界点作为供水和水费结算(收费)计量点;实际水费结算(收费)点与产权分界点不一致的,也可以按照水费结算(收费)点作为供水计量点,但应合理界定不同产权单位的供水生产成本。

(2) 供水量按多年平均供水量核算,其中非农业供水年平均供水量一般按照最近3年平均实际供水量确定,农业用水年平均供水量一般按照最近5年平均实际供水量确定。如果最近几年连续出现较严重干旱或洪涝灾害,或者供水结构发生重大变化,年平均供水量的计算期可以适当延长。新建水利工程,采用供水计量点的年设计供水量并适当考虑3~5年内预计实际供水量计算。

(3) 供水经营者与用水户签订供用水合同的,合同供水量也可作为核算供水价格时的供水量依据。

(二) 分类供水价格

(1) 农业供水价格按照下式计算:

$$农业供水价格 = (农业供水生产成本、费用)/农业用水量 \tag{12.14}$$

(2) 非农业供水价格按照下式计算:

$$\begin{aligned}非农业供水价格 =& (非农业供水生产成本、费用 + 非农业供水计价利润) \\ & \div 非农业供水量 \div [1 - 营业税率 \times (1 + 城市维护建设税率 \\ & + 教育费附加比率)]\end{aligned} \tag{12.15}$$

(3) 水利工程用于水力发电并在发电后还用于其他兴利目的的发电用水价格(元/m³),一般按照用水水电站所在电网销售电价[元/(kW·h)]的0.8%核定;不结合其他用水的水力发电用水价格(元/m³),一般按照用水水电站所在电网销售电价[元/(kW·h)]的1.6%~2.4%核定,即

$$结合其他利用水力发电用水价格 = 电网销售电价 \times 0.8\% \tag{12.16}$$
$$不结合其他利用水力发电用水价格 = 电网销售电价 \times (1.6\% \sim 2.4\%) \tag{12.17}$$

利用同一水利工程供水发电的梯级电站,第一级发电用水价格按上述原则核定,以下各级用水价格应逐级递减。当水力发电水头过高或过低时,各地可结合实际,适当调整发电用水价格。

(4) 利用贷款、债券建设的水利供水工程,年还本付息额按经营期等均法计算。如折旧资金不足以偿还贷款本金,则调增非农业供水利润,并相应测算供水价格,用于解决还贷资金不足。

① 经营期是指供水工程的经济寿命周期,按照国家财政主管部门规定的分类折旧年限加权平均确定。

$$经营期 = \left[\sum (固定资产分类折旧年限 \times 本类固定资产投资)\right] / 固定资产总额 \tag{12.18}$$

② 贷款、债券等均还本付息年值的确定可以参考以下公式:

$$\begin{aligned}贷款、债券等均还本付息年值 \\ = (贷款、债券总额) \times \{(贷款、债券利率) \times [1 + (贷款、债券利率)]^t\} \\ \div \{[1 + (贷款、债券利率)]^t - 1\}\end{aligned} \tag{12.19}$$

式中,t 为经营期。

(5) 动用死库容供水水价,可按正常供水价格的 2~3 倍核算。

$$死库容供水价格 = 正常供水价格 \times (2 \sim 3) \qquad (12.20)$$

任务三　城镇供水工程经济评价指标

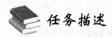任务描述

熟悉城镇供水工程国民经济评价指标,掌握城镇供水工程财务评价指标。

由于供水工程不但能造福于社会,产生显著的社会效益,而且也能给工程管理单位带来一定的财务收入,因此,对供水工程应进行国民经济评价和财务评价。

一、国民经济评价

国民经济评价是水利建设项目经济评价的核心部分。在国民经济评价中:费用指为项目建设和运行投入的全部费用,包括直接费用和间接费用;效益指项目为国民经济作出的全部贡献,包括直接效益和间接效益,可以用货币表示的费用和效益,以及不能用货币衡量的社会效益和遭受的损失用文字进行实事求是的定量和定性描述。国民经济评价应采用影子价格和社会折现率 i_s 计算费用和效益。国民经济评价以经济内部收益率、经济净现值和经济效益费用比作为评价指标。

(一)经济内部收益率(EIRR)

经济内部收益率即项目在计算期内经济净现值累计等于 0 时的折现率,是反映项目对国民经济贡献的相对指标。当经济内部收益率(EIRR)大于社会折现率时,工程项目在经济上才是合理的,其表达式为

$$\sum_{t=1}^{n}(C_I - C_O)_t(1+\text{EIRR})^{-t} = 0 \qquad (12.21)$$

式中,C_I 为项目某一年的产出效益;C_O 为项目某一年的费用;$(C_I-C_O)_t$ 为第 t 年项目的净效益;n 为计算期,包括建设期和生产期;t 为计算期的年份序号,基准年的序号为 0。

(二)经济净现值(ENPV)

经济净现值采用规定的社会折现率($i_s=8\%$ 或 6%),将项目计算期内净效益折算到建设期初(基准点)的现值之和,是反映项目对国民经济所作贡献的绝对指标。经济净现值愈大,项目效果愈好。其表达式为

$$\text{ENPV} = \sum_{t=1}^{n}(C_I - C_O)_t(1+\text{EIRR})^{-t} \qquad (12.22)$$

式中符号意义同前。

(三) 经济效益费用比(EBCR)

经济效益费用比即效益现值与费用现值之比,是反映项目单位费用为国民经济所作贡献的相对指标。当经济效益费用比大于或等于1时,工程项目在经济上才是合理的。其表达式为

$$\mathrm{EBCR} = \frac{\sum_{t=1}^{n} C_{\mathrm{I}t}(1+i_{\mathrm{s}})^{-t}}{\sum_{t=1}^{n} C_{\mathrm{O}t}(1+i_{\mathrm{s}})^{-t}} \tag{12.23}$$

式中符号意义同前。

二、财务评价

财务评价以财务内部收益率、财务净现值率和贷款偿还期作为主要评价指标,并以投资利税率作为辅助指标。

(一) 财务内部收益率(FIRR)

财务内部收益率是指项目在计算期内各年净现金流量现值累计等于0时的折现率,其表达式为

$$\sum_{t=1}^{n} (C_{\mathrm{I}} - C_{\mathrm{O}})_{t}(1+\mathrm{FIRR})^{-t} = 0 \tag{12.24}$$

式中,C_{I}为现金流入量;C_{O}为现金流出量;$(C_{\mathrm{I}} - C_{\mathrm{O}})t$为第$t$年的净现金流量;$n$为计算期。

当财务内部收益率大于或等于行业基准收益率时,工程项目在财务上才是可行的,且财务内部收益率越大方案越优。

(二) 财务净现值(FNPV)和财务净现值率(FNPVR)

财务净现值和财务净现值率都是反映项目在计算期内获利能力的动态评价指标。前者是指项目按行业基准收益率(i_{c})将各年的净现金流量折现到建设期初的现值之和,后者是项目净现值与全部投资现值I_{p}之比,其表达式为

$$\mathrm{ENPV} = \sum_{t=1}^{n} (C_{\mathrm{I}} - C_{\mathrm{O}})_{t}(1+i_{\mathrm{c}})^{-t} \tag{12.25}$$

$$\mathrm{FNPVR} = \mathrm{FNPV}/I_{\mathrm{p}} \tag{12.26}$$

两者均等于或大于0时,供水方案在财务上才是可行的,而且财务净现值和净现值率越大,项目效果越好。

(三) 投资回收期(P_{t})

投资回收期是以项目的净收益抵偿全部投资所需的时间,它是反映项目财务上投资回收能力的一项指标。投资回收期P_{t}的表达式为

$$\sum_{t=1}^{P_{\mathrm{t}}} (C_{\mathrm{I}} - C_{\mathrm{O}})_{t}(1+i_{\mathrm{c}})^{-t} = 0 \tag{12.27}$$

当项目投资回收期小于或等于基准回收期时,方案在财务上才是可行的,投资回收期越

短的方案越好。

(四) 贷款偿还期(P_d)

贷款偿还期是指在国家财务规定及项目具体财务条件下,项目投资后可以用作还款的利润、折旧、减免税金及其他收益额偿还贷款本金和利息所需的时间。其表达式为

$$I_d = \sum_{t=1}^{P_d} (R_p + D' + D'' - R_r)(1+i)^{-t} \quad (12.28)$$

当贷款偿还期小于或等于银行规定的期限时,方案在财务上才是可行的,贷款偿还期越短的方案越好。

(五) 资金利税率

资金利税率是指项目达到设计生产能力后的一个正常生产年份的年利润、税金总额与资金的比率,其计算公式为

$$资金利税率 = \frac{年利润和税金总额}{固定资金 + 流动资金} \times 100\% \quad (12.29)$$

资金利税率与基准利税率作比较,资金利税率大于或等于基准利税率时,方案在财务上才是可行的,且资金利税率越高越好。

任务四 城镇供水工程经济评价示例

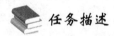
任务描述

掌握城镇供水工程经济评价具体方法和过程。

现以甘肃引洮二期供水工程为例开展国民经济评价分析。

一、工程概况

甘肃引洮二期供水工程规划水平年调水量 3.1 亿 m^3,工程受水区涉及 4 市 8 个县(区)(定西市安定区、陇西县、通渭县、白银市会宁县、天水市武山县、甘谷县、秦安县及平凉市静宁县)的城镇生活、工业用水、农村人饮、生态环境等方面的用水,以期达到适当发展农业灌溉,改善生活及工农业生产条件,为区域经济社会的发展提供水资源保障的规划目标。

二、经济评价的计算参数

甘肃引洮二期供水工程是社会公益性水利项目,国民经济评价社会折现率采用 6%,项目建设期 6 年,效益计算期采用 40 年。基准年为 2010 年,规划水平年为 2030 年。

(一) 固定资产投资

固定资产静态总投资 141.8 亿元。影子投资依据《水利建设项目经济评价规范》,采用

简化计算法进行换算,计算影子总投资 130.2 亿元。工程分年投资根据建设期的安排,分 6 年投入。各部分项目组成及分年度投资见表 12.3。

表 12.3 投资项目组成及分年度使用计划

单位:亿元

项　目	年　度　投　资						合计
	第1年	第1年	第1年	第1年	第1年	第1年	
总干渠工程	6.2	8.6	7.0	5.8	3.1	1.2	31.9
干渠、供水管线及调蓄水池工程		14.1	18.6	14.3	12.9	4.3	64.2
支渠及田间配套工程			8.7	8.2	7.1	4.3	28.3
分摊一期总干投资	17.4	0.0	0.0	0.0	0.0	0.0	17.4
总投资	23.6	22.7	34.4	28.3	23.1	9.7	141.8
影子投资	21.7	20.8	31.6	26.0	21.2	8.9	130.2

(二) 年运行费

1. 维修费

工程维修费按影子投资乘以维修费率计算,包括一般维修费和大修理费。维修费率按有关规定确定,按建筑、机电等工程投资分别计算。本项目年综合维修费率暂取 1.0%。

2. 人员工资及福利费

按照《水利工程管理单位定岗标准(试点)》和《水利工程维修养护定额标准(试点)》测算,引洮二期供水管理人员 1850 人,管理人员年人均工资按 3.6 万元计算,工会、教育、住房公积金、工伤生育保险、医疗保险、养老保险、失业保险分别按年工资总额的 2%,1.5%,6%,4%,2%,20%,2% 考虑。

3. 材料费

主要包括生产运行过程中实际消耗的原材料、辅助材料、备品配件等。引洮二期供水工程按照总投资的 0.1% 估算。

4. 其他费用

其他费用按维修费、人员工资福利费、材料费之和的 10% 计取。规划水平年 2030 年运行费计算结果汇总见表 12.4。

表 12.4 规划水平年年运行费汇总

项　目	维修费	工资及福利费	材料费	其他费用	合　计
费用(万元)	12760.89	9157.50	1302.25	2322.06	25542.70

(三) 流动资金

流动资金包括维持项目正常运行所需购买燃料、材料备品、备件和支付职工工资等的周转资金,流动资金按运行费的 10% 计取,经计算,流动资金 0.25 亿元。

本工程流动资金在第 6 年投入,在计算期末回收。

三、经济效益计算

国民经济评价效益包括直接效益、间接供水效益两部分。直接效益主要为城镇、农村、工业供水效益及农业灌溉效益。间接供水效益为修建水利工程后,与之有关的经济活动所获得的间接价值。

(一)直接效益

引洮二期供水工程直接供水效益包括:城镇生活供水效益、农村生活供水效益、工业供水效益、农业灌溉效益四个部分。

1. 城镇生活供水效益

引洮二期规划水平年2030年可供给城镇生活水量为5550万 m^3。经调查分析,供水区最为缺水时段经常发生在2~5月份,共计4个月,此时,城市供水多采用汽车拉水解决,拉水距离30~100 km,平均50 km。经分析,单方水拉水费用约30元,则缺水时段单方水效益按照30元计算,丰水时段单方水按照3.0元/m^3分析效益。规划水平年城镇生活供水效益为6.2亿元。

2. 农村生活供水效益

引洮二期供水工程规划水平年2030年可供给农村生活、生产水量为4487万 m^3,工程实施后基本解决本区人畜饮水问题,其效益按每年可节省运水费用(畜力、机械和相应燃料、材料等)、改善水质、减少疾病、节约医疗及保健费用等项目估算。经调查,当地最为缺水时段经常发生在每年2~5月份,共计4个月,此时,农村供水多采用三马子拉水解决,拉水距离50~120 km,平均70 km。经分析,单方水拉水及其他费用约50元,则缺水时段单方水效益按照50元计算,丰水时段单方水按照3.0元/m^3分析效益。规划水平年农村生活供水效益为7.7亿元。

3. 工业供水效益

工程规划水平年供给工业净水量为5771万 m^3。经调查,当地最为缺水时段经常发生在每年2~5月份,计4个月,此时,工业多停产。根据缺水时工业损失量估算工业供水效益。经调查统计,现状2010年该区域工业增加值为19.03亿元,到2030年工业增加值将达到170亿元。经分析,缺水时工业停产导致的损失约为71亿元,缺水损失分摊系数采用20%估算,则损失增加值14.20亿元,以此为工业供水效益。丰水时段单方水按照3.0元/m^3分析效益。因此规划水平年工业供水总效益为19.8亿元。

4. 农业灌溉效益

引洮二期供水工程新增灌溉面积29.2万亩。灌溉效益按分摊系数法计算,即按有、无项目时计算的农林果草业总产值效益差乘以效益分摊系数后的值为水利灌溉效益。无项目时农作物种植比例及单产按项目区调查资料确定,有项目时农作物种植比例及单产按本次规划及现状灌区调查资料分析计算确定,农产品价格均采用当地市场价格。

根据二期灌区的灌溉面积与农作物种植结构,经计算规划水平年无项目时产值为2.7亿元,有项目时产值为6.0亿元,年增量产值为3.3亿元,灌溉效益分摊系数采用0.6。项目规划水平年灌溉效益达到1.98亿元。

(二)间接供水效益

工程通水后,除当地水资源外,二期受水区内农村集雨窖工程和节水治污后的污水也可用来改善区域生态,农村利用集雨水窖工程水量可以发展庭院经济及作为居民点周边林木生态用水,提高受水区生产和生活条件。

间接效益涉及灌溉效益和庭院经济效益,间接效益只作定性分析。

1. 灌溉效益

规划水平年2030年通渭锦屏水库退还挤占原灌区农业灌溉水量可发展农业灌溉1.2万亩,会宁县城退还靖会灌区水量可发展农业灌溉1.3万亩。亩产值引用二期北部和南部半干旱区农业灌溉有项目和无项目亩产值计算,灌溉效益分摊系数采用0.6。经计算锦屏水库规划水平年年增量产值为716万元;靖会灌区规划水平年年增量产值为971万元;项目规划水平年灌溉效益合计0.2亿元。

2. 庭院经济效益

考虑农村生活全部采用了优质的外调水源供给,农村利用集雨水窖工程水量可以退还给居民点周边林木生态和庭院经济,改善农村生产生活条件。根据现状雨水利用情况,可发展庭院经济灌溉面积22.5万亩,经调查,当地庭院主要种植蔬菜和苹果,亩产值引用二期北部和南部半干旱区农业灌溉有项目亩产值计算,灌溉效益分摊系数按0.6计,则年均新增效益为3.3亿元。规划水平年2030年间接供水效益合计3.5亿元。

(三)效益合计

引洮二期供水工程规划水平年直接供水效益35.6亿元,间接供水效益为3.5亿元,总效益39.1亿元。效益汇总见表12.5。

表12.5 规划水平年效益汇总表

单位:亿元

直 接 效 益				合计	间接效益		合计
城镇供水	农村供水	工业供水	农业灌溉		灌溉	庭院经济	
6.2	7.7	19.7	2.0	35.6	0.2	3.3	3.5

四、国民经济评价指标计算

根据投资、费用和效益计算,依据经济评价规范有关规定,计算经济内部收益率、经济效益净现值、经济效益费用比等国民经济评价主要指标,汇总见表12.6。

表12.6 国民经济评价指标

项 目	指 标	评 价
经济内部收益率	12.7%	>6%
经济效益净现值(i_s=6%)/亿元	188.62	>0
经济效益费用比	2.39	>1.0

甘肃引洮二期供水工程经济效益费用比为2.39,大于1;经济内部收益率12.7%,大于社会折现率6%;经济净现值为188.62亿元(i_s=6%),大于0。各项指标均满足规范要求,所以本项目在经济上是合理的。

五、敏感性分析

选择投资、效益等在一定范围浮动变化,进行项目敏感性分析,其分析结果见表 12.7。

表 12.7　国民经济评价敏感性分析

项　　目	经济内部收益率	经济净现值(亿元)	经济效益费用比
基本方案	12.7%	188.62	2.39
投资增加 10%	11.9%	175.96	2.19
投资减少 10%	13.6%	201.27	2.64
年收益增加 10%	13.6%	221.03	2.63
年收益减少 10%	11.8%	156.21	2.15

效益变化对国民经济指标影响敏感,固定资产投资变化次之,所以在工程实施过程中,要加强工程管理与施工进度管理,使本项目早日发挥效益,特别是要严格控制投资,以降低成本,减小工程风险。

六、结论

通过计算引洮二期供水工程费用和效益,进行了国民经济评价和敏感性分析,结果表明,工程经济效益费用比为 2.39,大于 1;经济内部收益率 12.7%,大于社会折现率 6%;经济净现值为 188.62 亿元($i_s=6\%$),大于 0。各项经济评价指标反映出该项目良好的经济可行性。项目建成后,在改善受水区水资源缺乏状况、改进当地生产和生活条件、增加人均收入等方面都将起到很大作用。

项目十二技能训练题

一、单选题

1. 城市水的用途主要有(　　)。
A. 生活用水、工业用水、冷却水
B. 生活用水、工业用水
C. 生活用水、工业用水、空调水
D. 生活用水、工业用水、产品用水

2. 节约用水有着很大的(　　)。
A. 经济效益、环境效益　　　　　　B. 经济效益、社会效益
C. 环境效益、社会效益　　　　　　D. 经济效益、环境效益和社会效益

3. 供水工程效益计算方法不包括(　　)。
A. 最优等效替代法　　　　　　　　B. 影子水价法
C. 分摊系数法　　　　　　　　　　D. 综合替代法

4. 城镇供水工程投资包括(　　)。
A. 水源工程投资　　　　　　　　　B. 供水管网工程投资

C. 用水设备投资　　　　　　　　D. 水处理设施投资

5. 供水生产成本不包括(　　)。

A. 职工薪酬　　　　　　　　　　B. 制造费用

C. 水资源费　　　　　　　　　　D. 财务费用

二、判断题

1. 水利工程供水按供水对象分为农业用水和非农业用水。(　　)
2. 供水生产成本费用按经济用途分类包括生产成本和生产费用。(　　)
3. 采用影子水价法估算城市供水工程经济效益适用于所有地区。(　　)
4. 供水价格核定时,非农业供水年平均供水量一般按照最近五年平均实际供水量确定。(　　)
5. 供水工程能给工程管理单位来一定的财务收入,因此,对供水工程只需进行财务评价。(　　)

附录一 技能训练题答案

项目一技能训练题

一、单选题
1. D 2. B 3. B 4. C 5. D。
二、判断题
1. √ 2. × 3. √ 4. × 5. ×。

项目二技能训练题

一、单选题
1. A 2. A 3. D 4. C 5. D。
二、判断题
1. √ 2. × 3. √ 4. √ 5. √。

项目三技能训练题

一、单选题
1. C 2. C 3. B 4. B 5. A。
二、判断题
1. √ 2. √ 3. × 4. √ 5. √。
三、计算题
答案略。

项目四技能训练题

一、单选题
1. B 2. C 3. A 4. C 5. C。
二、判断题
1. × 2. √ 3. √ 4. × 5. √。
三、计算题
答案略。

项目五技能训练题

一、单选题
1. C 2. B 3. A 4. B 5. D。

二、判断题
1. √ 2. × 3. √ 4. × 5. √。

三、计算题
答案略。

项目六技能训练题

一、单选题
1. D 2. D 3. C 4. D 5. B。

二、判断题
1. × 2. √ 3. × 4. √ 5. √。

项目七技能训练题

一、单选题
1. D 2. D 3. B 4. D 5. B。

二、判断题
1. √ 2. √ 3. √ 4. × 5. ×。

三、计算题
答案略。

项目八技能训练题

一、单选题
1. D 2. C 3. A 4. A 5. D。

二、判断题
1. √ 2. × 3. √ 4. √ 5. ×。

项目九技能训练题

一、单选题
1. B 2. C 3. D 4. A 5. C。

二、判断题
1. × 2. √ 3. √ 4. √ 5. √。

三、计算题
答案略。

项目十技能训练题

一、单选题
1. B 2. C 3. A 4. C 5. B。

二、判断题
1. √ 2. × 3. × 4. √ 5. √。

三、计算题
答案略。

项目十一技能训练题

一、单选题
1. B 2. D 3. C 4. C 5. C。

二、判断题
1. × 2. √ 3. √ 4. × 5. √。

三、计算题
答案略。

项目十二技能训练题

一、单选题
1. B 2. D 3. D 4. C 5. D。

二、判断题
1. √ 2. √ 3. × 4. × 5. ×。

附录二 考虑资金时间价值的折算因子表

附表 1 $i=3\%$ 时的折算因子

n	一次收付期值因子 (SPCAF) $(F/P,i,n)$ $(1+i)^n$	一次收付现值因子 (SPPWF) $(P/F,i,n)$ $\dfrac{1}{(1+i)^n}$	分期等付期值因子 (USCAF) $(F/A,i,n)$ $\dfrac{(1+i)^n-1}{i}$	基金存储因子 (SFDF) $(A/F,i,n)$ $\dfrac{i}{(1+i)^n-1}$	本利摊还因子 (CRF) $(A/P,i,n)$ $\dfrac{i(1+i)^n}{(1+i)^n-1}$	分期等付现值因子 (USPWF) $(P/A,i,n)$ $\dfrac{(1+i)^n-1}{i(1+i)^n}$
1	1.030	0.9709	1.000	1.00000	1.03000	0.971
2	1.061	0.9426	2.030	0.49261	0.52261	1.913
3	1.093	0.9151	3.091	0.32353	0.35353	2.829
4	1.126	0.8885	4.184	0.23903	0.26903	3.717
5	1.159	0.8626	5.309	0.18835	0.21835	4.580
6	1.194	0.8375	6.468	0.15460	0.18460	5.417
7	1.230	0.8131	7.662	0.13051	0.16051	6.230
8	1.267	0.7894	8.892	0.11246	0.14246	7.020
9	1.305	0.7664	10.159	0.09843	0.12843	7.786
10	1.344	0.7441	11.464	0.08723	0.11723	8.530
11	1.384	0.7224	12.808	0.07808	0.10808	9.253
12	1.426	0.7014	14.192	0.07046	0.10046	9.954
13	1.469	0.6810	15.618	0.06403	0.09403	10.635
14	1.513	0.6611	17.086	0.05853	0.08853	11.296
15	1.558	0.6419	18.599	0.05377	0.08377	11.938
16	1.605	0.6232	20.157	0.04961	0.07961	12.561
17	1.653	0.6050	21.762	0.04595	0.07595	13.166
18	1.702	0.5874	23.414	0.04271	0.07271	13.754
19	1.754	0.5703	25.117	0.03981	0.06981	14.324
20	1.806	0.5537	26.870	0.03722	0.06722	14.877
21	1.860	0.5375	28.676	0.03487	0.06487	15.415
22	1.916	0.5219	30.537	0.03275	0.06275	15.937
23	1.974	0.5067	32.453	0.03081	0.06081	16.444
24	2.033	0.4919	34.426	0.02905	0.05905	16.936
25	2.094	0.4776	36.459	0.02743	0.05743	17.413
26	2.157	0.4637	38.553	0.02594	0.05594	17.877
27	2.221	0.4502	40.710	0.02456	0.05456	18.327
28	2.288	0.4371	42.931	0.02329	0.05329	18.764
29	2.357	0.4243	45.219	0.02211	0.05211	19.188
30	2.427	0.4120	47.575	0.02102	0.05102	19.600
35	2.814	0.3554	60.462	0.01654	0.04654	21.487
40	3.262	0.3066	75.401	0.01326	0.04326	23.115
45	3.782	0.2644	92.720	0.01079	0.04079	24.519
50	4.384	0.2281	112.797	0.00887	0.03887	25.730
55	5.082	0.1968	136.072	0.00735	0.03735	26.774
60	5.892	0.1697	163.053	0.00613	0.03613	27.676
65	6.830	0.1464	194.33	0.00515	0.03515	28.453
70	7.918	0.1263	230.594	0.00434	0.03434	29.123
75	9.179	0.1089	272.631	0.00367	0.03367	29.702
80	10.641	0.0940	321.363	0.00311	0.03311	30.201
85	12.336	0.0811	377.857	0.00265	0.03265	30.631
90	14.300	0.0699	443.349	0.00226	0.03226	31.002
95	16.578	0.0603	519.272	0.00193	0.03193	31.323
100	19.219	0.0520	607.288	0.00165	0.03165	31.599
∞	∞	0	∞	0	0.03000	33.333

附表 2　$i=5\%$ 时的折算因子

n	一次收付期值因子 (SPCAF) $(F/P,i,n)$ $(1+i)^n$	一次收付现值因子 (SPPWF) $(P/F,i,n)$ $\dfrac{1}{(1+i)^n}$	分期等付期值因子 (USCAF) $(F/A,i,n)$ $\dfrac{(1+i)^n-1}{i}$	基金存储因子 (SFDF) $(A/F,i,n)$ $\dfrac{i}{(1+i)^n-1}$	本利摊还因子 (CRF) $(A/P,i,n)$ $\dfrac{i(1+i)^n}{(1+i)^n-1}$	分期等付现值因子 (USPWF) $(P/A,i,n)$ $\dfrac{(1+i)^n-1}{i(1+i)^n}$
1	1.050	0.9524	1.000	1.00000	1.05000	0.952
2	1.103	0.9070	2.050	0.48780	0.53780	1.859
3	1.158	0.8638	3.153	0.31721	0.36721	2.723
4	1.216	0.8227	4.310	2.23201	0.28201	3.546
5	1.276	0.7885	5.526	0.18097	0.23097	4.329
6	1.340	0.7462	6.802	0.14702	0.19702	5.076
7	1.407	0.7109	8.142	0.12282	0.17282	5.786
8	1.477	0.6768	9.549	0.10472	0.15472	6.463
9	1.551	0.6446	11.027	0.09069	0.14069	7.108
10	1.629	0.6139	12.578	0.07950	0.12950	7.722
11	1.710	0.5847	14.207	0.07039	0.12039	8.306
12	1.796	0.5568	15.917	0.06283	0.11283	8.863
13	1.886	0.5303	17.713	0.05646	0.10646	9.394
14	1.980	0.5051	19.599	0.05102	0.10102	9.899
15	2.079	0.4810	21.579	0.04634	0.09634	10.380
16	2.183	0.4581	23.657	0.04227	0.09227	10.838
17	2.292	0.4363	25.840	0.03870	0.08870	11.274
18	2.407	0.4155	28.132	0.03555	0.08555	11.690
19	2.527	0.6957	30.539	0.03275	0.08275	12.085
20	2.653	0.3769	33.066	0.03024	0.08024	12.462
21	2.786	0.3589	35.719	0.02800	0.07800	12.821
22	2.925	0.3418	38.505	0.02597	0.07597	13.163
23	3.072	0.3256	41.430	0.02414	0.07414	13.489
24	3.225	0.3101	44.502	0.02247	0.07247	13.799
25	3.386	0.2953	47.727	0.02095	0.07095	14.094
26	3.556	0.2812	51.113	0.01956	0.06956	14.375
27	3.733	0.2678	54.669	0.01829	0.06829	14.643
28	3.920	0.2551	58.403	0.01712	0.06712	14.898
29	4.116	0.2429	62.323	0.01605	0.06605	15.141
30	4.322	0.2314	66.439	0.01505	0.08505	15.372
35	5.516	0.1813	90.320	0.01107	0.06107	16.374
40	7.040	0.1420	120.800	0.00828	0.05828	17.159
45	8.985	0.1113	159.700	0.00626	0.05626	17.774
50	11.467	0.0872	209.348	0.00478	0.05478	18.256
55	14.636	0.0683	272.713	0.00367	0.05367	18.633
60	18.679	0.0535	353.584	0.00283	0.05283	18.929
65	23.840	0.0419	456.798	0.00219	0.05219	19.161
70	30.426	0.0329	588.529	0.00170	0.05170	19.343
75	38.833	0.0258	756.654	0.00132	0.05132	19.485
80	49.561	0.0202	971.229	0.00103	0.05103	19.596
85	63.254	0.0158	1245.087	0.00080	0.05080	19.684
90	80.730	0.0124	1594.607	0.00063	0.05063	19.752
95	103.035	0.0097	2040.694	0.00049	0.05049	19.806
100	131.501	0.0076	2610.025	0.00038	0.05038	19.848
∞	∞	0	∞	0	0.05000	20.000

附表3 $i=6\%$时的折算因子

n	一次收付期值因子 (SPCAF) $(F/P,i,n)$ $(1+i)^n$	一次收付现值因子 (SPPWF) $(P/F,i,n)$ $\dfrac{1}{(1+i)^n}$	分期等付期值因子 (USCAF) $(F/A,i,n)$ $\dfrac{(1+i)^n-1}{i}$	基金存储因子 (SFDF) $(A/F,i,n)$ $\dfrac{i}{(1+i)^n-1}$	本利摊还因子 (CRF) $(A/P,i,n)$ $\dfrac{i(1+i)^n}{(1+i)^n-1}$	分期等付现值因子 (USPWF) $(P/A,i,n)$ $\dfrac{(1+i)^n-1}{i(1+i)^n}$
1	1.060	0.9434	1.000	1.00000	1.06000	0.943
2	1.124	0.8900	2.060	0.48544	0.54544	1.833
3	1.191	0.8396	3.184	0.31411	0.37411	2.673
4	1.262	0.7921	4.375	0.22859	0.28859	3.465
5	1.338	0.7473	5.637	0.17740	0.23740	4.212
6	1.419	0.7050	6.975	0.14336	0.20336	4.917
7	1.504	0.6651	8.394	0.11914	0.17914	5.582
8	1.594	0.6274	9.897	0.10104	0.16104	6.210
9	1.689	0.5919	11.491	0.08702	0.14702	6.802
10	1.791	0.5584	13.181	0.07587	0.13587	7.360
11	1.898	0.5268	14.972	0.06679	0.12679	7.887
12	2.012	0.4970	16.870	0.05928	0.11928	8.384
13	2.133	0.4688	18.882	0.05296	0.11296	8.853
14	2.261	0.4423	21.015	0.04758	0.10758	9.295
15	2.397	0.4173	23.276	0.04296	0.10296	9.712
16	2.540	0.3936	25.673	0.03895	0.09895	10.106
17	2.693	0.3714	28.213	0.03544	0.09544	10.477
18	2.854	0.3503	30.906	0.03236	0.09236	10.828
19	3.026	0.3305	33.760	0.02962	0.08962	11.158
20	3.207	0.3118	36.786	0.02718	0.08718	11.470
21	3.400	0.2942	39.993	0.02500	0.08500	11.764
22	3.604	0.2775	43.392	0.02305	0.08305	12.042
23	3.820	0.2618	46.996	0.02128	0.08128	12.303
24	4.049	0.2470	50.816	0.01968	0.07988	12.550
25	4.292	0.2330	54.865	0.01823	0.07823	12.783
26	4.549	0.2198	59.156	0.01690	0.07690	13.003
27	4.822	0.2074	63.706	0.01570	0.07570	13.21
28	5.112	0.1956	68.528	0.01459	0.07459	13.406
29	5.418	0.1846	76.640	0.01358	0.07358	13.591
30	5.743	0.1741	79.058	0.01265	0.07265	13.765
35	7.686	0.1301	111.435	0.00897	0.06897	14.498
40	10.286	0.0972	154.762	0.00646	0.06646	15.046
45	13.765	0.0727	212.744	0.00470	0.06470	15.456
50	18.420	0.0543	290.336	0.00344	0.06344	15.762
55	24.650	0.0406	394.172	0.00254	0.06254	15.991
60	32.988	0.0303	533.128	0.00188	0.06188	16.161
65	44.145	0.0227	719.083	0.00139	0.06139	16.289
70	59.076	0.0169	987.932	0.00103	0.06103	16.385
75	79.057	0.0126	1300.949	0.00077	0.06077	16.456
80	105.796	0.0095	1746.600	0.00057	0.06057	16.509
85	141.579	0.0071	2342.982	0.00043	0.06043	16.549
90	189.465	0.0053	3141.075	0.00032	0.06032	16.579
95	253.546	0.0039	4209.104	0.00024	0.06024	16.601
100	339.302	0.0029	5638.368	0.00018	0.06018	16.618
∞	∞	0	∞	0	0.06000	16.667

附表 4　$i=7\%$ 时的折算因子

n	一次收付期值因子 (SPCAF) $(F/P,i,n)$ $(1+i)^n$	一次收付现值因子 (SPPWF) $(P/F,i,n)$ $\dfrac{1}{(1+i)^n}$	分期等付期值因子 (USCAF) $(F/A,i,n)$ $\dfrac{(1+i)^n-1}{i}$	基金存储因子 (SFDF) $(A/F,i,n)$ $\dfrac{i}{(1+i)^n-1}$	本利摊还因子 (CRF) $(A/P,i,n)$ $\dfrac{i(1+i)^n}{(1+i)^n-1}$	分期等付现值因子 (USPWF) $(P/A,i,n)$ $\dfrac{(1+i)^n-1}{i(1+i)^n}$
1	1.070	0.9346	1.000	1.0000	1.0700	0.935
2	1.145	0.8734	2.070	0.4831	0.5531	1.808
3	1.225	0.8163	3.215	0.3111	0.3811	2.624
4	1.311	0.7629	4.440	0.2252	0.2952	3.387
5	1.403	0.7130	5.751	0.1739	0.2439	4.100
6	1.501	0.6663	7.153	0.1398	0.2098	4.767
7	1.606	0.6227	8.654	0.1156	0.1856	5.389
8	1.718	0.5820	10.260	0.0975	0.1675	5.971
9	1.838	0.5439	11.978	0.0835	0.1535	6.515
10	1.967	0.5083	13.816	0.0724	0.1424	7.024
11	2.105	0.4751	15.784	0.0634	0.1334	7.499
12	2.252	0.4440	17.888	0.0559	0.1259	7.943
13	2.410	0.4150	20.141	0.0497	0.1197	8.358
14	2.579	0.3878	22.550	0.0443	0.1143	8.745
15	2.759	0.3624	25.129	0.0398	0.1098	9.108
16	2.952	0.3387	27.888	0.0359	0.1059	9.447
17	3.159	0.3166	30.840	0.0324	0.1024	9.763
18	3.380	0.2959	33.999	0.0294	0.0994	10.059
19	3.617	0.2765	37.379	0.0268	0.0968	10.336
20	3.870	0.2584	40.996	0.0244	0.0944	10.594
21	4.141	0.2415	44.865	0.0223	0.0923	10.836
22	4.430	0.2257	49.006	0.0204	0.0904	11.061
23	4.741	0.2109	53.436	0.0187	0.0887	11.272
24	5.072	0.1971	58.177	0.0172	0.0872	11.469
25	5.427	0.1842	63.249	0.0158	0.0858	11.654
26	5.807	0.1722	68.676	0.0146	0.0846	11.826
27	6.214	0.1609	74.484	0.0134	0.0834	11.987
28	6.649	0.1504	80.698	0.0124	0.0824	12.137
29	7.114	0.1406	87.347	0.0114	0.0814	12.278
30	7.612	0.1314	97.461	0.0106	0.0806	12.409
35	10.677	0.0937	138.237	0.0072	0.0772	12.948
40	14.974	0.0668	199.635	0.0050	0.0750	13.332
45	21.007	0.0476	285.749	0.0035	0.0735	13.606
50	29.457	0.0339	406.529	0.0025	0.0725	13.801
55	41.315	0.0242	575.929	0.0017	0.0717	13.940
60	57.946	0.0173	813.520	0.0012	0.0712	14.039
65	81.273	0.0123	1146.755	0.0009	0.0709	14.110
70	113.989	0.0088	1614.134	0.0006	0.0706	14.160
75	159.876	0.0063	2269.657	0.0004	0.0704	14.196
80	224.234	0.0045	3189.063	0.0003	0.0703	14.222
85	314.500	0.0032	4478.576	0.0002	0.0702	14.240
90	441.103	0.0023	6287.185	0.0002	0.0702	14.253
95	618.670	0.0016	8823.854	0.0001	0.0701	14.263
100	867.716	0.0012	12381.662	0.0001	0.0701	14.269
∞	∞	0	∞	0	0.0700	14.286

附表5 $i=8\%$时的折算因子

n	一次收付期值因子 (SPCAF) $(F/P,i,n)$ $(1+i)^n$	一次收付现值因子 (SPPWF) $(P/F,i,n)$ $\dfrac{1}{(1+i)^n}$	分期等付期值因子 (USCAF) $(F/A,i,n)$ $\dfrac{(1+i)^n-1}{i}$	基金存储因子 (SFDF) $(A/F,i,n)$ $\dfrac{i}{(1+i)^n-1}$	本利摊还因子 (CRF) $(A/P,i,n)$ $\dfrac{i(1+i)^n}{(1+i)^n-1}$	分期等付现值因子 (USPWF) $(P/A,i,n)$ $\dfrac{(1+i)^n-1}{i(1+i)^n}$
1	1.080	0.9259	1.000	1.00000	1.08000	0.926
2	1.100	0.8573	2.080	0.48077	0.56077	1.783
3	1.260	0.7938	3.246	0.30803	0.38803	2.577
4	1.360	0.7350	4.506	0.22192	0.30192	3.312
5	1.469	0.6806	5.867	0.17046	0.25046	3.993
6	1.587	0.6302	7.336	0.13632	0.21632	4.623
7	1.714	0.5835	8.923	0.11207	0.19207	5.206
8	1.851	0.5403	10.637	0.09401	0.17401	5.747
9	1.999	0.5002	12.488	0.08008	0.16008	6.247
10	2.159	0.4632	14.487	0.06903	0.14903	6.710
11	2.332	0.4289	16.645	0.06008	0.14008	7.139
12	2.518	0.3971	18.977	0.05270	0.13270	7.536
13	2.720	0.3677	21.495	0.04652	0.12652	7.904
14	2.937	0.3405	24.215	0.04130	0.12130	8.244
15	3.172	0.3152	27.152	0.03683	0.11683	8.559
16	3.426	0.2919	30.324	0.03298	0.11298	8.851
17	3.700	0.2703	33.750	0.02963	0.10963	9.122
18	3.996	0.2502	37.450	0.02670	0.10670	9.372
19	4.316	0.2317	41.446	0.02413	0.10413	9.604
20	4.661	0.2145	45.762	0.02185	0.10185	9.818
21	5.034	0.1987	50.423	0.01983	0.09983	10.017
22	5.437	0.1889	55.457	0.01803	0.09803	10.201
23	5.871	0.1703	60.893	0.01642	0.09642	10.371
24	6.341	0.1577	66.765	0.01498	0.09498	10.529
25	6.848	0.1460	73.106	0.01368	0.09368	10.675
26	7.396	0.1352	79.954	0.01251	0.00251	10.810
27	7.988	0.1252	87.351	0.01145	0.09145	10.935
28	8.627	0.1159	95.339	0.01049	0.09049	11.051
29	9.317	0.1073	103.966	0.00962	0.08962	11.158
30	10.063	0.0994	113.283	0.00883	0.08883	11.258
35	14.785	0.0676	172.317	0.00580	0.08580	11.655
40	21.725	0.0460	259.057	0.00386	0.08386	11.925
45	31.920	0.0313	386.506	0.00259	0.08259	12.108
50	46.902	0.0213	573.770	0.00174	0.08174	12.233
55	68.914	0.0145	848.923	0.00118	0.08118	12.319
60	101.257	0.0099	1253.213	0.00080	0.08080	12.377
65	148.780	0.0067	0847.248	0.00054	0.08054	12.416
70	218.606	0.0046	2720.080	0.00037	0.08037	12.443
75	321.205	0.0031	4002.557	0.00025	0.08025	12.461
80	471.955	0.0021	5886.935	0.00017	0.08017	12.474
85	693.456	0.0014	8655.706	0.00012	0.08012	12.482
90	1018.915	0.0010	12723.939	0.00008	0.08008	12.488
95	1497.121	0.0007	18701.507	0.00005	0.08005	12.492
100	2199.761	0.0005	27484.516	0.00004	0.08004	12.491
∞	∞	0	∞	0	0.08000	12.500

附表6 $i=10\%$ 时的折算因子

n	一次收付期值因子 (SPCAF) $(F/P,i,n)$ $(1+i)^n$	一次收付现值因子 (SPPWF) $(P/F,i,n)$ $\dfrac{1}{(1+i)^n}$	分期等付期值因子 (USCAF) $(F/A,i,n)$ $\dfrac{(1+i)^n-1}{i}$	基金存储因子 (SFDF) $(A/F,i,n)$ $\dfrac{i}{(1+i)^n-1}$	本利摊还因子 (CRF) $(A/P,i,n)$ $\dfrac{i(1+i)^n}{(1+i)^n-1}$	分期等付现值因子 (USPWF) $(P/A,i,n)$ $\dfrac{(1+i)^n-1}{i(1+i)^n}$
1	1.100	0.9091	1.000	1.00000	1.10000	0.909
2	1.210	0.8264	2.100	0.47619	0.57619	1.736
3	1.331	0.7513	3.310	0.30211	0.40211	2.487
4	1.464	0.6830	4.641	0.21547	0.31547	3.170
5	1.611	0.6209	6.105	0.16380	0.26380	3.791
6	1.772	0.5645	7.716	0.12961	0.22961	4.355
7	1.919	0.5132	9.487	0.10541	0.20541	4.868
8	2.144	0.4665	11.436	0.08744	0.18744	5.335
9	2.358	0.4241	13.579	0.07364	0.17364	5.759
10	2.594	0.3855	15.937	0.06275	0.16275	6.144
11	2.853	0.3505	18.531	0.05396	0.15396	6.495
12	3.138	0.3186	21.384	0.04676	0.14676	6.814
13	3.452	0.2897	24.523	0.04078	0.14078	7.103
14	3.797	0.2633	27.975	0.03575	0.13575	7.367
15	4.177	0.2394	31.772	0.03147	0.13147	7.606
16	4.595	0.2176	35.950	0.02782	0.12782	7.824
17	5.054	0.1978	40.545	0.02466	0.12466	8.022
18	5.560	0.1799	45.599	0.02193	0.12193	8.201
19	6.116	0.1635	51.159	0.01955	0.11955	8.365
20	6.727	0.1486	57.275	0.01746	0.11746	8.514
21	7.400	0.1351	64.002	0.01562	0.11562	8.649
22	8.140	0.1228	71.403	0.01401	0.11401	8.772
23	8.954	0.1117	79.543	0.01257	0.11257	8.883
24	9.850	0.1015	88.497	0.01130	0.11130	8.985
25	10.835	0.0923	98.347	0.01017	0.11017	9.077
26	11.918	0.0839	109.182	0.00916	0.10916	9.161
27	13.110	0.0763	121.100	0.00826	0.10826	9.237
28	14.421	0.0693	134.210	0.00745	0.10745	9.307
29	15.863	0.0630	148.631	0.00673	0.10673	9.370
30	17.449	0.0573	164.494	0.00608	0.10608	9.427
35	28.102	0.0355	271.024	0.00369	0.10369	9.644
40	45.259	0.0221	442.593	0.00226	0.10226	9.779
45	72.890	0.0137	718.905	0.00139	0.10139	9.863
50	117.391	0.0085	1163.909	0.00086	0.10086	9.915
55	189.059	0.0053	1880.591	0.00053	0.10053	9.947
60	304.482	0.0033	3034.816	0.00033	0.10033	9.967
65	490.371	0.0020	4893.707	0.00020	0.10020	9.980
70	789.747	0.0013	7887.470	0.00013	0.10013	9.987
75	1271.895	0.0008	12708.954	0.00008	0.10008	9.992
80	2048.400	0.0005	20474.002	0.00005	0.10005	9.995
85	3298.969	0.0003	32979.690	0.00003	0.10003	9.997
90	5313.023	0.0002	53120.226	0.00002	0.10002	3.998
95	8556.676	0.0001	85556.760	0.00001	0.10001	9.999
100	13781	0.00007	—	0.00001	0.10001	9.9993
∞	∞	0	∞	0	0.1000	10.000

附表7 $i=12\%$ 时的折算因子

n	一次收付期值因子 (SPCAF) $(F/P,i,n)$ $(1+i)^n$	一次收付现值因子 (SPPWF) $(P/F,i,n)$ $\dfrac{1}{(1+i)^n}$	分期等付期值因子 (USCAF) $(F/A,i,n)$ $\dfrac{(1+i)^n-1}{i}$	基金存储因子 (SFDF) $(A/F,i,n)$ $\dfrac{i}{(1+i)^n-1}$	本利摊还因子 (CRF) $(A/P,i,n)$ $\dfrac{i(1+i)^n}{(1+i)^n-1}$	分期等付现值因子 (USPWF) $(P/A,i,n)$ $\dfrac{(1+i)^n-1}{i(1+i)^n}$
1	1.120	0.8929	1.000	1.00000	1.12000	0.893
2	1.254	0.7972	2.120	0.47170	0.59170	1.690
3	1.405	0.7118	3.374	0.29635	0.41635	2.402
4	1.574	0.6355	4.779	0.20923	0.32923	3.037
5	1.762	0.5674	6.353	0.15741	0.27741	3.605
6	1.974	0.5066	8.115	0.12323	0.24323	4.111
7	2.211	0.4523	10.089	0.09912	0.21912	4.564
8	2.476	0.4039	12.300	0.08130	0.20130	4.968
9	2.773	0.3606	14.776	0.06768	0.18768	5.328
10	3.106	0.3220	17.549	0.05698	0.17698	5.650
11	3.479	0.2875	20.655	0.04842	0.16842	5.938
12	3.896	0.2567	27.133	0.04144	0.16144	6.194
13	4.363	0.2292	28.029	0.03568	0.15568	6.424
14	4.887	0.2046	32.393	0.03087	0.15087	6.628
15	5.474	0.1827	37.280	0.02682	0.14682	6.811
16	6.130	0.1631	42.753	0.02339	0.14339	6.974
17	6.866	0.1456	48.884	0.02046	0.14046	7.120
18	7.690	0.1300	55.750	0.01794	0.13794	7.250
19	8.613	0.1161	63.440	0.01576	0.13576	7.366
20	9.646	0.1037	72.052	0.01388	0.13388	7.469
21	10.804	0.0926	81.699	0.01224	0.13224	7.562
22	12.100	0.0826	92.503	0.01081	0.13081	7.645
23	13.552	0.0738	104.603	0.00956	0.12956	7.718
24	15.179	0.0659	118.155	0.00846	0.12846	7.784
25	17.000	0.0588	133.334	0.00750	0.12750	7.843
26	19.040	0.0525	150.334	0.00665	0.12665	7.896
27	21.325	0.0469	169.374	0.00590	0.12590	7.943
28	23.884	0.0419	190.699	0.00524	0.12524	7.984
29	26.750	0.0374	214.583	0.00466	0.12466	8.022
30	29.960	0.0334	241.333	0.00414	0.12414	8.055
35	52.800	0.0189	431.663	0.00232	0.12232	8.176
40	93.051	0.0107	767.091	0.00130	0.12130	8.244
45	163.988	0.0061	1358.230	0.00074	0.12074	8.283
50	289.002	0.0035	2400.018	0.00042	0.12042	8.304
55	509.321	0.0020	4236.005	0.00024	0.12024	8.317
60	897.597	0.0011	7471.641	0.00013	0.12013	8.324
65	1581.872	0.0006	13173.937	0.00008	0.12008	8.328
70	2787.800	0.0004	23223.332	0.00004	0.12004	8.330
75	4913.056	0.0002	40933.799	0.00002	0.12002	8.332
80	8658.483	0.0001	72145.692	0.00001	0.12001	8.332
100	83522	0.00001	—	0.00000	0.12000	8.333
∞	∞	0	∞	0	0.12000	8.3333

附表 8　$i=15\%$ 时的折算因子

n	一次收付期值因子 (SPCAF) $(F/P,i,n)$ $(1+i)^n$	一次收付现值因子 (SPPWF) $(P/F,i,n)$ $\dfrac{1}{(1+i)^n}$	分期等付期值因子 (USCAF) $(F/A,i,n)$ $\dfrac{(1+i)^n-1}{i}$	基金存储因子 (SFDF) $(A/F,i,n)$ $\dfrac{i}{(1+i)^n-1}$	本利摊还因子 (CRF) $(A/P,i,n)$ $\dfrac{i(1+i)^n}{(1+i)^n-1}$	分期等付现值因子 (USPWF) $(P/A,i,n)$ $\dfrac{(1+i)^n-1}{i(1+i)^n}$
1	1.150	0.8696	1.000	1.00000	1.15000	0.870
2	1.322	0.7561	2.150	0.46512	0.61512	1.626
3	1.521	0.6575	3.472	0.28798	0.43798	2.283
4	1.749	0.5718	4.993	0.20027	0.35027	2.855
5	2.011	0.4972	6.742	0.14832	0.29832	3.352
6	2.313	0.4323	8.754	0.11424	0.26424	3.784
7	2.660	0.3759	11.067	0.09036	0.24036	4.160
8	3.059	0.3269	13.727	0.07285	0.22285	4.487
9	3.518	0.2843	16.786	0.05957	0.20957	4.772
10	4.046	0.2472	20.304	0.04925	0.19925	5.019
11	4.652	0.2149	24.349	0.04107	0.19107	5.234
12	5.350	0.1869	29.002	0.03448	0.18448	5.421
13	6.153	0.1625	34.352	0.02911	0.17911	5.583
14	7.076	0.1413	40.505	0.02469	0.17469	5.724
15	8.137	0.1229	47.580	0.02102	0.17102	5.847
16	9.358	0.1069	55.717	0.01795	0.16795	5.954
17	10.761	0.0929	65.075	0.01537	0.16537	6.047
18	12.375	0.0808	75.836	0.01319	0.16319	6.128
19	14.232	0.0703	88.212	0.01134	0.16134	6.198
20	16.367	0.0611	102.444	0.00976	0.15976	6.259
21	18.882	0.0531	118.810	0.00842	0.15842	6.312
22	21.645	0.0462	137.632	0.00727	0.15727	6.359
23	24.891	0.0402	159.276	0.00628	0.15628	6.399
24	28.625	0.0349	184.168	0.00543	0.15543	6.434
25	32.919	0.0304	212.793	0.00470	0.15470	6.464
26	37.857	0.0264	245.712	0.00407	0.15407	6.491
27	43.535	0.0230	283.569	0.00353	0.15353	6.514
28	50.066	0.0200	327.104	0.00306	0.15306	6.534
29	57.576	0.0174	377.170	0.00265	0.15265	6.551
30	66.212	0.0151	434.745	0.00230	0.15230	6.566
35	133.176	0.0075	881.170	0.00113	0.15113	6.617
40	267.864	0.0037	1779.090	0.00056	0.15056	6.642
45	538.769	0.0019	3585.128	0.00028	0.15028	6.654
50	1083.657	0.0009	7217.716	0.00014	0.15014	6.661
55	2179.622	0.0005	14524.148	0.00007	0.15007	6.664
60	4383.999	0.0002	29219.992	0.00003	0.15003	6.665
65	8817.787	0.0001	58778.583	0.00002	0.15002	6.666
∞	∞	0	∞	0	0.15000	6.6667

附表9　i＝20%时的折算因子

n	一次收付期值因子 $(F/P, i\%, n)$ 已知P求F $(1+i)^n$	一次收付现值因子 $(P/F, i\%, n)$ 已知F求P $\dfrac{1}{(1+i)^n}$	基金存储因子 $(A/F, i\%, n)$ 已知F求A $\dfrac{i}{(1+i)^n-1}$	分期等付期值因子 $(F/A, i\%, n)$ 已知A求F $\dfrac{(1+i)^n-1}{i}$	本利摊还因子 $(A/P, i\%, n)$ 已知P求A $\dfrac{i(1+i)^n}{(1+i)^n-1}$	分期等付现值因子 $(P/A, i\%, n)$ 已知A求P $\dfrac{(1+i)^n-1}{i(1+i)^n}$
1	1.2000	0.8333	1.00000	1.000	1.20000	0.8333
2	1.4400	0.6944	0.45455	2.200	0.65455	1.5278
3	1.7280	0.5787	0.27473	3.640	0.47473	2.1065
4	2.0736	0.4823	0.18629	5.368	0.68629	2.5887
5	2.4883	0.4019	0.13438	7.442	0.33438	2.9906
6	2.9860	0.3349	0.10071	9.930	0.30071	3.3255
7	3.5832	0.2791	0.07742	12.916	0.27742	3.6046
8	4.2998	0.2326	0.06061	16.499	0.26061	3.8372
9	5.1598	0.1938	0.04808	20.799	0.24808	4.0310
10	6.1917	0.1615	0.03852	25.959	0.23852	4.1925
11	7.4301	0.1346	0.03110	32.150	0.23110	4.3271
12	8.9161	0.1122	0.02527	39.580	0.22526	4.4392
13	10.6993	0.0935	0.02062	48.497	0.22062	4.5327
14	12.8392	0.0779	0.01689	59.196	0.21689	4.6106
15	15.4070	0.0649	0.01388	72.035	0.21388	4.6755
16	18.4881	0.0541	0.01144	87.442	0.21144	4.7296
17	22.1861	0.0451	0.00944	105.930	0.20944	4.7746
18	26.6232	0.0376	0.00781	128.116	0.20781	4.8122
19	31.9479	0.0313	0.00646	154.740	0.20646	4.8435
20	38.3375	0.0261	0.00536	186.687	0.20536	4.8696
22	55.2059	0.0181	0.00369	271.030	0.20369	4.9094
24	79.4965	0.0126	0.00255	392.483	0.20255	4.9371
25	95.3958	0.0105	0.00212	471.979	0.20212	4.9476
26	114.4750	0.0087	0.00176	567.375	0.20176	4.9563
28	164.8439	0.0061	0.00122	819.220	0.20122	4.9697
30	237.3752	0.0042	0.00085	1181.877	0.20085	4.9789
32	341.8201	0.0029	0.00059	1704.102	0.20059	4.9854
34	492.2207	0.0020	0.00041	2456.105	0.20041	4.9898
35	590.6648	0.0017	0.00034	2948.327	0.20034	4.9915
36	708.7976	0.0014	0.00028	3538.992	0.20028	4.9929
38	1020.668	0.0010	0.00020	5098.344	0.20020	4.9951
40	1469.762	0.0007	0.00014	7343.816	0.20014	4.9966
45	3657.236	0.0003	0.00005	18281.190	0.20005	4.9986
50	9100.363	0.0001	0.00002	45496.870	0.20002	4.9995

附表10　$i=25\%$时的折算因子

n	一次收付期值因子 $(F/P,i\%,n)$ 已知P求F $(1+i)^n$	一次收付现值因子 $(P/F,i\%,n)$ 已知F求P $\dfrac{1}{(1+i)^n}$	基金存储因子 $(A/F,i\%,n)$ 已知F求A $\dfrac{i}{(1+i)^n-1}$	分期等付期值因子 $(F/A,i\%,n)$ 已知A求F $\dfrac{(1+i)^n-1}{i}$	本利摊还因子 $(A/P,i\%,n)$ 已知P求A $\dfrac{i(1+i)^n}{(1+i)^n-1}$	分期等付现值因子 $(P/A,i\%,n)$ 已知A求P $\dfrac{(1+i)^n-1}{i(1+i)^n}$
1	1.2500	0.8000	1.00000	1.000	1.25000	0.8000
2	1.5625	0.6400	0.44445	0.250	0.69445	1.4400
3	1.9591	0.5120	0.26230	3.812	0.51230	1.9520
4	2.4414	0.4096	0.17344	5.766	0.42344	2.3616
5	3.0517	0.3277	0.12185	8.207	0.37185	2.6893
6	3.8147	0.2621	0.08882	11.259	0.33882	2.9514
7	4.7683	0.2097	0.06634	15.073	0.31634	3.1611
8	5.9604	0.1678	0.05040	19.842	0.30040	3.3289
9	7.4505	0.1342	0.03876	25.802	0.28876	3.4631
10	9.3132	0.1074	0.03007	33.253	0.28007	3.5705
11	11.6414	0.0859	0.02349	42.566	0.27349	3.6564
12	14.5518	0.0687	0.01845	54.207	0.26845	3.7251
13	18.1897	0.0550	0.01454	68.759	0.26454	3.7801
14	22.7371	0.0440	0.01150	86.949	0.26150	3.8241
15	28.4214	0.0352	0.00912	109.686	0.25912	3.8593
16	35.5267	0.0281	0.00724	138.107	0.25724	3.8874
17	44.4083	0.0225	0.00576	173.634	0.25576	3.9099
18	55.5104	0.0180	0.00459	218.042	0.25459	3.9279
19	69.3879	0.0144	0.00366	273.552	0.25366	3.9424
20	86.7348	0.0115	0.00292	342.939	0.25292	3.9539
22	135.5230	0.0074	0.00186	538.092	0.25186	3.9705
24	211.7543	0.0047	0.00119	843.018	0.25119	3.9811
26	264.6926	0.0038	0.00095	1054.771	0.25095	3.9849
26	330.8655	0.0030	0.00076	1319.463	0.25076	3.9879
28	516.9768	0.0019	0.00048	2063.909	0.25048	3.9923
30	807.7749	0.0012	0.00031	3227.103	0.25031	3.9951
32	1262.146	0.0008	0.00020	5044.590	0.25020	3.9968
34	1972.101	0.0005	0.00013	7884.406	0.25013	3.9980
35	2465.124	0.0004	0.00010	9856.504	0.25010	3.9984
36	3081.403	0.0003	0.00008	12321.620	0.25008	3.9987
38	4814.684	0.0002	0.00005	19254.750	0.25005	3.9992
40	7522.934	0.0001	0.00003	30087.750	0.25003	3.9995
45	22958.08	0.0000	0.00001	91828.370	0.25001	3.9998

附表 11　$i=30\%$ 时的折算因子

n	一次收付期值因子 $(F/P,i\%,n)$ 已知 P 求 F $(1+i)^n$	一次收付现值因子 $(P/F,i\%,n)$ 已知 F 求 P $\dfrac{1}{(1+i)^n}$	基金存储因子 $(A/F,i\%,n)$ 已知 F 求 A $\dfrac{i}{(1+i)^n-1}$	分期等付期值因子 $(F/A,i\%,n)$ 已知 A 求 F $\dfrac{(1+i)^n-1}{i}$	本利摊还因子 $(A/P,i\%,n)$ 已知 P 求 A $\dfrac{i(1+i)^n}{(1+i)^n-1}$	分期等付现值因子 $(P/A,i\%,n)$ 已知 A 求 P $\dfrac{(1+i)^n-1}{i(1+i)^n}$
1	1.3000	0.7692	1.00000	1.000	1.30000	0.7692
2	1.6900	0.5917	0.43478	2.300	0.73478	1.3609
3	2.1970	0.4552	0.25063	3.990	0.55063	1.8161
4	2.8561	0.3501	0.16163	6.187	0.46163	2.1662
5	3.7129	0.2693	0.11058	9.043	0.41058	2.4356
6	4.8268	0.2072	0.07839	12.756	0.37839	2.6427
7	6.2748	0.1594	0.05687	17.583	0.35687	2.8021
8	8.1573	0.1226	0.04192	23.858	0.34192	2.9247
9	10.6044	0.0943	0.03124	32.015	0.33124	3.0190
10	13.7858	0.0725	0.02346	42.619	0.32346	3.0915
11	17.9215	0.0558	0.01773	56.405	0.31773	3.1473
12	23.2979	0.0429	0.01345	74.326	0.31345	3.1903
13	30.2873	0.0330	0.01024	97.624	0.31024	3.2233
14	39.3734	0.0254	0.00782	127.912	0.30782	3.2487
15	51.1854	0.0195	0.00598	167.285	0.30598	3.2682
16	66.5410	0.0150	0.00458	218.470	0.30458	3.2832
17	86.5033	0.0116	0.00351	285.011	0.30351	3.2948
18	112.4542	0.0089	0.00269	371.514	0.30269	3.3037
19	146.1904	0.0068	0.00207	483.968	0.30207	3.3105
20	190.0474	0.0053	0.00159	630.158	0.30155	3.3158
22	321.1797	0.0031	0.00094	1067.266	0.30094	3.3230
24	542.7930	0.0018	0.00055	1805.979	0.30055	3.3272
25	705.6306	0.0014	0.00043	2348.771	0.30043	3.3286
26	917.3191	0.0011	0.00033	3054.401	0.30033	3.3297
28	1550.268	0.0006	0.00019	5164.227	0.30019	3.3312
30	2619.949	0.0004	0.00011	8729.836	0.30011	3.3321
32	4427.707	0.0002	0.00007	14755.690	0.30007	3.3326
34	7482.816	0.0001	0.00004	23939.410	0.30004	3.3329
35	9727.660	0.0001	0.00003	32422.230	0.30003	3.3330

附表 12　$i=40\%$ 时的折算因子

n	一次收付期值因子 $(F/P, i\%, n)$ 已知 P 求 F $(1+i)^n$	一次收付现值因子 $(P/F, i\%, n)$ 已知 F 求 P $\dfrac{1}{(1+i)^n}$	基金存储因子 $(A/F, i\%, n)$ 已知 F 求 A $\dfrac{i}{(1+i)^n-1}$	分期等付期值因子 $(F/A, i\%, n)$ 已知 A 求 F $\dfrac{(1+i)^n-1}{i}$	本利摊还因子 $(A/P, i\%, n)$ 已知 P 求 A $\dfrac{i(1+i)^n}{(1+i)^n-1}$	分期等付现值因子 $(P/A, i\%, n)$ 已知 A 求 P $\dfrac{(1+i)^n-1}{i(1+i)^n}$
1	1.4000	0.7143	1.00000	1.000	1.40000	0.7143
2	1.9600	0.5102	0.41667	2.400	0.81667	1.2245
3	2.7440	0.3644	0.22936	4.360	0.32936	1.5889
4	3.8416	0.2603	0.14077	7.104	0.54077	1.8492
5	5.3782	0.1859	0.09136	10.946	0.49136	2.0352
6	7.5295	0.1328	0.06126	16.324	0.16126	2.1680
7	10.5413	0.0949	0.04192	23.853	0.44192	2.2628
8	14.7579	0.0678	0.02907	34.395	0.42907	2.3306
9	20.6610	0.0484	0.02034	49.153	0.42034	2.3790
10	28.9254	0.0346	0.01432	69.814	0.41432	2.4136
11	40.4955	0.0247	0.01013	98.739	0.41013	2.4383
12	56.6937	0.0176	0.00718	139.234	0.40718	2.4559
13	79.3712	0.0126	0.00510	195.928	0.40510	2.4685
14	111.1196	0.0090	0.00363	275.299	0.40363	2.4775
15	155.5675	0.0064	0.00259	386.419	0.40259	2.4839
16	217.7944	0.0046	0.00185	541.986	0.40184	2.4885
17	304.9119	0.0033	0.00132	759.780	0.40132	2.4918
18	426.8767	0.0023	0.00094	1064.693	0.40094	2.4941
19	597.6272	0.0017	0.00067	1491.570	0.40067	2.4958
20	836.6780	0.0012	0.00048	2089.197	0.40048	2.4970
22	1639.888	0.0006	0.00024	4097.223	0.40024	2.4985
24	3214.178	0.0003	0.00012	8032.949	0.40012	2.4992
25	4499.848	0.0002	0.00009	11247.120	0.40009	2.4994
26	6299.785	0.0002	0.00006	15746.970	0.40006	2.4996
28	12347.57	0.0001	0.00003	30866.460	0.40003	2.4998
30	24201.23	0.0000	0.00002	60500.640	0.40002	2.4999
32	47434.39	0.0000	0.00001	118583.50	0.40001	2.4999
34	92971.31	0.0000	0.00000	232425.90	0.40000	2.5000
34	130159.8	0.0000	0.00000	325397.20	0.40000	2.5000

附表 13 $i=50\%$ 时的折算因子

n	一次收付期值因子 $(F/P, i\%, n)$ 已知 P 求 F $(1+i)^n$	一次收付现值因子 $(P/F, i\%, n)$ 已知 F 求 P $\dfrac{1}{(1+i)^n}$	基金存储因子 $(A/F, i\%, n)$ 已知 F 求 A $\dfrac{i}{(1+i)^n-1}$	分期等付期值因子 $(F/A, i\%, n)$ 已知 A 求 F $\dfrac{(1+i)^n-1}{i}$	本利摊还因子 $(A/P, i\%, n)$ 已知 P 求 A $\dfrac{i(1+i)^n}{(1+i)^n-1}$	分期等付现值因子 $(P/A, i\%, n)$ 已知 A 求 P $\dfrac{(1+i)^n-1}{i(1+i)^n}$
1	1.5000	0.6667	1.00000	1.000	1.50000	0.6667
2	2.2500	0.4444	0.40000	2.500	0.90000	1.1111
3	3.3750	0.2963	0.21053	4.750	0.71053	1.4074
4	5.0625	0.1975	0.12308	8.125	0.62308	1.6049
5	7.5937	0.1317	0.07583	13.187	0.57583	1.7366
6	11.3906	0.0878	0.04812	20.781	0.54812	1.8244
7	17.0859	0.0585	0.03108	32.172	0.53108	1.8829
8	25.6288	0.0390	0.02030	49.258	0.52030	1.9220
9	38.4431	0.0260	0.01335	74.886	0.51335	1.9480
10	57.6647	0.0173	0.00882	113.329	0.50882	1.9653
11	86.4969	0.0116	0.00585	170.994	0.50585	1.9769
12	129.7453	0.0077	0.00388	257.491	0.50388	1.9846
13	194.6179	0.0051	0.00258	387.236	0.50258	1.9897
14	291.9265	0.0034	0.00172	581.854	0.50172	1.9931
15	437.8896	0.0023	0.00114	873.780	0.50114	1.9954
16	656.8340	0.0015	0.00076	1311.669	0.50076	1.9970
17	985.2505	0.0010	0.00051	1968.503	0.50051	1.9980
18	1477.875	0.0007	0.00034	2953.753	0.50034	1.9986
19	2216.811	0.0005	0.00023	4431.625	0.50023	1.9991
20	3325.214	0.0003	0.00015	6648.434	0.50015	1.9994
22	7481.723	0.0001	0.00007	14961.450	0.50007	1.9997
24	16833.85	0.0001	0.00003	33665.730	0.50003	1.9999
25	25250.77	0.0000	0.00002	50499.570	0.50002	1.9999
26	37876.13	0.0000	0.00001	75750.310	0.50001	1.9999
28	85221.13	0.0000	0.00001	170440.30	0.50001	2.0000
30	191747.4	0.0000	0.00000	383493.10	0.50000	2.0000
32	431431.1	0.0000	0.00000	862861.50	0.50000	2.0000
34	970718.8	0.0000	0.00000	1941437.0	0.50000	2.0000

附表14　等差系列现值因子($P/G, i, n$)

n	1%	2%	3%	4%	5%	6%
2	0.958	0.958	0.941	0.924	0.906	0.890
3	2.895	2.841	2.772	0.702	2.634	2.569
4	5.773	5.612	5.437	5.267	5.101	4.945
5	9.556	9.233	8.887	8.554	8.235	7.934
6	14.271	13.672	13.074	12.506	11.966	11.458
7	19.860	18.895	17.952	17.066	16.230	15.449
8	26.324	24.868	23.478	22.180	20.968	19.840
9	33.626	31.559	29.609	27.801	26.124	24.576
10	41.764	38.943	36.305	33.881	31.649	29.601
11	50.721	46.984	43.530	40.377	37.496	34.869
12	60.479	55.657	51.245	47.248	43.621	40.335
13	71.018	64.932	59.416	54.454	49.984	45.961
14	82.314	74.783	68.010	61.961	56.550	51.711
15	94.374	85.183	76.996	69.735	63.284	57.553
16	107.154	96.109	86.343	77.744	70.155	63.457
17	120.662	107.535	96.023	85.958	77.136	69.399
18	134.865	119.436	106.009	94.350	84.200	75.355
19	149.754	131.792	116.274	102.893	91.323	81.304
20	165.320	144.577	126.794	111.564	98.484	87.228
21	181.546	157.772	137.544	120.341	105.663	93.111
22	198.407	171.354	148.504	129.202	112.841	98.939
23	215.903	185.305	159.651	138.128	120.004	104.699
24	234.009	199.604	170.965	147.101	127.135	110.379
25	252.717	214.231	182.428	156.103	134.223	115.971
26	272.011	229.169	194.020	165.121	141.253	121.466
27	291.875	244.401	205.725	174.138	148.217	126.858
28	312.309	259.908	217.525	183.142	155.105	132.140
29	333.280	275.674	229.407	192.120	161.907	137.307
30	354.790	291.684	241.355	201.061	168.617	142.357
31	376.822	307.921	253.354	209.955	175.228	147.284
32	399.360	324.369	265.392	218.792	181.734	152.088
33	422.398	341.016	277.457	227.563	188.130	156.766
34	445.919	357.845	289.536	236.260	197.415	161.741
35	469.916	374.846	301.619	244.876	200.575	165.317
36	494.375	392.003	313.695	253.405	206.618	170.037
37	519.279	409.305	325.755	261.839	212.538	174.205
38	544.622	426.738	337.788	270.175	218.333	178.247
39	570.396	444.291	349.786	278.406	224.000	182.163
40	596.579	461.953	361.742	286.530	229.540	185.955
42	650.167	497.560	385.495	302.437	240.234	193.171
44	705.288	533.474	408.989	317.869	250.412	199.911
46	751.870	569.618	432.177	332.810	260.079	206.192
48	819.829	605.921	455.017	347.244	269.242	212.033
50	879.089	642.316	477.472	361.183	277.910	217.456

附表 15　等差系列现值因子($P/G,i,n$)

n	7%	8%	9%	10%	15%	20%
2	0.873	0.857	0.841	0.826	0.756	0.694
3	2.506	2.445	2.386	2.329	2.071	1.852
4	4.794	4.650	4.511	4.378	3.786	3.299
5	7.646	7.372	7.111	6.862	5.775	4.906
6	10.978	10.523	10.092	9.684	7.937	6.581
7	14.714	14.024	13.374	12.763	10.192	8.255
8	18.788	17.806	16.887	16.028	12.481	9.833
9	23.140	21.808	20.570	19.421	14.755	11.434
10	27.715	25.977	24.372	22.891	16.979	12.887
11	32.466	30.266	28.247	26.396	19.129	14.233
12	37.350	34.634	32.158	29.901	21.185	15.467
13	42.330	39.046	36.072	33.377	23.125	16.588
14	47.371	43.472	39.962	36.800	24.972	17.601
15	52.445	47.886	43.806	40.152	26.693	18.509
16	57.526	52.264	47.584	43.416	28.296	19.321
17	62.597	56.588	51.281	46.581	29.783	20.042
18	67.621	60.842	54.885	49.639	31.156	20.680
19	72.598	65.013	58.386	52.582	32.421	21.244
20	77.508	69.090	61.776	55.406	33.582	21.739
21	82.339	73.063	65.050	58.109	34.645	22.174
22	87.079	76.926	68.204	60.689	35.615	22.555
23	91.719	80.672	71.235	63.146	35.499	22.887
24	96.254	84.300	74.142	65.481	37.302	23.176
25	100.676	87.804	76.926	67.696	38.031	23.428
26	104.981	91.184	79.586	69.794	38.692	23.646
27	109.165	94.439	82.123	71.777	39.289	23.835
28	113.226	97.569	84.541	73.649	39.828	23.999
29	117.161	100.574	86.842	75.414	40.315	24.141
30	120.971	103.456	89.027	77.076	40.753	24.263
31	124.654	106.216	91.102	78.639	41.147	24.368
32	128.211	108.857	83.068	80.108	41.501	24.459
33	131.643	111.382	94.931	81.485	41.818	24.537
34	134.950	113.792	96.693	82.777	42.103	24.604
35	138.135	116.092	98.358	83.987	42.359	24.661
36	141.198	118.284	99.931	85.119	42.587	24.711
37	144.144	120.371	101.416	86.178	42.792	24.753
38	146.972	122.358	102.815	87.167	42.974	24.789
39	149.688	124.247	104.134	88.091	43.137	24.820
40	152.292	126.042	105.376	88.952	43.283	24.847
42	157.180	129.365	107.643	90.505	43.529	24.889
44	161.660	132.355	109.645	91.851	43.723	24.920
46	165.758	135.038	111.410	96.016	43.878	24.942
48	169.498	137.443	112.962	94.022	44.000	24.958
50	172.905	139.593	114.325	94.889	44.096	24.970

附表 16 等差系列年值因子 $(A/G, i, n)$

n	1%	2%	3%	4%	5%	6%
2	0.486	0.493	0.492	0.490	0.487	0.485
3	0.984	0.985	0.980	0.974	0.967	0.961
4	1.480	1.474	1.463	1.451	1.439	1.427
5	1.971	1.959	1.941	1.922	1.902	1.883
6	2.463	2.441	2.413	2.386	2.358	2.330
7	2.952	2.920	2.881	2.843	2.805	2.767
8	3.440	3.395	3.345	3.294	3.244	3.195
9	3.926	3.867	3.803	3.739	3.675	3.613
10	4.410	4.336	4.356	4.177	4.099	4.022
11	4.893	4.801	4.705	4.609	4.514	4.421
12	5.374	5.263	5.148	5.034	4.922	4.811
13	5.853	5.722	5.587	5.453	5.321	5.192
14	6.331	6.177	6.021	5.866	5.713	5.563
15	6.807	6.630	6.450	6.272	6.097	5.926
16	7.281	7.079	6.874	6.672	6.473	6.279
17	7.754	7.524	7.293	7.066	6.842	6.624
18	8.225	7.967	7.708	7.453	7.203	6.960
19	8.694	8.406	8.118	7.834	7.557	7.287
20	9.162	8.842	8.523	8.209	7.903	7.605
22	10.092	9.704	9.318	8.941	8.573	8.216
24	11.016	10.553	10.095	9.648	9.214	8.795
25	11.476	10.973	10.476	9.992	9.523	9.072
26	11.934	11.390	10.853	10.331	9.826	9.341
28	12.844	12.213	11.593	10.991	10.411	9.857
30	13.748	13.024	12.314	11.627	10.969	10.342
32	14.646	13.822	13.017	12.241	11.500	10.799
34	15.537	14.607	13.702	12.832	12.006	11.227
35	15.980	14.995	14.037	13.120	12.250	11.432
36	16.421	15.380	14.369	13.402	12.487	11.630
38	17.299	16.140	15.018	13.950	12.944	12.006
40	18.170	16.887	15.650	14.476	13.377	12.359
45	20.320	18.702	17.155	15.705	14.364	13.141
50	22.429	20.441	18.557	16.812	15.223	13.796
55	24.498	22.105	19.860	17.807	15.966	14.341
60	26.526	23.695	21.067	18.697	16.606	14.791
65	28.515	25.214	22.184	18.491	17.154	15.160
70	30.463	26.662	23.214	20.196	17.621	15.461
75	32.372	28.042	24.163	20.821	18.017	15.706
80	34.242	29.356	25.035	21.372	18.352	15.903
85	36.073	30.605	25.835	21.857	18.635	16.062
90	37.866	31.792	26.666	22.283	16.189	16.189
95	39.620	32.918	27.235	22.655	16.290	16.290
100	41.336	33.985	27.844	22.950	16.371	16.371

附表17 等差系列年值因子 $(A/G, i, n)$

n	7%	8%	10%	12%	15%	20%
2	0.481	0.478	0.476	0.472	0.465	0.455
3	0.949	0.943	0.936	0.925	0.907	0.879
4	1.404	1.392	1.381	1.359	1.326	1.274
5	1.846	1.828	1.810	1.775	1.723	1.641
6	2.276	2.250	2.224	2.172	2.097	1.979
7	2.694	2.657	2.022	2.551	2.450	2.290
8	3.099	3.051	3.004	2.913	2.781	2.576
9	3.491	3.431	3.372	3.257	3.092	2.836
10	3.871	3.798	3.725	3.585	3.383	3.074
11	4.239	4.151	4.064	3.895	3.655	3.289
12	4.596	4.491	4.388	4.190	3.908	3.484
13	4.940	4.818	4.699	4.468	4.144	3.660
14	5.273	5.133	4.995	4.732	4.362	3.817
15	5.594	5.435	5.279	4.980	4.565	3.959
16	5.905	5.724	5.549	5.215	4.752	4.085
17	6.204	6.002	5.807	5.435	4.925	4.198
18	6.492	6.269	6.053	5.643	5.084	4.298
19	6.770	6.524	6.286	5.838	5.231	4.386
20	7.037	6.767	6.508	6.020	5.365	4.464
22	7.541	7.223	6.919	6.351	5.601	4.594
24	8.007	7.638	7.288	6.641	5.798	4.694
25	8.225	7.832	7.458	6.771	5.883	4.735
26	8.435	8.016	7.619	6.892	5.961	4.771
28	8.829	8.357	7.914	7.110	6.096	4.829
30	9.190	8.666	8.176	7.297	6.207	4.873
32	9.520	8.944	8.409	7.459	6.297	4.906
34	9.821	9.193	8.615	7.596	6.371	4.931
35	9.961	9.308	8.709	7.658	6.402	4.941
36	10.095	9.147	8.796	7.714	6.430	4.949
38	10.344	9.617	8.956	7.814	6.478	4.963
40	10.570	9.796	9.096	7.899	6.517	4.973
45	11.045	10.160	9.374	8.057	6.583	4.988
50	11.411	10.429	9.570	8.160	6.620	4.995
55	11.690	10.626	9.708	8.225	6.641	4.998
60	11.902	10.768	9.802	8.266	6.653	4.999
65	12.060	10.870	9.867	8.292	6.659	5.000
70	12.178	10.943	9.911	8.308	6.663	5.000
75	12.266	10.994	9.941	8.318	6.665	5.000
80	12.330	11.030	9.961	8.324	6.666	5.000
85	12.377	11.055	9.974	8.328	6.666	5.000
90	12.412	11.073	9.983	8.330	6.666	5.000
95	12.437	11.085	9.989	8.331	6.667	5.000
100	12.455	11.093	9.993	8.332	6.667	5.000

附表18　$i=5\%$时的等比级数现值因子$(P/G, j, i, n)$

n	$j=4\%$	$j=6\%$	$j=8\%$	$j=10\%$	$j=15\%$
1	0.9524	0.9524	0.9524	0.9524	0.9524
2	1.8957	1.9138	1.9320	1.9501	1.9955
3	2.8300	2.8844	2.9396	2.9954	3.1379
4	3.7554	3.8643	3.9759	4.0904	4.3891
5	4.6721	4.8535	5.0419	5.2375	5.7595
6	5.5799	5.8521	6.1383	6.4393	7.2604
7	6.4792	6.8602	7.2661	7.6983	8.9043
8	7.3699	7.8779	8.4261	9.0173	10.7047
9	8.2521	8.9053	9.6192	10.3991	12.6765
10	9.1258	9.9425	10.8464	11.8467	14.8362
11	9.9913	10.9896	12.1087	13.3632	17.2016
12	10.8485	12.0466	13.4070	14.9519	19.7922
13	11.6976	13.1137	14.7425	16.6163	22.6295
14	12.5386	14.1910	16.1161	18.3599	25.7371
15	13.3715	15.2785	17.5289	20.1866	29.1407
16	14.1966	16.3764	18.9821	22.1002	32.8683
17	15.0137	17.4848	20.4769	24.1050	36.9510
18	15.8231	18.6037	22.0143	26.2052	41.4226
16	16.6248	19.7332	23.5956	28.4055	46.3200
20	17.4189	20.8736	25.2222	30.7105	51.6838
21	18.2054	22.0247	26.8952	33.1253	57.5584
22	18.9844	23.1869	28.6160	35.6550	63.9925
23	19.7559	24.3601	30.3860	38.3053	71.0394
24	20.5202	25.5445	32.2066	41.0817	78.7575
25	21.2771	26.7401	34.0791	43.9904	87.2105
26	22.0269	27.9472	36.0052	47.0375	96.4687
27	22.7695	29.1657	37.9863	50.2298	106.6086
28	23.5050	30.3959	40.0240	53.5741	117.7142
29	24.2335	31.6377	42.1199	57.0776	129.8774
30	24.9551	32.8914	44.2757	60.7480	143.1991
31	25.6698	34.1571	46.4931	64.5931	157.7895
32	26.3777	35.4348	48.7739	68.6213	173.7695
33	27.0789	36.7246	51.1198	72.8414	191.2713
34	27.7734	38.0267	53.5328	77.2624	210.4400
35	28.4612	39.3413	56.0146	81.8940	231.4343
36	29.1426	40.6683	58.5674	86.7461	254.4280
37	29.8174	42.0080	61.1932	91.8292	279.6116
38	30.4858	43.3605	63.8939	97.1544	307.1937
39	31.1478	44.7258	66.6719	102.7332	337.4026
40	31.8036	46.1042	69.5291	108.5776	370.4886
41	32.4531	47.4957	72.4681	114.7004	406.7256
42	33.0964	48.9004	75.4910	121.1147	446.4138
43	33.7335	50.3185	78.6002	127.8344	489.8817
44	34.3647	51.7501	81.7983	134.8742	537.4895
45	34.9898	53.1953	85.0878	142.2491	589.6314
46	35.6089	54.6543	88.4713	149.9753	646.7391
47	36.2221	56.1272	91.9514	158.0693	709.2857
48	36.8296	57.6141	95.5310	166.5488	777.7891
49	37.4312	59.1152	99.2128	175.4321	852.8167
50	38.0271	60.6306	102.9998	184.7384	934.9897

附表 19　$i=5\%$时的等比级数期值因子$(F/G,j,i,n)$

n	$j=4\%$	$j=6\%$	$j=8\%$	$j=10\%$	$j=15\%$
1	1.0000	1.0000	1.0000	1.0000	1.0000
2	2.0900	2.1100	2.1300	2.1500	2.2000
3	3.2761	3.3391	3.4029	3.4675	3.6325
4	4.5648	4.6971	4.8328	4.9719	5.3350
5	5.9629	6.1944	6.4349	6.6846	7.3508
6	7.4777	7.8423	8.2260	8.6293	9.7297
7	9.1169	9.6530	10.2241	10.8323	12.5292
8	10.8886	11.6393	12.4492	13.3227	15.8157
9	12.8016	13.8151	14.9225	16.1324	19.6655
10	14.8650	16.1953	17.6677	19.2970	24.1666
11	17.0885	18.7959	20.7100	22.8555	29.4205
12	19.4824	21.6340	24.0771	26.8514	35.5439
13	22.0576	24.7279	27.7992	31.3324	42.6714
14	24.8255	28.0972	31.9087	36.3513	50.9577
15	27.7985	31.7630	36.4414	41.9664	60.5813
16	30.9893	35.7477	41.4356	48.2420	71.7475
17	34.4118	40.0754	46.9333	55.2490	84.6925
18	38.0803	44.7720	52.9800	63.0660	99.0883
19	42.0101	49.8649	59.6250	71.7792	117.0482
20	46.2175	55.3838	66.9220	81.4840	137.1324
21	50.7195	61.3601	74.9290	92.2857	160.3556
22	55.5342	67.8277	83.7093	104.3003	187.1948
23	60.6808	74.8226	93.3313	117.6556	216.1993
24	66.1796	82.3835	103.8694	132.4927	254.0008
25	72.0519	90.5516	115.4040	148.9670	295.3260
26	78.3203	99.3710	128.0227	167.2501	343.0112
27	85.0088	108.8890	141.8202	187.5308	398.0186
28	92.1426	119.1558	156.8992	210.0173	461.4548
29	99.7484	130.2252	173.3713	234.9391	534.5932
30	107.8545	142.1549	191.3572	262.5492	618.8983
31	116.4906	155.0061	210.9877	293.1261	716.0550
32	125.6883	168.8445	232.4047	326.9767	828.0013
33	135.4807	183.7401	255.7620	364.4393	956.9664
34	146.9032	199.7677	281.2262	405.8864	1105.5146
35	156.9926	217.0071	308.9776	451.7284	1276.5951
36	168.7884	235.5436	339.2119	502.4173	1473.6004
37	181.3317	255.4680	372.1406	558.4508	1700.4322
38	194.6664	276.8775	407.9933	620.3773	1961.5785
39	208.8385	299.8756	447.0182	688.8005	2262.2007
40	223.8968	324.5729	489.4844	764.3853	2608.2356
41	239.8927	351.0873	535.6832	847.8639	3006.5109
42	256.8804	379.5445	585.9298	940.0422	3464.8795
43	274.9172	410.0788	640.5658	1041.8080	3992.3730
44	294.0635	442.8332	699.9607	1154.1385	4599.3787
45	314.3832	477.9603	764.5147	1278.1095	5297.8426
46	335.9435	515.6229	834.6609	1414.9055	6101.5040
47	358.8155	555.9946	910.8680	1565.8303	7026.1639
48	383.0741	599.2602	993.6434	1732.3293	8089.9944
49	408.7984	645.6171	1083.5362	1915.9525	9313.8949
50	436.0716	695.2754	1181.1404	2118.4691	10721.9004

附表 20 $i=10\%$ 时的等比级数现值因子 $(P/G, j, i, n)$

n	$j=4\%$	$j=6\%$	$j=8\%$	$j=10\%$	$j=15\%$
1	0.9091	0.9091	0.9091	0.9091	0.9091
2	1.7686	1.7851	1.8017	1.8183	1.8595
3	2.5812	2.6293	2.6780	2.7273	2.8531
4	3.3495	3.4428	3.5384	3.6364	3.8919
5	4.0759	4.2267	4.3831	4.5455	4.9779
6	4.7627	4.9821	5.2125	5.4545	6.1133
7	5.4120	5.7100	6.0269	6.3636	7.3002
8	6.0259	6.4115	6.8264	7.2727	8.5411
9	6.6063	7.0874	7.6113	8.1818	9.8385
10	7.1550	7.7388	8.3820	9.0909	11.1948
11	7.6738	8.3664	9.1387	10.000	12.6127
12	8.1944	8.9713	9.8817	10.9091	14.0951
13	8.6281	9.5542	10.6111	11.8182	15.6449
14	9.0666	10.1158	11.3273	12.7273	17.2651
15	9.4811	10.6571	12.0304	13.6364	18.9590
16	9.8731	11.1786	12.7208	14.5455	20.7298
17	10.2436	11.6812	13.3986	15.4545	22.5812
18	10.5940	12.1656	14.0640	16.3636	24.5167
19	10.9252	12.6323	14.7174	17.2727	26.5402
20	11.2384	13.0820	15.3589	18.1818	28.6556
21	11.5345	13.5154	15.9888	19.0909	30.8972
22	11.8144	13.9330	16.6071	20.0000	33.1794
23	12.0791	14.3554	17.2143	20.9091	35.5966
24	12.3293	14.7232	17.8104	21.8182	38.1238
25	12.5659	15.0969	18.3957	22.7273	40.7658
26	12.7896	15.4570	18.9703	23.6364	43.5278
27	13.0011	15.8041	19.5345	24.5455	46.4155
28	13.2010	16.1385	20.0884	25.4545	49.4343
29	13.3900	16.4607	20.6322	26.3636	52.5905
30	13.5688	16.7712	21.1662	27.2727	55.8900
31	13.7377	17.0704	21.6904	28.1818	59.3396
32	13.8975	17.3588	22.2052	29.0909	62.9459
33	14.0485	17.6367	22.7105	30.0000	66.7162
34	14.1913	17.9044	23.2067	30.9091	70.6578
35	14.3264	18.1624	23.6938	31.8182	74.7786
36	14.4540	18.4111	24.1721	32.7273	79.0867
37	14.5747	18.6507	24.6417	33.6364	83.5907
38	14.6888	18.8816	25.1028	34.5455	88.2994
39	14.7967	19.1040	25.5555	35.4545	93.2221
40	14.8987	19.3184	25.9999	36.3636	98.3685
41	14.9951	19.5250	26.4363	37.2727	103.7489
42	15.0863	19.7241	26.8647	38.1818	109.3739
43	15.1725	19.9160	27.2854	39.0909	115.2545
44	15.2540	20.1009	27.6983	40.0000	121.4024
45	15.3311	20.2790	28.1038	40.9091	127.8298
46	15.4039	20.4507	28.5019	41.8182	134.5493
47	15.4728	20.6161	28.8928	42.7273	141.5743
48	15.5379	20.7755	29.2766	43.6364	147.9186
49	15.5995	20.9291	29.6534	44.5455	156.5967
50	15.6577	21.0772	30.0233	45.4545	164.6238

附表21　$i=10\%$时的等比级数期值因子$(F/G, j, i, n)$

n	j=4%	j=6%	j=8%	j=10%	j=15%
1	1.0000	1.0000	1.0000	1.0000	1.0000
2	2.1400	2.1600	2.1800	2.2000	2.2500
3	3.4356	3.4996	3.5644	3.6300	3.7975
4	4.9040	5.0406	5.1806	5.3240	5.6981
5	6.5643	6.8071	7.0591	7.3205	8.0169
6	8.4374	8.8071	9.2343	9.6631	10.8300
7	10.5464	11.1272	11.7446	12.4009	14.2261
8	12.9170	13.7435	14.6329	15.5897	18.3087
9	15.5773	16.7117	17.9472	19.2923	23.1986
10	18.5503	20.0724	21.7409	23.5795	29.0363
11	21.8944	23.8705	26.0739	28.5312	35.9855
12	25.6233	28.1558	31.0129	34.2374	44.2364
13	29.7866	32.9836	36.6324	40.7996	54.0103
14	34.4304	38.4149	43.0152	48.3318	65.5641
15	39.6051	44.5172	50.2540	56.9625	79.1963
16	45.3665	51.3655	58.4515	66.8360	95.2530
17	51.7762	59.0424	67.7226	78.1145	114.1359
18	58.9017	67.6395	78.1949	90.9805	136.3107
19	66.8177	77.2577	90.0104	105.6384	162.3173
20	75.6063	88.0091	103.3271	122.3182	192.7807
21	85.3580	100.0172	118.3208	141.2775	228.4254
22	96.1726	113.4184	135.1867	162.8055	270.0894
23	108.1598	128.3638	154.1419	187.2263	318.7431
24	121.4405	145.0200	175.4276	214.9033	375.5089
25	136.1478	163.5709	199.3115	246.2433	441.6849
26	152.4284	184.2198	226.0912	281.7024	518.7724
27	170.4438	207.1912	256.0966	321.7908	608.5064
28	190.3715	232.7327	289.6944	367.0798	712.8924
29	212.4074	261.1176	327.2909	418.2088	834.2472
30	236.7667	292.6478	369.3373	475.8928	975.2474
31	263.6868	327.6560	416.3337	540.9315	1138.9839
32	293.4286	366.5098	468.8347	614.2190	1329.0258
33	326.2796	409.6141	527.4552	696.7546	1549.4935
34	362.5559	457.4161	592.8768	789.6553	1805.1427
35	402.6058	510.4088	665.8546	894.1684	2101.4617
36	446.8125	459.1357	747.2254	1011.6877	2444.7834
37	495.5976	634.1965	837.9162	1143.7692	2842.4136
38	549.4255	706.2523	938.9534	1292.1500	3302.7796
39	608.8069	786.0318	1051.4740	1458.7694	3835.6009
40	674.3039	874.3384	1176.7637	1645.7911	4452.0858
41	746.5353	972.0580	1316.1349	1855.6295	5165.1579
42	826.1819	1080.1667	1471.2109	2090.9776	5989.7168
43	913.9929	1199.7404	1643.6714	2354.8391	6942.9380
44	1010.7927	1331.9649	1835.4052	2650.5630	8044.6188
45	1117.4885	1478.1468	2048.5017	2981.8834	9317.5757
46	1235.0785	1639.7261	2285.2723	3352.9622	10788.1025
47	1354.6612	1818.2892	2548.2737	3768.43820	12486.4975
48	1507.4451	2015.5841	2840.3330	4233.4793	14447.6696
49	1664.7601	2233.5363	3164.5769	4753.8445	16711.8372
50	1838.0695	2474.2675	3524.4620	5335.9479	19325.3318

参 考 文 献

[1] 中华人民共和国国家发展改革委员会,中华人民共和国建设部. 建设项目经济评价方法与参数[M]. 3版. 北京:中国计划出版社,2006.
[2] 中华人民共和国水利部. 水利建设项目经济评价规范:SL 72—2013[M]. 北京:中国水利水电出版社,2013.
[3] 中华人民共和国水利部. 水利工程供水价格核算规范[S]. 2008.
[4] 李寿声,彭世彰. 水利工程经济与规划[M]. 南京:河海大学出版社,1991.
[5] 邱忠恩. 水电、火电、核电的综合经济比较[J]. 水力发电学报,1990(3):9-17.
[6] 沈佩君. 治涝工程经济效益计算中几个问题的探讨[J]. 水利经济,1990(4):16-21.
[7] 施熙灿. 水利工程经济学[M]. 4版. 北京:中国水利水电出版社,2009.
[8] 施熙灿. 影子水价与影子电价测算[J]. 水力发电学报,2002,21(2):1-8.
[9] 陈守伦. 工程经济学[M]. 南京:河海大学出版社,1996.
[10] 宋国防,贾湖. 工程经济学[M]. 天津:天津大学出版社,2000.
[11] 吴恒安. 财务评价国民经济评价社会评价后评价理论与方法[M]. 北京:中国水利水电出版社,1998.
[12] 谢吉存. 水利工程经济[M]. 北京:水利电力出版社,1994.
[13] 许志方,沈佩君. 灌排工程经济[M]. 北京:水利电力出版社,1993.
[14] 许志方,沈佩君. 水利工程经济学[M]. 北京:水利电力出版社,1987.
[15] 杨润生. 水利工程经济学[M]. 北京:水利电力出版社,1994.
[16] 杨润生. 水利工程经济实例与习题[M]. 北京:水利电力出版社,1994.
[17] 杨朱. 水利经济分析评价方法的讨论[J]. 水利经济,1991(3):39-41.
[18] 郑垂勇,等. 治涝经济效益分析方法初探[J]. 水利经济情报,1988(3).
[19] 张五禄. 水利工程经济管理[M]. 北京:水利电力出版社,1990.
[20] 张占庞. 水利经济学[M]. 北京:中央广播电视大学出版社,2002.
[21] 胡志范. 水利工程经济[M]. 北京:中国水利水电出版社,2005.
[22] 王松林,潘志新. 水利工程经济[M]. 郑州:黄河水利出版社,2011.
[23] 袁俊森,潘纯. 水利工程经济[M]. 北京:中国水利水电出版社,2005.
[24] "水利工程经济"课程建设团队. 水利工程经济[M]. 北京:中国水利水电出版社,2010.
[25] 杨义灿,等. 小浪底水利枢纽工程投资分摊研究[J]. 河海大学学报(自然科学版),1999(4):45-49.
[26] 宋红霞,等. 人民治理黄河70年城镇供水效益分析[J]. 人民黄河,2016(12):28-30.
[27] 吴强,等. 数说70年水利发展成就[J]. 水利发展研究,2019(10):1-13.